四川省知识产权
干部读物

赵 辉 陈俊伶 夏良田／主编

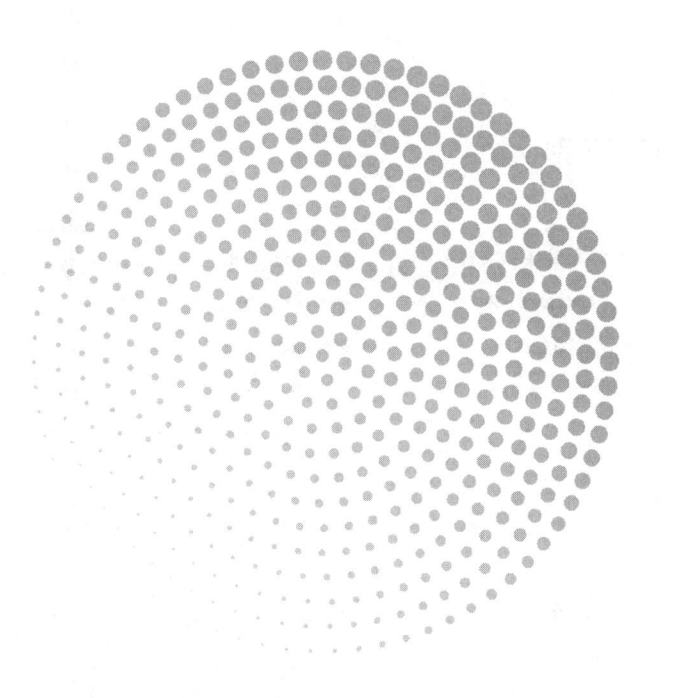

知识产权出版社
全国百佳图书出版单位
—北京—

图书在版编目（CIP）数据

四川省知识产权干部读物/赵辉，陈俊伶，夏良田主编. —北京：知识产权出版社，2021.8
ISBN 978-7-5130-7671-5

Ⅰ.①四… Ⅱ.①赵… ②陈… ③夏… Ⅲ.①知识产权法—中国—干部教育—学习参考资料 Ⅳ.①D923.4

中国版本图书馆 CIP 数据核字（2021）第 168587 号

内容提要

本书结合国内有影响力的典型案例系统介绍了知识产权的基本概念、基本原理和实践应用，突出知识产权管理的政策性、法律性、知识性、针对性、实用性和操作性，是一本通俗实用的知识产权管理普及读物。

责任编辑：王玉茂　　　　　　　　　　责任校对：潘凤越
封面设计：博华创意·张冀　　　　　　责任印制：刘译文

四川省知识产权干部读物

赵　辉　陈俊伶　夏良田　主编

出版发行：知识产权出版社 有限责任公司	网　　址：http://www.ipph.cn
社　　址：北京市海淀区气象路 50 号院	邮　　编：100081
责编电话：010-82000860 转 8541	责编邮箱：wangyumao@cnipr.com
发行电话：010-82000860 转 8101/8102	发行传真：010-82000893/82005070/82000270
印　　刷：天津嘉恒印务有限公司	经　　销：各大网上书店、新华书店及相关专业书店
开　　本：787mm×1092mm　1/16	印　　张：17.75
版　　次：2021 年 8 月第 1 版	印　　次：2021 年 8 月第 1 次印刷
字　　数：332 千字	定　　价：88.00 元
ISBN 978-7-5130-7671-5	

出版权专有　侵权必究
如有印装质量问题，本社负责调换。

本书编委会

主　　编：赵　辉　陈俊伶　夏良田

副主编：王明冬　冯　雷

编写组：夏挽岚　杨雅洁　陈青青

　　　　梁　晨　张诚麟

前 言

知识产权是衡量一个国家经济、科技实力的重要标志。在知识经济时代，知识产权的创造、取得和运用已经成为主导国家科技、经济、军事、综合实力竞争的重要因素。综合国力的竞争实际上主要是创新的竞争，是科技和人才的竞争，是知识产权的竞争。随着经济全球化进程的加快，知识产权在国家和地区国际竞争力提升中的作用显得更加突出，知识产权越来越受到世界各国的重视。在国际竞争中，谁掌握了某个领域知识产权的主动权和控制权，谁就占据主导地位。

党的十八大以来，以习近平同志为核心的党中央高屋建瓴，运筹帷幄，对强化知识产权工作，实施知识产权战略作出一系列重大决策部署，采取一系列改革措施，为推动我国知识产权事业发展提供了基本遵循。特别是近年来，习近平总书记对全面加强知识产权保护工作提出了系列要求。2020年11月30日，中共中央政治局就加强我国知识产权保护工作举行第二十五次集体学习。习近平总书记在主持学习时强调，知识产权保护工作关系国家治理体系和治理能力现代化，关系高质量发展，关系人民生活幸福，关系国家对外开放大局，关系国家安全。全面建设社会主义现代化国家，必须从国家战略高度和进入新发展阶段要求出发，全面加强知识产权保护工作，促进建设现代化经济体系，激发全社会创新活力，推动构建新发展格局。各级领导干部要增强知识产权意识，加强学习，熟悉业务，增强新形势下做好知识产权保护工作的本领，推动我国知识产权保护工作不断迈上新的台阶。习近平总书记关于知识产权的系列讲话是习近平新时代中国特色社会主义思想的重要组成部分，是新时代对保护知识产权和强化知识产权工作的新要求。《2019年深入实施国家知识产权战略 加快建设知识产权强国推进计划》提出，要"把知识产权作为干部教育培训重要内容，继续指导有关部门加强干部知识产权培训工作"。

  为了认真贯彻习近平总书记关于知识产权工作的新思想、新要求，全面落实《关于强化知识产权保护的意见》和《国务院关于新形势下加快知识产权强国建设的若干意见》文件的精神，贯彻落实四川省委、省政府关于加强知识产权的部署要求，激发全社会创新活力，推进知识产权强国战略的落实，我们组织编写了《四川省知识产权干部读物》一书，希望通过知识产权基本知识的普及、法律制度的宣传、政策要求的解读、典型案例的分析借鉴等手段，进一步强化四川省干部的知识产权意识，提升干部的知识产权水平，增强干部的知识产权管理、服务、保护能力，形成良好的知识产权保护文化氛围，进一步发挥干部在推动形成知识产权创造、保护、转化运用中的积极作用。

编 者
2021 年 9 月 10 日

目 录

第一章 知识产权概述 ... 1

第一节 什么是知识产权 ... 1
一、知识产权是一种民事权利 ... 1
二、知识产权是无形的智力成果的体现 ... 2
三、知识产权包含工商业标记 ... 2

第二节 知识产权的特点 ... 2
一、专有性 ... 3
二、时间性 ... 4
三、地域性 ... 4

第三节 知识产权的作用 ... 4
一、激励创新发展 ... 5
二、推动经济发展 ... 5
三、促进社会文明 ... 5

第四节 知识产权主要法律制度 ... 7
一、知识产权法律制度概述 ... 7
二、我国知识产权法律制度的发展历程 ... 8
三、我国知识产权法律体系 ... 10

第二章 专 利 ... 20

第一节 专利概述 ... 20
一、什么是专利 ... 20
二、专利权的性质 ... 20
三、专利的类型 ... 22
四、专利制度的起源与发展 ... 23
五、专利制度的作用 ... 24

第二节 授予专利权的条件 25
一、发明、实用新型授予专利权的条件 26
二、外观设计授予专利权的条件 27
三、不授予专利权的情形 28

第三节 专利申请与取得 29
一、申请专利的主体 29
二、获得专利权的程序 31
三、如何提交专利申请 33
四、专利申请文件的要求 34
五、申请专利缴纳的费用 36
六、专利代理 39
七、专利申请文件常见的问题 39
八、专利保护期 40
九、如何从专利中受益 40

第四节 专利权的内容 42
一、专利权的内容 42
二、专利权的归属 43

第五节 专利权的保护 45
一、专利权的保护范围 45
二、专利侵权的种类 46
三、专利侵权的认定及法律责任 48
四、不视为侵犯专利权的情形 52

第六节 专利权的运用 54
一、专利实施 54
二、专利许可 55
三、专利转让 56
四、专利强制许可 57

第七节 PCT 申请 59
一、什么是 PCT 申请 59
二、PCT 申请的程序 60
三、我国 PCT 申请的概况 61

第八节 专利分析 62
一、专利分析评议 62

二、专利导航…………………………………………… 62
　　三、专利预警…………………………………………… 64

第三章　商　标………………………………………………… 68
第一节　商标概述……………………………………………… 68
　　一、什么是商标………………………………………… 68
　　二、商品、服务和商业标识…………………………… 68
　　三、商标的特征………………………………………… 71
　　四、商标的分类………………………………………… 71
　　五、商标制度的起源与发展…………………………… 72
　　六、商标制度的作用…………………………………… 73
第二节　商标权的取得………………………………………… 74
　　一、商标权的取得……………………………………… 74
　　二、商标权的期限与终止……………………………… 76
第三节　商标的注册…………………………………………… 79
　　一、商标注册的原则…………………………………… 79
　　二、商标注册的条件…………………………………… 82
　　三、商标注册的申请…………………………………… 85
　　四、商标注册的审查和核准…………………………… 86
第四节　商标权的内容………………………………………… 90
　　一、商标权人的权利…………………………………… 90
　　二、商标权人的义务…………………………………… 94
第五节　商标权的保护………………………………………… 95
　　一、注册商标专用权的保护…………………………… 96
　　二、驰名商标的保护…………………………………… 106
第六节　商标权的利用与限制………………………………… 108
　　一、商标权的许可……………………………………… 108
　　二、商标权的转让……………………………………… 110
　　三、商标权的质押……………………………………… 113
　　四、商标权的投资……………………………………… 115
　　五、商标权的限制……………………………………… 116

第七节　商标检索 …… 118
 一、商标检索的意义 …… 118
 二、商标检索的步骤方法 …… 118
 三、商标检索的缺陷 …… 119

第四章　著作权 …… 121
第一节　著作权概述 …… 121
 一、什么是著作权 …… 121
 二、著作权的性质 …… 121
 三、著作权的特征 …… 122
 四、著作权法律制度的起源及发展 …… 123
第二节　著作权的主体 …… 124
 一、著作权主体的范围 …… 125
 二、著作权主体的类型 …… 129
第三节　著作权的客体 …… 130
 一、著作权客体概述 …… 130
 二、民间文学艺术作品的法律保护 …… 133
 三、计算机软件的法律保护 …… 135
第四节　著作权的取得 …… 136
 一、著作权取得制度概述 …… 137
 二、著作权取得的条件和途径 …… 138
第五节　著作权的内容 …… 141
 一、著作人身权 …… 141
 二、著作财产权 …… 142
第六节　邻接权 …… 145
 一、什么是邻接权 …… 145
 二、邻接权与著作权的关系 …… 145
 三、邻接权的具体内容 …… 146
第七节　著作权的保护与限制 …… 152
 一、著作权的保护期 …… 152
 二、著作权的保护 …… 152
 三、著作权的限制 …… 166

第八节　著作权的使用 …………………………………………… 169
　　　　一、著作权的转让 ………………………………………… 169
　　　　二、著作权的许可 ………………………………………… 171
　　第九节　著作权的管理 …………………………………………… 173
　　　　一、著作权行政管理 ……………………………………… 173
　　　　二、著作权集体管理 ……………………………………… 174

第五章　地理标志 ……………………………………………………… 175
　　第一节　地理标志概述 …………………………………………… 175
　　　　一、什么是地理标志 ……………………………………… 175
　　　　二、地理标志的基本特征 ………………………………… 175
　　　　三、农产品地理标志使用人的权利和义务 ……………… 176
　　　　四、地理标志商标注册的意义 …………………………… 176
　　第二节　地理标志产品及商标的申请 …………………………… 178
　　　　一、地理标志产品申请 …………………………………… 178
　　　　二、地理标志商标申请 …………………………………… 183
　　第三节　地理标志的保护 ………………………………………… 185
　　　　一、地理标志的国际保护 ………………………………… 185
　　　　二、我国对地理标志的保护 ……………………………… 187

第六章　商业秘密 ……………………………………………………… 190
　　第一节　商业秘密概述 …………………………………………… 190
　　　　一、商业秘密的概念 ……………………………………… 190
　　　　二、商业秘密的特征 ……………………………………… 191
　　第二节　商业秘密的保护 ………………………………………… 192
　　　　一、侵犯商业秘密的行为 ………………………………… 192
　　　　二、商业秘密的法律保护 ………………………………… 196

第七章　集成电路布图设计 …………………………………………… 202
　　第一节　集成电路布图设计概述 ………………………………… 202
　　　　一、什么是集成电路布图设计 …………………………… 202
　　　　二、集成电路布图设计的特征 …………………………… 203
　　第二节　布图设计权及其法律保护 ……………………………… 205
　　　　一、什么是布图设计权 …………………………………… 205

二、布图设计权的特征 ·· 206
　　三、布图设计权的法律保护 ·· 206

第八章　植物新品种 ·· 208

第一节　植物新品种概述 ·· 208
　　一、植物新品种 ·· 208
　　二、什么是植物新品种权 ·· 209

第二节　植物新品种权的保护 ··· 211
　　一、植物新品种的法律保护模式 ······································ 211
　　二、我国植物新品种权的保护机制 ··································· 211
　　三、植物新品种权侵权行为及责任 ··································· 215

第九章　其他知识产权 ·· 221

第一节　不正当竞争 ·· 221
　　一、什么是不正当竞争 ··· 221
　　二、与知识产权有关的不正当竞争行为 ···························· 221
　　三、反不正当竞争法与知识产权法 ··································· 224

第二节　企业名称及商号权 ·· 226
　　一、什么是企业名称及商号权 ··· 226
　　二、企业名称的构成 ·· 226
　　三、我国企业名称及商号权的法律保护 ···························· 227

第三节　遗传资源和传统知识 ··· 229
　　一、遗传资源 ·· 229
　　二、传统知识 ·· 234

第十章　干部知识产权能力培养 ··· 238

第一节　转变观念、提高认识，进一步重视知识产权工作 ····· 238
　　一、重视知识产权是践行新发展理念的重要举措 ··············· 239
　　二、重视知识产权是适应经济转型的必然要求 ·················· 240
　　三、重视知识产权是高质量发展的重要前提 ····················· 241
　　四、重视知识产权是提升国际竞争力的需要 ····················· 241

第二节　营造尊重知识产权的文化氛围 ······························· 242
　　一、注重宣传，强化知识产权普及 ··································· 243
　　二、尊重人才，打造良好的人才环境 ······························· 243

三、尊重创造，打造良好的创新创业环境 …………………… 243
第三节　掌握知识产权知识 ………………………………………… 244
　　一、认真学习习近平总书记关于知识产权工作系列重要论述 ……… 244
　　二、系统学习知识产权相关法律知识 …………………………… 246
　　三、系统学习国家知识产权相关政策 …………………………… 248
第四节　支持知识产权成果转化 …………………………………… 251
　　一、发挥好成果转化的引导作用 ………………………………… 251
　　二、发挥好成果转化的管理作用 ………………………………… 252
　　三、发挥好成果转化的服务作用 ………………………………… 255
第五节　强化知识产权保护 ………………………………………… 256
　　一、坚持"四大保护"工作格局 ………………………………… 257
　　二、用好"五种手段"，构建综合保护体系 …………………… 264

参考文献 ……………………………………………………………… 266

第一章　知识产权概述

知识产权是生产力和科学技术发展到一定阶段的产物。本章主要介绍什么是知识产权、它有什么特点、具有什么作用、如何取得、包括哪些内容等。

第一节　什么是知识产权

什么是"知识产权",我国《民法典》第123条规定:"民事主体依法享有知识产权。知识产权是权利人依法就下列客体享有的专有的权利:(一)作品;(二)发明、实用新型、外观设计;(三)商标;(四)地理标志;(五)商业秘密;(六)集成电路布图设计;(七)植物新品种;(八)法律规定的其他客体。"因此,根据《民法典》的规定,知识产权的定义可以界定为:知识产权是民事主体依法就作品,发明、实用新型、外观设计,商标,地理标志,商业秘密,集成电路布图设计,植物新品种及法律规定的其他客体依法享有的专有权利。

一、知识产权是一种民事权利

知识产权是一种民事权利。民事权利的通常定义是民事主体依法享有的某种权能或利益,是法律赋予民事主体享有的利益范围和实施一定行为或不为一定行为以实现某种利益的意志。包括权利人直接享有的某种利益(如人身权)和通过一定行为获得的利益(如财产权);权利人自己为一定行为或不为一定行为和请求他人为一定行为或不为一定行为,以保证其享有或实现某种利益;在权利受到侵犯时,能够请求有关国家机关予以保护。作为知识产权的民事权利主体,权利人对其知识产权享有占有、使用、处分、收益的权能。

二、知识产权是无形的智力成果的体现

"知识产权"作为一个外来词,在英文中被称为"Intellectual Property"。按照字面翻译,知识产权是"智力""智慧""知识"等相关方面的权利。在我国立法中,1986年4月12日第六届全国人民代表大会第四次会议通过的《中华人民共和国民法通则》第五章第三节中,首次使用"知识产权"称谓。知识产权就是人们对其智力创造成果所享有的权利。因此,知识产权与知识紧密联系,与智力劳动相关。知识产权的保护客体是一种非物质性的信息,这种信息主要来源于人类的智力创造劳动,属于人类智力创造劳动的成果。知识产权法所保护的,并非具体的物质载体,而是通过物质载体反映出来的具有智力成果和商业价值的非物质性信息。因此,知识产权的权利客体具有无形性特征。比如一幅名画,其作为艺术作品,作者享有的著作权是体现作者智力劳动成果的绘画艺术,著作权保护的是其作为绘画艺术的智力成果,而不是保护承载该艺术作品的一张纸。

三、知识产权包含工商业标记

按照我国《民法典》第123条规定,知识产权除了对作品、发明、实用新型、外观设计、商业秘密、集成电路布图设计、植物新品种等无形的智力成果进行保护外,商标、地理标志等工商业标记也属于知识产权保护的范畴。《建立世界知识产权组织公约》第2条第(8)款和《与贸易有关的知识产权协定》(TRIPS)第1条规定,知识产权的保护对象不仅包括人们对其智力创造成果所享有的权利,还包括与商品商标、服务商标、商号、地理标志及其他商业标记有关的权利。

第二节　知识产权的特点

知识产权作为自然人、法人或非法人组织依法对其创造性的智力成果和工商业标记所享有的专有的权利,与其他民事权利相比,具有专有性、时间性和地域性特点。

大部分知识产权必须经过一定的法定程序,依法履行法定手续,由国家主管机关授予,才能形成具有法律意义上的权利(著作权和商业秘密除外)。

一、专有性

知识产权的专有性是指知识产权的某项法定权利为权利人专有，未经知识产权的权利人许可，他人一般无权行使相关权利。由于某项法定的知识产权只能为权利人专有，具有排他性，同一内容的发明创造只给予一项专利权，由专利权人所垄断，因此，知识产权的专有性又被称为知识产权的独占性、垄断性、排他性。知识产权的专有性决定了除权利人同意或法律规定外，权利人以外的其他任何人不得享有或使用该项权利。否则就构成侵权，应当承担相应的法律责任。

【典型案例】

"香兰素"技术秘密高额判赔案[1]

嘉兴中华化工公司与上海欣晨公司共同研发了乙醛酸法生产香兰素工艺，并将其作为技术秘密保护。该工艺实施安全、易于操作、效果良好，相比传统工艺优越性显著。嘉兴中华化工公司基于这一工艺一跃成为全球最大的香兰素制造商，占据了香兰素全球约60%的市场份额。嘉兴中华化工公司、上海欣晨公司认为王龙集团公司、王龙科技公司、喜孚狮王龙公司、傅某某、王某某未经许可使用其香兰素生产工艺，侵害其技术秘密，故诉至浙江省高级人民法院，请求判令停止侵权，赔偿经济损失及合理开支5.02亿元。浙江省高级人民法院认定侵权成立，判令停止侵权，赔偿经济损失300万元及维权合理开支50万元。浙江省高级人民法院在作出一审判决的同时，作出行为保全裁定，责令王龙科技公司、喜孚狮王龙公司立即停止使用涉案技术秘密，但王龙科技公司、喜孚狮王龙公司并未停止使用行为。除王某某外，该案各方当事人均不服一审判决，向最高人民法院提出上诉。二审中，嘉兴中华化工公司、上海欣晨公司上诉请求的赔偿额降至1.77亿元。最高人民法院知识产权法庭根据权利人提供的经济损失相关数据，综合考虑涉案技术秘密商业价值巨大、侵权规模大、侵权时间长、拒不执行生效行为保全裁定性质恶劣等因素，改判王龙集团公司、喜孚狮王龙公司、傅某某、王龙科技公司及其法定代表人王某某连带赔偿权利人经济损失1.59亿元。同时，法庭决定将该案涉嫌犯罪线索向公安机关移送。

---

[1] 最高人民法院（2020）最高法知民终1667号民事判决书。

案例点评

知识产权的专有性决定了除权利人同意或法律规定外,权利人以外的其他任何人不得享有或使用该项权利。权利人的专有权利受严格的法律保护,不受他人侵犯。否则就构成侵权,应当承担相应的法律责任。该案加大对侵权人的惩罚和打击力度具有典型意义,彰显了我国保护知识产权的决心。

二、时间性

知识产权的时间性是指法律对知识产权的保护规定一定的时间期限,绝大多数知识产权只在法定期限内受到保护,一旦超过法律规定的有效期限,这一权利就自行消灭。例如,我国《著作权法》第二章第三节专门规定了著作权的保护期限。我国《专利法》第42条规定,发明专利权的期限为20年,实用新型专利权的期限为10年,外观设计专利权的期限为15年,均自申请日起计算。我国《商标法》第39条规定,注册商标的有效期为10年,自核准注册之日起计算。

三、地域性

知识产权的地域性是指某一国或者地区法律所确认和保护的知识产权,只在该国或者地区领域内发生法律效力,如要取得其他国家或者地区的保护,必须取得该国或者地区的授权。但是,签有国际公约或双边互惠协定除外。按照知识产权具有地域性特点,一个国家或者地区的法律产生的知识产权,只在该国家或地区范围内有效,超出该地域范围,该项知识产权即不受法律保护。由于各国授予的工业产权只在其本国地域内有效,严重地阻碍了国家间的技术交流。在此情况下,需要各国互相给予对方国民待遇以知识产权保护,于是,产生了知识产权国际保护问题,并由此导致知识产权领域国际公约的产生。知识产权领域的国际公约在一定程度上改变了知识产权地域性的局限性。

第三节　知识产权的作用

1949年之后,我国经历了三次经济浪潮,第一次浪潮中土地最重要,第二次浪潮中工业最重要，第三次浪潮中信息、知识更为重要。信息时代和知识经济时代的到来，意味着知识产权日益受到重视。随着经济全球化进程的加快，知识产权在提升国家或地区国际竞争力中的作用显得越加突出。为此，发达国家或地区纷纷实施知识产权战略，力争在这场没有硝烟的新一轮国际竞争中占得先机和主动地位。改革开放后，我国经过40多年的发展，已经从封闭传统的农业社会进入开放现代的工业信息社会，进入知识经济时代。党的十八届五中全会提出，"坚持创新发展，必须把创新摆在国家发展全局的核心位置，不断推进理论创新、制度创新、科技创新、文化创新等各方面创新，让创新贯穿党和国家一切工作，让创新在全社会蔚然成风。"习近平总书记指出，"综合国力竞争说到底是创新的竞争。要深入实施创新驱动发展战略，推动科技创新、产业创新、企业创新、市场创新、产品创新、业态创新、管理创新等，加快形成以创新为主要引领和支撑的经济体系和发展模式。"❶ 说到底，坚持创新发展，高质量发展就必须重视知识产权的价值和作用。

一、激励创新发展

知识产权制度通过授予发明创造者特定的知识产权，使知识产权权利人获得专有权利，通过专有权利的行使，获得更大的经济利益，从而鼓励人们从事科学技术研究和文学艺术作品创作的积极性和创造性，激励创新。

二、推动经济发展

知识产权制度不仅有利于鼓励人们从事科学技术研究和文学艺术作品创作的积极性和创造性。同时，知识产权作为一种无形资产，通过自行利用，或通过转让或者许可他人使用，其价值与使用价值可以得到充分体现，知识产权权利人通过利用或者转让知识产权，不仅能使知识产权权利人收回研发投入，而且能获得超额的财产收益。从而进一步刺激智力成果的推广应用和传播，将智力成果转化为现实生产力，运用到生产实践中，从而产生巨大的经济效益和社会效益，进一步促进经济高质量发展。

三、促进社会文明

知识产权制度为技术贸易和文化艺术的交流提供了法律准则。比如在著作权制

---

❶ 2015年5月27日，习近平总书记在浙江召开华东七省市党委主要负责同志座谈会的讲话。

度方面，知识产权法律制度既要保护著作权权利人的权利，以此激励著作权人的创造激情，但是，为了避免著作权的滥用，又设立了合理使用制度，即其他社会公众为了个人学习、研究或者欣赏，可以不经著作权人许可，不向其支付报酬，使用他人已发表的作品。再如，在专利制度方面，依据世界知识产权组织（WIPO）的研究报告，全世界最新的发明创造信息，90%以上是首先通过专利文献反映出来的。研发者通过查询专利文献，不仅可以了解整个前沿科技研究动态，而且可以了解自己的研发水平，提高研究开发的起点，从而避免重复投入、重复研发，做无用功，节约研发经费和研发时间，提高研发效率和创新水平，对于促进人类文明和社会进步都具有积极意义。

典型案例

华西医院 2.5 亿元转让"超长效局麻药"技术创下四川省医院技术转让费之最[1]

2020 年 6 月 14 日，四川大学华西医院和宜昌人福药业有限责任公司签署了"超长效局麻药"专利许可与合作开发技术合同。宜昌人福药业有限责任公司将支付华西医院 2.5 亿元专利排他许可费用和合作开发合同金额。"超长效局麻药"技术是华西医院麻醉手术中心刘进教授和他的团队合作研发的。一旦这个新药进入临床使用，宜昌人福药业有限责任公司每年要拿出销售收入的 3% 支付给华西医院，创下了四川省医院技术转让费之最。华西医院刘进教授带领的麻醉新药研究与开发团队，申请的发明专利占到了全国同类专利的 57%，实现了科技成果转化合同金额超过 3 亿元。

案例点评

作为知识产权核心的专利技术是一种无形资产，通过专利成果的转化利用，它的价值可以得到充分体现，作为知识产权权利人不仅能获得超额的财产收益，刺激创新，还可以造福社会，服务人类，促进人类文明和社会进步。

---

[1] 华西医院 2.5 亿元转让"超长效局麻药"技术创下四川省医院技术转让费之最［EB/OL］.［2020 – 06 – 15］. https：//www.sohu.com/a/401991628_120214231.

第四节 知识产权主要法律制度

一、知识产权法律制度概述

知识产权法律制度是确认、规范、利用和保护（著作权、工业产权以及其他专有权利等）知识产权权利的法律制度。知识产权法是调整知识产权的确认、归属、行使、管理和保护等活动中产生的社会关系的法律规范的总称。

（一）知识产权权利的确认

知识产权法律制度是确认知识产权权利的一种法律制度，是调整知识产权相关活动中产生的社会关系的法律规范。根据知识产权的特征，一些主要的知识产权必须经过一定的法定程序，依法履行法定手续，由国家主管机关授予权利，才能形成具有法律意义上的权利（著作权和商业秘密除外）。如专利权、商标权等，一般都是由申请人依照一定法定程序向国家主管机关提出申请，然后由主管机关负责依法审查发给相应证明，确认权利的存在。知识产权权利的申请、审查、确权等程序和实体方面都需要通过法律进行规范。

（二）知识产权保护范围的界定

知识产权法律制度是一种规范知识产权的法律制度。知识产权客体的本质是智力成果，然而，并非所有智力成果都能够成为知识产权客体，智力成果要成为知识产权保护对象必须具备一定的条件。哪些智力成果（包括工商标记）可以列入知识产权的保护范围，哪些不能列入知识产权的保护范围，国家往往采用立法的方式进行明确规范。

（三）知识产权运用的规范

知识产权法律制度是一种利用知识产权的法律制度，知识产权法是调整知识产权行使活动中产生的社会关系的法律规范。知识产权权利产生或者被授予后，如何利用知识产权，是自己使用还是通过转让等方式使用，在使用时有什么限制，在哪些情况下属于合理使用等都涉及权利人和其他人以及社会之间方方面面的关系。知识产权法律制度必须对知识产权的利用及行使活动中产生的社会关系进行规范。

(四) 知识产权的管理和保护

知识产权法律制度需要对知识产权的管理和保护活动中产生的社会关系进行调整规范，知识产权法律制度是一种管理和保护知识产权的法律制度。知识产权在取得、使用过程中，都涉及管理和保护问题。由于知识产权客体具有无形性、专有性、地域性、时间性、可复制性❶等特点，知识产权很容易受到侵权。知识产权的易侵权性决定了通过立法强化知识产权管理和保护的必要性。

二、我国知识产权法律制度的发展历程

任何一个国家的知识产权法律制度都与其本国的政治、经济、社会、文化和科技发展水平分不开。我国是一个具有悠久历史文化传统的文明古国，四大发明以及在我国封建社会时期的一些商业活动中都可以发现一些知识产权的影子。如在宋朝时期，酒肆小贩就开始使用商标来吸引顾客，这些都是我国知识产权发展的表现。但是我国真正意义上知识产权法律制度的起源和发展还是近代的事情。

1904年清政府制定了历史上第一部商标法《商标注册试办章程》，1910年清政府颁布了我国第一部著作权法《大清著作权律》。虽然这些法律最终并未施行，但也可算是我国对专利、商标和著作权概念的初步了解。

知识产权法律体系的建立严格讲是从20世纪70年代末开始的。1978年党的十一届三中全会后，我国开始建立并完善知识产权法律体系，逐步建立和完善知识产权法律制度。

1982年8月23日，第五届全国人民代表大会常务委员会第二十四次会议通过了《中华人民共和国商标法》，根据1993年2月22日第七届全国人民代表大会常务委员会第三十次会议《关于修改〈中华人民共和国商标法〉的决定》第一次修正，根据2001年10月27日第九届全国人民代表大会常务委员会第二十四次会议《关于修改〈中华人民共和国商标法〉的决定》第二次修正，根据2013年8月30日第十二届全国人民代表大会常务委员会第四次会议《关于修改〈中华人民共和国商标法〉的决定》第三次修正，根据2019年4月23日第十三届全国人民代表大会常务委员会第十次会议《关于修改〈中华人民共和国建筑法〉等八部法律的决定》第四

---

❶ 郑成思. 知识产权法 [M]. 北京：法律出版社，1997.

次修正。

1984 年 3 月 12 日,第六届全国人民代表大会常务委员会第四次会议通过了《中华人民共和国专利法》,根据 1992 年 9 月 4 日第七届全国人民代表大会常务委员会第二十七次会议《关于修改〈中华人民共和国专利法〉的决定》第一次修正,根据 2000 年 8 月 25 日第九届全国人民代表大会常务委员会第十七次会议《关于修改〈中华人民共和国专利法〉的决定》第二次修正,根据 2008 年 12 月 27 日第十一届全国人民代表大会常务委员会第六次会议《关于修改〈中华人民共和国专利法〉的决定》第三次修正,根据 2020 年 10 月 17 日第十三届全国人民代表大会常务委员会第二十二次会议《关于修改〈中华人民共和国专利法〉的决定》第四次修正。

1990 年 9 月 7 日,第七届全国人民代表大会常务委员会第十五次会议通过了《中华人民共和国著作权法》,根据 2001 年 10 月 27 日第九届全国人民代表大会常务委员会第二十四次会议《关于修改〈中华人民共和国著作权法〉的决定》第一次修正,根据 2010 年 2 月 26 日第十一届全国人民代表大会常务委员会第十三次会议《关于修改〈中华人民共和国著作权法〉的决定》第二次修正,根据 2020 年 11 月 11 日第十三届全国人民代表大会常务委员会第二十三次会议《关于修改〈中华人民共和国著作权法〉的决定》第三次修正。

1991 年 6 月 4 日,国务院颁布了《计算机软件保护条例》;2001 年 12 月 20 日以中华人民共和国国务院令第 339 号公布新的《计算机软件保护条例》,自 2002 年 1 月 1 日起施行。根据 2011 年 1 月 8 日《国务院关于废止和修改部分行政法规的决定》进行修订,根据 2013 年 1 月 30 日《国务院关于修改〈计算机软件保护条例〉的决定》再次修订。

1993 年 9 月 2 日,第八届全国人民代表大会常务委员会第三次会议通过了《中华人民共和国反不正当竞争法》,2017 年 11 月 4 日第十二届全国人民代表大会常务委员会第三十次会议修订,根据 2019 年 4 月 23 日第十三届全国人民代表大会常务委员会第十次会议《关于修改〈中华人民共和国建筑法〉等八部法律的决定》再次修正。

1997 年 3 月 20 日,中华人民共和国国务院令第 213 号公布了《中华人民共和国植物新品种保护条例》,根据 2013 年 1 月 31 日《关于修改〈中华人民共和国植物新品种保护条例〉的决定》第一次修订,根据 2014 年 7 月 29 日《国务院关于修改部分行政法规的决定》第二次修订。

除了几部单行法律与行政法规之外,1997 年修订后的《中华人民共和国刑法》还列有专章,规定了对严重侵犯商标权、著作权、商业秘密及假冒他人专利者进行刑事制裁。至此,我国知识产权保护法律体系中的基本法律、法规已经基本形成。

1980 年，我国加入世界知识产权组织，后又加入《保护工业产权巴黎公约》（以下简称《巴黎公约》）、《保护文学和艺术作品伯尔尼公约》（以下简称《伯尔尼公约》）、《世界版权公约》、《专利合作条约》和《商标国际注册马德里协定》（以下简称《马德里协定》）及其《马德里议定书》等一批重要的知识产权国际公约，在较短时间内实现了知识产权制度与国际接轨。1992 年，我国与其他相关国家签署了关于保护知识产权的谅解备忘录，为履行其中的承诺，我国相继对专利法、商标法、著作权法进行了修订。2000 年前后，为满足世界贸易组织关于《与贸易有关的知识产权协定》（TRIPS）的规定，我国对相关知识产权法律进行了修订完善。2001 年，我国加入世界贸易组织，TRIPS 等知识产权国际条约也成为我国知识产权法律体系的重要组成部分，我国知识产权法律体系进一步完善并与世界接轨。

三、我国知识产权法律体系

知识产权法律体系是知识产权法律制度中各种法律规范呈体系化的、有机联系的统一整体。我国知识产权法律体系主要包括专利权法律制度、商标权法律制度、商号权法律制度、产地标记权法律制度、商业秘密保护法律制度、著作权法律制度、计算机软件保护制度、工业版权法律制度、植物新品种保护法律制度和反不正当竞争法律制度。

（一）专利权法律制度

专利权法律制度主要是确认、规范、管理和保护各个技术领域发明创造者因完成智力成果而获得的包括发明、实用新型、外观设计等专有权利的法律法规。我国于 1984 年颁布了《专利法》，于 1985 年颁布了《专利法实施细则》。从 1984 年第六届全国人民代表大会常务委员会通过专利法以后，1992 年、2000 年、2008 年和 2020 年分别对《专利法》进行了修改。除此之外，在专利保护的国际公约方面，我国先后加入了《建立世界知识产权组织公约》《巴黎公约》《专利合作条约》《国际承认用于专利程序的微生物保存布达佩斯条约》《建立工业品外观设计国际分类洛迦诺协定》《国际专利分类斯特拉斯堡协议》等（见表 1-1）。

（二）商标权法律制度

商标权法律制度主要是确认、规范、管理和保护商品商标和服务商标使用者权利的法律法规。除《商标法》《商标法实施细则》外，我国于 1980 年加入世界知产权组织，成为该组织的成员。此后，我国于 1985 年 3 月 19 日加入《巴黎公约》，1989 年 10 月 4 日加入《马德里协定》（斯德哥尔摩文本），1994 年 8 月 9 日加入《商标注册用商品和服务国际分类尼斯协定》，1995 年 12 月 1 日加入《商标国际注册马德里协定有关议定书》等关于商标保护的国际公约。我国《商标法》第一次颁布后，先后进行了 4 次修改（见表 1-2）。

表 1-1 《中华人民共和国专利法》修改情况

专利法	背景	目的	部分主要法条修改
第一次修改	主要是为我国恢复关贸总协定缔约方地位创造条件，同时也为了履行我国在中美政府关于保护知识产权的谅解备忘录中作出的承诺	1. 扩大专利保护的范围； 2. 增加进口权； 3. 延长专利权的保护期； 4. 增设本国优先权制度； 5. 增加强制许可的类型	1. 第 11 条增加一款，作为第 3 款："专利权被授予后，除法律另有规定的以外，专利权人有权阻止他人未经专利权人许可，为上两款所述用途进口其专利产品或者进口依照其专利方法直接获得的产品。" 2. 第 45 条修改为："发明专利权的期限为二十年，实用新型专利权和外观设计专利权的期限为十年，均自申请日起计算。" 3. 第 29 条第 1 款修改为："申请人自发明或者实用新型在外国第一次提出专利申请之日起十二个月内，或者自外观设计在外国第一次提出专利申请之日起六个月内，又在中国就相同主题提出专利申请的，依照该外国同中国签订的协议或者共同参加的国际条约，或者依照相互承认优先权的原则，可以享有优先权。" 4. 第 52 条修改为："在国家出现紧急状态或者非常情况时，或者为了公共利益的目的，专利局可以给予实施发明专利或者实用新型专利的强制许可。"
第二次修改	进一步适应加入世界贸易组织后我国经济建设和改革开放的形势	1. 明确专利立法促进科技进步与创新的宗旨； 2. 简化、完善专利审批和维权程序，规定实用新型专利和外观设计专利的复审和无效由法院终审； 3. 与国际条约相协调，明确了通过《专利合作条约》（PCT）途径提交国际专利申请的法律依据等	1. 第 1 条修改为："为了保护发明创造专利权，鼓励发明创造，有利于发明创造的推广应用，促进科学技术进步和创新，适应社会主义现代化建设的需要，特制定本法。" 2. 第 3 条修改为："国务院专利行政部门负责管理全国的专利工作；统一受理和审查专利申请，依法授予专利权。省、自治区、直辖市人民政府管理专利工作的部门负责本行政区域内的专利管理工作。" 3. 增加一条，作为第 61 条："专利权人或者利害关系人有证据证明他人正在实施或者即将实施侵犯其专利权的行为，如不及时制止将会使其合法权益受到难以弥补的损害，可以在起诉前向人民法院申请采取责令停止有关行为和财产保全的措施。人民法院处理前款申请，适用《中华人民共和国民事诉讼法》第九十三条至第九十六条和第九十九条的规定。"

续表

专利法	背景	目的	部分主要法条修改
第三次修改	1. 从国内层面来看，以国家投资为主完成的发明创造权利归属还不够明确；授予专利权的条件还不够严格；我国实用新型和外观设计专利不够稳定；对专利人合法权益的保护还不够及时有效。 2. 从国际层面来看，专利制度的国际协调正在加紧进行，引起国际社会的高度关注	通过提高专利授权标准、完善审批程序、加强专利权保护以及合理平衡专利权人与公众利益关系，以期达到激励创新、保护创新，增强我国核心竞争力的立法目标	1. 将第1条修改为："为了保护专利权人的合法权益，鼓励发明创造，推动发明创造的应用，提高创新能力，促进科学技术进步和经济社会发展，制定本法。" 2. 在第2条中增加三款，作为第2款、第3款、第4款："发明，是指对产品、方法或者其改进所提出的新的技术方案。 "实用新型，是指对产品的形状、构造或者其结合所提出的适于实用的新的技术方案。 "外观设计，是指对产品的形状、图案或者其结合以及色彩与形状、图案的结合所作出的富有美感并适于工业应用的新设计"。 3. 将第5条修改为："对违反法律、社会公德或者妨害公共利益的发明创造，不授予专利权。 "对违反法律、行政法规的规定获取或者利用遗传资源，并依赖该遗传资源完成的发明创造，不授予专利权。"
第四次修改	我国经济正处在转变发展方式、优化经济结构、转换增长动力的攻关期，创新是引领发展的第一动力，加强知识产权保护、提高自主创新能力，已经成为我国加快转变经济方式、实施创新驱动战略的内在需求	1. 加强对专利权人合法权益的保护； 2. 促进专利实施和运用； 3. 完善专利授权制度； 4. 建立惩罚性赔偿制度，加大知识产权保护力度	1. 将第65条改为第71条，修改为："侵犯专利权的赔偿数额按照权利人因被侵权所受到的实际损失或者侵权人因侵权所获得的利益确定；权利人的损失或者侵权人获得的利益难以确定的，参照该专利许可使用费的倍数合理确定。对故意侵犯专利权，情节严重的，可以在按照上述方法确定数额的一倍以上五倍以下确定赔偿数额。 "权利人的损失、侵权人获得的利益和专利许可使用费均难以确定的，人民法院可以根据专利权的类型、侵权行为的性质和情节等因素，确定给予三万元以上五百万元以下的赔偿。 "赔偿数额还应当包括权利人为制止侵权行为所支付的合理开支。 "人民法院为确定赔偿数额，在权利人已经尽力举证，而与侵权行为相关的账簿、资料主要由侵权人掌握的情况下，可以责令侵权人提供与侵权行为相关的账簿、资料；侵权人不提供或者提供虚假的账簿、资料的，人民法院可以参考权利人的主张和提供的证据判定赔偿数额。" 2. 增加一条，作为第20条："申请专利和行使专利权应当遵循诚实信用原则。不得滥用专利权损害公共利益或者他人合法权益。 "滥用专利权，排除或者限制竞争，构成垄断行为的，依照《中华人民共和国反垄断法》处理。" 3. 将第42条第1款修改为："发明专利权的期限为二十年，实用新型专利权的期限为十年，外观设计专利权的期限为十五年，均自申请日起计算。"

表 1-2 《中华人民共和国商标法》修改情况

商标法	背景	目的	部分主要法条修改
第一次修改	随着改革的不断深化，我国确立了社会主义市场经济体制，并先后于1985年和1989年加入《巴黎公约》和《马德里协定》，商标法律制度需要进一步完善，与相关国际公约接轨	1. 增加对服务商标的注册与保护； 2. 完善商标注册程序，如增加地名不得作为商标的规定； 3. 细化商标侵权行为的种类； 4. 加大打击商标侵权假冒行为力度	1. 第8条增加一款，作为第2款："县级以上行政区划的地名或者公众知晓的外国地名，不得作为商标，但是，地名具有其他含义的除外；已经注册的使用地名的商标继续有效。" 2. 第40条修改为三款："假冒他人注册商标，构成犯罪的，除赔偿被侵权人的损失外，依法追究刑事责任。 "伪造、擅自制造他人注册商标标识或者销售伪造、擅自制造的注册商标标识，构成犯罪的，除赔偿被侵权人的损失外，依法追究刑事责任。 "销售明知是假冒注册商标的商品，构成犯罪的，除赔偿被侵权人的损失外，依法追究刑事责任。"
第二次修改	2001年10月27日，为适应我国加入世界贸易组织的需要，第九届全国人民代表大会常务委员会第二十四次会议审议并通过了《关于修改〈中华人民共和国商标法〉的决定》，并决定自12月1日起施行	1. 扩大商标权的主体和客体，自然人可以申请商标注册，立体商标可以作为商标申请注册； 2. 地理标志可以通过商标制度获得有效保护； 3. 禁止抢先注册他人已经使用并具有一定影响的商标； 4. 商标确权程序增加司法审查；明确规定"反向假冒"属于商标侵权行为； 5. 增加诉前申请财产保全、证据保全等救济措施	1. 第1条修改为："为了加强商标管理，保护商标专用权，促使生产、经营者保证商品和服务质量，维护商标信誉，以保障消费者和生产、经营者的利益，促进社会主义市场经济的发展，特制定本法。" 2. 第4条第1款、第2款修改为："自然人、法人或者其他组织对其生产、制造、加工、拣选或者经销的商品，需要取得商标专用权的，应当向商标局申请商品商标注册。 "自然人、法人或者其他组织对其提供的服务项目，需要取得商标专用权的，应当向商标局申请服务商标注册。" 3. 增加一条，作为第31条："申请商标注册不得损害他人现有的在先权利，也不得以不正当手段抢先注册他人已经使用并有一定影响的商标。" 4. 增加一条，作为第57条："商标注册人或者利害关系人有证据证明他人正在实施或者即将实施侵犯其注册商标专用权的行为，如不及时制止，将会使其合法权益受到难以弥补的损害的，可以在起诉前向人民法院申请采取责令停止有关行为和财产保全的措施。 "人民法院处理前款申请，适用《中华人民共和国民事诉讼法》第九十三条至第九十六条和第九十九条的规定。"

续表

商标法	背景	目的	部分主要法条修改
第三次修改	一方面，自2001年第二次修改商标法以来，我国已成了名副其实的商标大国，但是实践反映商标法的内容也越来越难以适应经济发展的需求；另一方面，随着我国商标事业的发展，商标管理行政机关、司法机关累积了更为丰富的商标管理、诉讼司法经验，行政能力和司法能力都有大幅度的提高	1. 增加声音商标； 2. 增加制止恶意抢注的规定； 3. 增加商标侵权行为种类； 4. 增加惩罚性赔偿种类； 5. 提高法定赔偿额，强化商标使用等	1. 将第8条修改为："任何能够将自然人、法人或者其他组织的商品与他人的商品区别开的标志，包括文字、图形、字母、数字、三维标志、颜色组合和声音等，以及上述要素的组合，均可以作为商标申请注册。" 2. 在第7条中增加一款，作为第1款："申请注册和使用商标，应当遵循诚实信用原则。" 3. 在第13条中增加一款，作为第1款："为相关公众所熟知的商标，持有人认为其权利受到侵害时，可以依照本法规定请求驰名商标保护。" 4. 在第15条中增加一款，作为第2款："就同一种商品或者类似商品申请注册的商标与他人在先使用的未注册商标相同或者近似，申请人与该他人具有前款规定以外的合同、业务往来关系或其他关系而明知该他人商标存在，该他人提出异议的，不予注册。"
第四次修改	为贯彻落实党中央、国务院决策部署，适应经济社会发展形势，加强知识产权保护，进一步优化营商环境，解决实践中出现的突出问题，更有效地遏制商标恶意注册，加大商标专用权保护力度，2019年4月23日第十三届全国人民代表大会常务委员会第十次会议决定对《商标法》进行修改	1. 加强对恶意注册行为的规制； 2. 提高侵权赔偿数额； 3. 打击假冒注册商标行为	1. 将第63条第1款中的"一倍以上三倍以下"修改为"一倍以上五倍以下"；第3款中的"三百万元以下"修改为"五百万元以下"；增加两款分别作为第4款、第5款："人民法院审理商标纠纷案件，应权利人请求，对属于假冒注册商标的商品，除特殊情况外，责令销毁；对主要用于制造假冒注册商标的商品的材料、工具，责令销毁，且不予补偿；或者在特殊情况下，责令禁止前述材料、工具进入商业渠道，且不予补偿。""假冒注册商标的商品不得在仅去除假冒注册商标后进入商业渠道。" 2. 将第68条第1款第（3）项修改为："（三）违反本法第四条、第十九条第三款和第四款规定的"；增加一款作为第4款："对恶意申请商标注册的，根据情节给予警告、罚款等行政处罚；对恶意提起商标诉讼的，由人民法院依法给予处罚。"

（三）著作权法律制度

著作权法律制度包括计算机软件知识产权，主要是保护著作权（版权）和邻接权的法律制度。根据著作权法规定，著作权人对其文学、艺术、自然科学、社会科学和工程技术等作品依法享有的精神权利和财产权利，著作权人对其作品享有发表权、署名权、修改权、保护作品完整权、复制权、发行权、出租权、展览权、表演权、放映权、广播权、信息网络传播权、摄制权、改编权、翻译权、汇编权和应当由著作权人享有的其他权利。著作权法除了保护著作权人所享有的上述各项权利以外，还明确规定并依法保护作为作品主要传播者的出版者、表演者、录音录像制作者、广播电台和电视台的合法权益。除《著作权法》《著作权法实施条例》外，我国于 1992 年 10 月 15 日加入《伯尔尼公约》，1992 年 10 月 30 日加入《世界版权公约》，1993 年 4 月 30 日加入《保护录音制品制作者防止未经许可复制其录音制品公约》。我国《著作权法》经过 2001 年 10 月、2010 年 2 月以及 2020 年 11 月共 3 次修改。新修改的著作权法对修改前著作权法中不符合 TRIPS 的有关条款的内容作出相应修改，对著作权保护的客体、权利的内容、权利的限制、权利的许可使用和转让、法律责任等方面进行大量修改，著作权人的保护水平，进一步与著作权（版权）保护的国际水平接轨（见表 1-3）。

表 1-3 《中华人民共和国著作权法》修改情况

著作权法	背景	目的	部分主要法条修改
第一次修改	中国在颁布实施《著作权法》以后不久就加入了《伯尔尼公约》和《世界版权公约》，接着又加入了《保护录音制品制作者防止未经许可复制其录音制品公约》。中国已经成为国际版权公约中的重要一员。随着著作权制度国际化趋势的增强，中国著作权立法越来越需要与国际接轨	1. 细化著作财产权的内容； 2. 新增权利； 3. 将部分权利进行整合； 4. 对著作权权利客体的调整与扩大； 5. 网络环境下的保护	1. 第 10 条修改后，将著作权财产权分解为 13 项权利，即复制权、发行权、出租权、展览权、表演权、放映权、广播权、信息网络传播权、摄制权、改编权、翻译权、汇编权以及应当由著作权人享有的其他权利。 2. 新增权利第 10 条第（7）项和第（12）项 "（七）出租权，即有偿许可他人临时使用电影作品和以类似摄制电影的方法创作的作品、计算机软件的权利，计算机软件不是出租的主要标的的除外； "（十二）信息网络传播权，即以有线或者无线方式向公众提供作品，使公众可以在其个人选定的时间和地点获得作品的权利；" 3. 第 36 条改为第 37 条："表演者对其表演享有下列权利： "（一）表明表演者身份； "（二）保护表演形象不受歪曲； "（三）许可他人从现场直播和公开传送其现场表演，并获得报酬； "（四）许可他人录音录像，并获得报酬； "（五）许可他人复制、发行录有其表演的录音录像制品，并获得报酬； "（六）许可他人通过信息网络向公众传播其表演，并获得报酬。 "被许可人以前款第（三）项至第（六）项规定的方式使用作品，还应当取得著作权人许可，并支付报酬。"

续表

著作权法	背景	目的	部分主要法条修改
第二次修改	从我国2001年《著作权法》第一次修改至今近10年的时间里，互联网的迅猛发展对著作权制度提出了新的挑战，《著作权法》的一些条款显得力不从心甚至不合时宜，当时未能考虑的问题也逐渐凸显出来了	我国立法机关将倾向于将《著作权法》的第二次修改定位于"小修"；同时把更多的精力放在《著作权法》的一些配套法规的制定或完善方面	1. 将第4条修改为："著作权人行使著作权，不得违反宪法和法律，不得损害公共利益。国家对作品的出版、传播依法进行监督管理。" 2. 增加一条，作为第26条："以著作权出质的，由出质人和质权人向国务院著作权行政管理部门办理出质登记。"
第三次修改	中国特色社会主义进入新时代，经济社会进入新发展阶段，知识产权保护面临新形势和新任务，著作权保护面临一些新问题和新挑战，社会公众也对著作权立法有了新的期待和诉求，亟待通过修改完善著作权法予以解决： 1. 随着以网络化、数字化等为代表的新技术的高速发展和应用，一些现有规定已无法适应实践发展需要； 2. 著作权维权成本高，侵权损害赔偿额低，执法手段不足，使侵权行为难以得到有效遏制，权利保护的实际效果与权利人的期待还有一定差距； 3. 修改前的著作权法部分规定有必要与我国近年来加入的国际条约以及出台的民法典等法律进一步做好衔接。为顺应新的发展要求，对著作权法适时进行修改，是非常必要的	1. 完善相关概念和制度，例如视听作品的著作权归属问题； 2. 强化对著作权的保护，加大侵权损害赔偿力度； 3. 解决权利人维权难题； 4. 落实我国近年来加入的国际条约中规定的义务	1. 将第3条中的"包括以下列形式创作的文学、艺术和自然科学、社会科学、工程技术等作品"修改为"是指文学、艺术和科学领域内具有独创性并能以一定形式表现的智力成果……" 将第（6）项修改为："（六）视听作品。" 将第（9）项修改为："（九）符合作品特征的其他智力成果。" 2. 第10条将第1款第（11）项、第（12）项修改为："（十一）广播权，即以有线或者无线方式公开传播或者转播作品，以及通过扩音器或者其他传送符号、声音、图像的类似工具向公众传播广播的作品的权利，但不包括本款第十二项规定的权利；" 3. 将第37条改为第38条，删去第1款中的"（演员、演出单位）"和第2款。 4. 将第49条改为第54条，修改为："侵犯著作权或者与著作权有关的权利的，侵权人应当按权利人因此受到的实际损失或者侵权人的违法所得给予赔偿；权利人的实际损失或者侵权人的违法所得难以计算的，可以参照该权利使用费给予赔偿。对故意侵犯著作权或者与著作权有关的权利，情节严重的，可以在按照上述方法确定数额的一倍以上五倍以下给予赔偿。 "权利人的实际损失、侵权人的违法所得、权利使用费难以计算的，由人民法院根据侵权行为的情节，判决给予五百元以上五百万元以下的赔偿。" 5. 将第11条第4款改为第12条第1款："在作品上署名的自然人、法人或者非法人组织为作者，且该作品上存在相应权利，但有相反证明的除外。" 增加两款，作为第2款、第3款："作者等著作权人可以向国家著作权主管部门认定的登记机构办理作品登记。 "与著作权有关的权利参照适用前两款规定。"

（四）植物新品种保护法律制度

植物新品种是指经过人工培育的或者对发现的野生植物加以开发，具备新颖性、特异性、一致性和稳定性并有适当命名的植物品种。为了保护植物新品种权，鼓励培育和使用植物新品种，促进农业、林业的发展，我国于 1997 年由国务院颁布了《植物新品种保护条例》（于 2013 年、2014 年对《植物新品种保护条例》进行了两次修改）。1999 年 3 月，中国向国际植物新品种保护联盟递交了《国际植物新品种保护公约》（1978 年文本）加入书。中国成为国际植物新品种保护联盟第 39 个成员国，至此形成了我国完整的植物新品种保护法律制度（见表 1 - 4）。

表 1 - 4 《植物新品种保护条例》修改情况

植物新品种保护条例	部分主要法条修改
第一次修改	1. 将第 39 条第 3 款修改为："省级以上人民政府农业、林业行政部门依据各自的职权处理品种权侵权案件时，为维护社会公共利益，可以责令侵权人停止侵权行为，没收违法所得和植物品种繁殖材料；货值金额 5 万元以上的，可处货值金额 1 倍以上 5 倍以下的罚款；没有货值金额或者货值金额 5 万元以下的，根据情节轻重，可处 25 万元以下的罚款。" 2. 将第 40 条修改为："假冒授权品种的，由县级以上人民政府农业、林业行政部门依据各自的职权责令停止假冒行为，没收违法所得和植物品种繁殖材料；货值金额 5 万元以上的，处货值金额 1 倍以上 5 倍以下的罚款；没有货值金额或者货值金额 5 万元以下的，根据情节轻重，处 25 万元以下的罚款；情节严重，构成犯罪的，依法追究刑事责任。"
第二次修改	第 26 条中的"向审批机关登记"修改为"按照职责分工向省级人民政府农业、林业行政部门登记"。

（五）集成电路布图设计法律制度

集成电路布图设计法律制度也称为工业版权法律制度。在集成电路布图设计的法律规范方面，我国积极参与了缔结《关于集成电路知识产权的华盛顿条约》的活动，并成为第一批在条约上签字的国家。2001 年 3 月 28 日，国务院第 36 次常务会议通过，2001 年 4 月 2 日公布了《集成电路布图设计保护条例》，就此建立了我国集成电路布图设计权法律制度。

（六）反不正当竞争法律制度

根据《巴黎公约》和《建立世界知识产权组织公约》的有关规定，制止不正当竞争是知识产权的一项重要内容。我国于1993年9月2日第八届全国人民代表大会常务委员会第三次会议通过了《中华人民共和国反不正当竞争法》，确立了公平合理的竞争规则，保护商业秘密，制止不正当竞争；分别于2017年、2019年进行了修改。为了预防和制止垄断行为，保护市场公平竞争，提高经济运行效率，维护消费者利益和社会公共利益，促进社会主义市场经济健康发展。我国于2007年8月30日第十届全国人民代表大会常务委员会第二十九次会议通过《中华人民共和国反垄断法》，自2008年8月1日起施行，确立了公平合理的竞争规则，为对滥用知识产权行为进行法律规制提供了基本的法律依据（见表1-5）。

表1-5 《中华人民共和国反不正当竞争法》修改情况

反不正当竞争法	背景	目的	部分主要法条修改
第一次修改	《反不正当竞争法》自1993年施行以来，对鼓励和保护公平竞争、保障社会主义市场经济健康发展，发挥了重要作用。但随着我国市场经济的发展，新的业态、商业模式不断出现，现行法存在诸多不适应的地方：一是对实践中新出现的扰乱市场竞争秩序、具有明显不正当竞争性质的行为，现行法未作规定或规定不够全面；二是对不正当竞争行为的规制和治理机制还不够完善。在此背景下，对反不正当竞争法的修改意义重大，受到了社会各界的广泛关注	1. 完善不正当竞争行为的判断原则；2. 修改完善七种不正当竞争行为的认定规则；3. 加大不正当竞争者的损害赔偿责任；4. 强化监督检查的手段和措施	1. 将第2条修改为："经营者在生产经营活动中，应当遵循自愿、平等、公平、诚信的原则，遵守法律和商业道德。"本法所称的不正当竞争行为，是指经营者在生产经营活动中，违反本法规定，扰乱市场竞争秩序，损害其他经营者或者消费者的合法权益的行为。"本法所称的经营者，是指从事商品生产、经营或者提供服务（以下所称商品包括服务）的自然人、法人和非法人组织。"将第7条修改为："经营者不得采用财物或者其他手段贿赂下列单位或者个人，以谋取交易机会或者竞争优势："（一）交易相对方的工作人员；"（二）受交易相对方委托办理相关事务的单位或者个人；"（三）利用职权或者影响力影响交易的单位或者个人。"经营者在交易活动中，可以以明示方式向交易相对方支付折扣，或者向中间人支付佣金。经营者向交易相对方支付折扣、向中间人支付佣金的，应当如实入账。接受折扣、佣金的经营者也应当如实入账。"经营者的工作人员进行贿赂的，应当认定为经营者的行为；但是，经营者有证据证明该工作人员的行为与为经营者谋取交易机会或者竞争优势无关的除外。"

续表

反不正当竞争法	背景	目的	部分主要法条修改
第二次修改	此次修改是为了配合第十三届全国人民代表大会第二次会议通过的《外商投资法》。这部法律于2020年1月1日起生效，并取代《中外合资经营企业法》《外资企业法》《中外合作经营企业法》，成为中国外资监管领域的一部新的基础性法律	1. 完善对侵犯商业秘密行为的定义； 2. 将恶意侵犯商业秘密的惩罚性赔偿也纳入《反不正当竞争法》规定，加大对恶意侵权的惩罚力度； 3. 提高行政机关执法部门对侵犯商业秘密行为执法的罚款标准； 4. 增加关于举证责任转移的条款	1. 将第9条第1款第（3）项"约定"改为"保密义务"，并新增"（四）教唆、引诱、帮助他人违反保密义务或者违反权利人有关保守商业秘密的要求，获取、披露、使用或者允许他人使用权利人的商业秘密。" "经营者以外的其他自然人、法人和非法人组织实施前款所列违法行为的，视为侵犯商业秘密。" 2. 将第21条修改为："经营者以及其他自然人、法人和非法人组织违反本法第九条规定侵犯商业秘密的，由监督检查部门责令停止违法行为，没收违法所得，处十万元以上一百万元以下的罚款；情节严重的，处五十万元以上五百万元以下的罚款。" 3. 增加一条，作为第32条："在侵犯商业秘密的民事审判程序中，商业秘密权利人提供初步证据，证明其已经对所主张的商业秘密采取保密措施，且合理表明商业秘密被侵犯，涉嫌侵权人应当证明权利人所主张的商业秘密不属于本法规定的商业秘密。 "商业秘密权利人提供初步证据合理表明商业秘密被侵犯，且提供以下证据之一的，涉嫌侵权人应当证明其不存在侵犯商业秘密的行为： "（一）有证据表明涉嫌侵权人有渠道或者机会获取商业秘密，且其使用的信息与该商业秘密实质上相同； "（二）有证据表明商业秘密已经被涉嫌侵权人披露、使用或者有被披露、使用的风险； "（三）有其他证据表明商业秘密被涉嫌侵权人侵犯。"

综上所述，中国知识产权法律制度体系基本完备，法律规范基本接近国际标准水平。

第二章 专 利

专利权是知识产权最核心的内容和最重要的组成部分，是科技创新的重要体现，是现代社会经济发展的核心与源泉。

第一节 专利概述

一、什么是专利

专利是专利权人就发明创造依法向国家专利行政部门提交申请，经审查通过并授予专利权的文件。根据《专利法》第 2 条的规定，发明创造是指发明、实用新型和外观设计。所谓专利权就是智力创造劳动者对其智力劳动成果所应享有的权利，即对智力成果的所有权及独占权。专利权是知识产权中的一种，属于民事权利。作为民事产权，它具有排他性的使用权、收益独享权和自由转让权；作为一种财产权，专利权人具有占用、使用、收益和处分的权利；作为知识产权，它具有知识、智力创造等新技术特征，但是，专利权又是一种特殊的权利，为了公共利益的需要，它要受到一定的限制，更不能滥用。

专利中一个不能忽视的概念是标准必要专利（Standards Essential Patents），标准必要专利是指为实施技术标准而必须使用的专利。标准必要专利是包含在国际标准、国家标准和行业标准中，且在实施标准时必须使用的专利。也就是说当标准化组织在制定某些标准时，由于技术上或者商业上没有其他可替代方案，部分或全部标准草案无可避免要涉及专利或专利申请。标准必要专利既是标准，又是专利。

二、专利权的性质

专利权的性质主要体现在专有性、时间性和地域性三个方面。

（一）专有性

专有性，也称独占性或排他性。专利权人对其拥有的专利权享有专有、独占或排他的权利，未经其许可或者出现专利权法律规定的特殊情况，任何人不得使用，否则即构成侵权。

（二）时间性

时间性，指法律对专利权所有人的保护不是无期限的，超过一定时间限制则不再予以保护。专利技术随即成为人类共同财富，任何人都可以利用。

（三）地域性

任何一项专利权，只有依一定地域内的法律才得以产生并在该地域内受到法律保护。由于地域性特征，根据一国法律取得的专利权只在该国领域内受到法律保护，而在其他国家则不受该国家的法律保护，除非两国之间有双边的知识产权保护协定，或者共同参加了有关保护专利等知识产权的国际公约。

典型案例

温州市派克箱包有限公司与蚌埠某超市侵害外观设计专利权纠纷[1]

原告温州市派克箱包有限公司（以下简称"派克公司"）系专利号为ZL20163016××××.3 ["中锁（B69）"]的外观设计专利权人。派克公司为销售并推广该产品，投入了大量营销费用，产品推向市场后获得了大量好评。在涉案专利权有效期内，派克公司发现被告蚌埠某超市（以下简称"某超市"）大量销售、许诺销售被诉侵权产品，于是提起诉讼。合肥市中级人民法院经过审理认定侵权产品的技术方案落入涉案专利的保护范围，某超市销售、许诺销售该产品的行为已构成侵权，判决某超市停止销售、许诺销售侵犯原告派克公司专利号为ZL20163016×××.3的外观设计专利权的箱包产品并且赔偿原告经济损失（含维权支出的合理费用）6000元。

---

[1] 合肥市中级人民法院（2020）皖01民初2222号民事判决书。

> 案例点评

该案中，某超市的行为侵犯了派克公司的外观设计专利权，损害了其合法享有的专有性、排他性权利，在我国《民法典》没有实施以前，依据《民法总则》第179条第1款第（1）项、第（8）项，《专利法》第11条第2款、第59条第2款、第65条的规定承担法律责任。

三、专利的类型

我国《专利法》第2条规定，本法所称的发明创造是指发明、实用新型和外观设计。

（一）发明专利

根据《专利法》第2条规定，发明，是指对产品、方法或其改进所提出的新的技术方案。

发明必须是一种技术方案，是发明人将自然规律在特定技术领域进行运用和结合的结果，而不是自然规律本身，因而科学发现不属于发明范畴。同时，发明通常是自然科学领域的智力成果，文学、艺术和社会科学领域的成果也不能构成专利法意义上的发明。根据《专利审查指南（2010）》的规定，发明分为产品发明、方法发明两种类型，既可以是原创性的发明，也可以是改进型的发明。产品发明是关于新产品或新物质的发明。方法发明是指为解决某特定技术问题而采用的手段和步骤的发明。

（二）实用新型专利

同发明一样，实用新型保护的也是一个技术方案。实用新型，是指对产品的形状、构造或者其结合所提出的适于实用的新的技术方案。但实用新型专利保护的范围较窄，它只保护有一定形状或结构的新产品，不保护方法以及没有固定形状的物质。实用新型的技术方案更注重实用性，其技术水平较发明而言，要低一些，实用新型专利也被称为"小发明"。

（三）外观设计专利

外观设计，是指对产品的整体或者局部的形状、图案或者其结合以及色彩与形状的结合所作出的富有美感并适于工业应用的新设计。外观设计注重的是设计人对一项产品的外观所作出的富于艺术性、具有美感的创造，但这种具有艺术性的创造，不是单纯的工艺品，它必须具有能够为产业上所应用的实用性。

四、专利制度的起源与发展

在专利制度的发展历史中，威尼斯共和国率先将专利的管理形成制度，于1474年制定了世界上公认的第一部专利法，它将发明创造人的垄断权作为法定的权利，同时也初步规定了获得专利权的条件。这部专利法中所规定的一些基本原则，为现代专利制度奠定了基础。

1624年，英国颁布的《垄断法规》被认为是世界上第一部具有现代意义的专利法，是现代专利制度的开端。该法规定了发明专利权的主体、客体、授予专利的法定条件、专利的有效期限及宣告专利无效的条件等内容。这些规定为后来所有国家的专利立法提供了基本框架，其中的许多原则和制度至今仍为各国所仿效和援用。这一部法律的出台，使英国的科学技术得以迅速发展。

继英国之后，美国、法国、西班牙、德国、日本和奥地利先后颁布了自己的专利法，建立了自己的专利法律制度。迄今为止，世界上建立了专利制度的国家和地区已超过170个。

随着国际市场的形成、世界经济走向一体化、科学技术的进步和交流以及国际贸易的日益发展，对专利权保护的需求日益显现，专利保护已从一国范围扩展到全球范围。1883年，以法国为首的11个欧洲国家，为了解决工业产权的国际保护问题，在巴黎签订了《巴黎公约》，这就是专利保护国际化的标志。第二次世界大战后，专利保护国际化趋势进一步发展，在涉及专利权的保护上，一系列国际条约应运而生。1967年建立的世界知识产权组织和1994年签订并于1995年生效的TRIPS，使专利制度全面走向国际化，为共同促进和推动专利保护全球化、一体化起到了里程碑的作用。

从专利法律制度产生的历史过程可以看出，专利法律制度是商品经济、市场经济的产物。它在资本主义萌芽时期开始产生，在资本主义迅速发展时期得到发展和完善。它既是社会经济发展的产物，同时又反过来推动了社会经济的发展。

现代专利制度具有以下基本特点：(1) 法律保护，专利法的核心是保护发明创造成果，禁止他人未经专利权人许可擅自实施其发明创造成果而获得利益；一旦发生专利侵权，专利权人或者利害关系人就可以依法行使禁止权或提起侵权诉讼，使其合法权益得到法律保护。(2)国家审查，大多数国家采用专利审查制度，只有少数国家采取注册登记制度。(3)公开通报，即将申请专利的发明创造的内容在专利公报上予以充分公开。

五、专利制度的作用

专利法律制度的作用主要是保护专利权人的合法权益，鼓励发明创造，推动发明创造的应用，提高创新能力，促进科学技术进步和经济社会发展。因此，专利法律制度的作用主要包括五个方面。

（一）保护专利权人的合法权益

保护专利权人合法权益是保护人权的基本内容之一，也是创新时代不可或缺的措施，这是实现创新国家的基础。加强知识产权保护力度，打击各种知识产权侵权行为，对于保护发明创造者等专利权人的合法权益意义重大。

（二）鼓励发明创造

创新是社会发展的动力，是民族进步的灵魂。鼓励发明创造是专利法律制度的重要功能。我国《宪法》第20条规定："国家发展自然科学和社会科学事业，普及科学和技术知识，奖励科学研究成果和技术发明创造"。《宪法》第47条规定："中华人民共和国公民有进行科学研究、文学艺术创作和其他文化活动的自由。国家对于从事教育、科学、技术、文学、艺术和其他文化事业的公民的有益于人民的创造性工作，给以鼓励和帮助"。专利法与《宪法》在鼓励发明创造上的精神是一致的。专利权的客体是技术方案，是智力成果，作为智力成果的知识产品具有创造成本高、易复制、仿制成本低的特点。针对这一特点，强化专利权法律保护的专利法律制度十分重要。加强对创造发明的保护，使发明创造者从其开发的智力成果中获得更大的利益，享受其发明创造的新技术带来的巨大经济效益和社会效益，有利于激励发明创造者积极投身于智力创造活动，对鼓励发明创造具有积极意义。

（三）推动发明创造的应用

专利的运用是整个社会对于发明创造的要求。专利是一种稀缺资源，往往掌握在发明创造者等少数人手里，如果不通过合理的法律制度安排来促进推广、转化、运用，广大社会公众将无法充分享受发明创造等新技术带来的好处，不利于社会进步。因此，通过设立专利权的转让、许可、强制许可等制度，发明创造者或其他权利人从中获得巨大的收益。一般来说，专利推广应用的范围越广，专利权人能够得到的收益也越大。专利技术有偿转让、许可能很好地推动发明创造的转化应用，也有利于促进专利技术的推广或改进性发明创造的出现。

（四）提高创新能力

专利制度通过激励创新、保护创新成果，促进创新成果转化运用，有利于形成知识产权成果的创造、运用、保护管理良性循环，有利于提高国家创新能力。

（五）促进科学技术进步和经济社会发展

只有科学的法律制度引领、激励社会个体的发明创造并且保护创造成果，发明创造的潜力才能充分发挥出来，推动科技进步，促进经济社会的发展，增强国家的综合实力。专利对于鼓励技术创新、推动社会进步具有极其重要的作用，这也是整个社会对于发明创造的期望。在各国经济的竞争力很大程度取决于创新能力的经济全球化时代，专利制度对促进科学技术进步和经济社会发展，提升国家创新能力、竞争能力和综合国力具有极其重要的作用。

2020年9月2日，世界知识产权组织在日内瓦发布了以"谁为创新出资？"为主题的《2020年全球创新指数：谁为创新出资》报告显示，中国在131个经济体中位列第14名，与2019年持平。世界顶尖的科技集群中，有17个位于中国。

在创新投入和创新产出两大核心指标方面，中国以排名第26位的创新投入，创造了排名第6位的创新产出。同时，中国在研发投入、市场成熟度等方面的排名均有所上升。在全球品牌价值指标方面，中国排名第17位。世界最具价值的5000个品牌中，有408个来自中国，总价值达16万亿美元，其中9个品牌跻身世界前25位。

第二节　授予专利权的条件

在我国，发明和实用新型专利授予专利权的条件是相同的，外观设计专利的授予条件则有所不同，笔者将分为两部分进行介绍。

一、发明、实用新型授予专利权的条件

根据《专利法》的规定,授予专利权的实质条件是发明和实用新型应当具备新颖性、创造性和实用性。

(一) 新颖性

1. 新颖性的含义及要求

根据《专利法》第 22 条第 2 款的规定,新颖性是指该发明或者实用新型不属于现有技术;也没有任何单位或者个人就同样的发明或者实用新型在申请日以前向国务院专利行政部门提出过申请,并记载在申请日以后公布的专利申请文件或者公告的专利文件中。

判断专利是否具备新颖性,以申请专利的发明或实用新型是否属于现有技术为准。判断是否具备新颖性的时间界限,以提出专利申请的申请日为基准。如果在申请日之前已有单位或者个人提出过发明或者实用新型申请并记载在申请日以后公布的专利申请文件或者公告的专利文件中,则出现"抵触申请",后一申请因此不具备新颖性。

专利法所称现有技术,是指申请日以前在国内外为公众所知的技术。理解现有技术需要注意:(1) 技术是否为公众所知,不为公众所知,只是为一定范围内的人所知的不属于这里的现有技术;(2) 时间界限为申请日;(3) 地域标准为国内外,即全世界范围内,即使未在中国国内为公众所知,但在国外已为公众所知的,也为现有技术。

2. 不丧失新颖性的公开

根据《专利法》第 24 条的规定,申请专利的发明创造在申请日以前 6 个月内,有下列情形之一的,不丧失新颖性。

(1) 在国家出现紧急状态或者非常情况时,为公共利益目的首次公开的;
(2) 在中国政府主办或者承认的国际展览会上首次展出的;
(3) 在规定的学术会议或者技术会议上首次发表的;
(4) 他人未经申请人同意而泄露其内容的。

(二) 创造性

根据《专利法》第 22 条第 3 款的规定,创造性是指与现有技术相比,该发明具有突出的实质性特点和显著的进步，该实用新型具有实质性特点和进步。发明专利与实用新型专利有关创造性的差异，即发明需具有突出的实质性特点和显著的进步；实用新型需具有实质性特点和进步。

判断一项发明是否具备创造性，第一，要与申请日前的国内外现有技术相对比；第二，要看该发明与现有技术相比是否有实质性的差别，该差别是否突出；第三，要看该发明是否有显著的技术进步。当然要正确理解和适用专利法的创造性标准，还需看该成果不能是简单的技术更新，该技术能否是所属技术领域的普通技术人员轻易实现的，如果能够，则不能取得专利权。

（三）实用性

根据《专利法》第22条第4款的规定，实用性是指该发明或者实用新型能够制造或者使用，并且能够产生积极效果。

二、外观设计授予专利权的条件

（一）非现有设计

根据《专利法》第23条第1款和第4款的规定，授予专利权的外观设计，应当不属于现有设计；所谓现有设计，是指申请日以前在国内外为公众所知的设计。

（二）明显区别性

根据《专利法》第23条第2款的规定，授予专利权的外观设计与现有设计或者现有设计特征的组合相比，应当具有明显区别。明显区别是指不相同或者不相似，不会引起社会公众的误认。

（三）非抵触性

根据《专利法》第23条第1款和第3款的规定，授予专利权的外观设计不得与他人在申请日以前已经取得的合法权利相冲突。也没有任何单位或者个人就同样的外观设计在申请日以前向国务院专利行政部门提出过申请，并记录在申请日以后公告的专利文件中。

三、不授予专利权的情形

我国《专利法》第 25 条规定，对下列各项，不授予专利权：

（1）科学发现；

（2）智力活动的规则和方法；

（3）疾病的诊断和治疗方法；

（4）动物和植物品种；

（5）原子核变换方法以及用原子核变换方法获得的物质；

（6）对平面印刷品的图案、色彩或者二者的结合作出的主要起标识作用的设计。

对前款第（4）项所列产品的生产方法，可以依照《专利法》规定授予专利权。

此外，根据我国《专利法》第 5 条的规定，对违反法律、社会公德或者妨害公共利益的发明创造，不授予专利权。对违反法律、行政法规的规定获取或者利用遗传资源，并依赖该遗传资源完成的发明创造，不授予专利权。

综上，不同类型的专利权授予条件是有一定差别的，如表 2-1 所示。

表 2-1　专利权类型和授予条件

专利权类型	授予条件
发明	新颖性、创造性、实用性
实用新型	
外观设计	非现有设计、明显区别性

> 典型案例

李某某与国家知识产权局专利行政管理纠纷案[1]

原告李某某于 2014 年 8 月 8 日向国家知识产权局（被告）提出名称为"单方向中点距门牌地址及街道位置表示方法及标示牌"的第 20141038×××.3 号发明专利申请。2017 年 3 月 1 日，经实质审查，国家知识产权局原审查部门发出驳回决定。原告提出复审申请，专利复审委员会经审查认为，该申请权利要求 1、2 属于《中华人民共和国专利法》第 25 条第 1 款第（2）项规定的不授予专利权的情形，

---

[1] 最高人民法院（2020）最高法知行终 41 号行政判决书。

据此维持国家知识产权局于 2017 年 3 月 1 日对该申请作出的驳回决定。原告不服国家知识产权局专利复审委员会于 2017 年 12 月 6 日作出的第 135036 号复审请求审查决定,于法定期限内向北京知识产权法院提起行政诉讼。

原告主张"单方向中点距门牌地址及街道位置表示方法及标示牌"不属于《专利法》第 25 条第 1 款第（2）项规定的情形,其理由主要基于两点:一是原告认为该申请中的权利要求 1（请求保护一种单方向中点距门牌地址及街道位置的标示牌）是一种而非一种信息表述的方式而非智力活动的规则和方法;二是由于"信息的表述方式"意思清晰、准确且无处不在,而"智力活动的规则和方法"涉及范围非常有限,所以信息的表述方式并不等同于智力活动的规则和方法。

一审法院北京知识产权法院与二审法院最高人民法院认为:权利要求 1 的主题为"一种单方向中点距门牌地址及街道位置的标示牌",除该主题名称以外,对其进行限定的全部内容仅仅涉及标记于其上的信息内容,如"标示牌上设有用于标示街道名的街道名标识、用于标示方向的方向标识及用于标示距离的中点距标识,所述中点距标识为阿拉伯数字,所述方向标识为文字或字符"。可见,权利要求 1 实质上是保护设置在产品上的信息内容本身,而这些内容均是人的主观思维活动根据各类地理情况确定的,是一种信息的表述方式,不涉及技术手段的利用。因此,权利要求 1 属于《专利法》第 25 条第 1 款第（2）项规定的智力活动的规则和方法,不属于专利权保护的客体。

案例点评

该案中一审法院和二审法院在判断"单方向中点距门牌地址及街道位置表示方法及标示牌"是否属于专利权保护客体时,从申请权利的内容出发分析其性质,结合我国《专利法》第 25 条第 1 款第（2）项"智力活动的裁判和方法,不能授予专利权"的规定进行判断,并在裁判文书中进行了充分的说理,保证了审理结果的合理性、合法性。

第三节　专利申请与取得

一、申请专利的主体

任何发明创造都需要先向国家专利行政部门提出申请,国家专利行政部门经过审查程序才能授予专利。我国《专利法》第6~9条、第17条对此有明确规定，中国单位和个人、外国人、外国企业或外国其他组织等都可以申请专利。

（一）发明人

我国《专利法》第6条第2~3款规定，"非职务发明创造，申请专利的权利属于发明人或者设计人；申请被批准后，该发明人或者设计人为专利权人。""利用本单位的物质技术条件所完成的发明创造，单位与发明人或者设计人订有合同，对申请专利的权利和专利权的归属作出约定的，从其约定。"如果合同约定申请专利的权利和专利权归属于发明人，则发明人是专利申请主体。此外，我国《专利法》第7条还特别强调，"对发明人或者设计人的非职务发明创造专利申请，任何单位或者个人不得压制"。

（二）职务发明人所在单位

我国《专利法》第6条第1款规定，"执行本单位的任务或者主要是利用本单位的物质技术条件所完成的发明创造为职务发明创造。职务发明创造申请专利的权利属于该单位，申请被批准后，该单位为专利权人。该单位可以依法处置其职务发明创造申请专利的权利和专利权，促进相关发明创造的实施和运用。"第3款规定，"利用本单位的物质技术条件所完成的发明创造，单位与发明人或者设计人订有合同，对申请专利的权利和专利权的归属作出约定的，从其约定。"如果合同约定申请专利的权利和专利权归属于单位，则发明人所在单位是专利申请主体。

（三）共同完成的单位或者个人

我国《专利法》第8条规定，"两个以上单位或者个人合作完成的发明创造、一个单位或者个人接受其他单位或者个人委托所完成的发明创造，除另有协议的以外，申请专利的权利属于完成或者共同完成的单位或者个人；申请被批准后，申请的单位或者个人为专利权人。"根据该规定，存在以下三种情况。

1. 共同完成的发明人

两个以上单位或者个人合作完成的发明创造，如果没有协议的特别约定，申请专利的权利属于共同完成的单位或者个人。

2. 受委托的发明人

单位或者个人接受其他单位或者个人委托所完成的发明创造，如果没有协议进行特别约定专利申请权和专利权归属于委托人，则申请专利的权利属于完成或者共同完成的受托单位或者个人。

3. 协议特别约定的当事人

两个以上单位或者个人合作完成的发明创造、一个单位或者个人接受其他单位或者个人委托所完成的发明创造，如果有协议特别约定申请专利的权利属于委托方或者单独属于共同完成的某个单位或者个人，则协议特别约定的当事人为专利权申请主体；申请被批准后，申请的单位或者个人为专利权人。

（四）专利申请权的合法受让人

我国《专利法》第10条规定，专利申请权和专利权可以转让。中国单位或者个人向外国人、外国企业或者外国其他组织转让专利申请权或者专利权的，应当依照有关法律、行政法规的规定办理手续。转让专利申请权或者专利权的，当事人应当订立书面合同，并向国务院专利行政部门登记，由国务院专利行政部门予以公告。专利申请权或者专利权的转让自登记之日起生效。

（五）外国人

我国《专利法》第17条规定，在中国没有经常居所或者营业所的外国人、外国企业或者外国其他组织在中国申请专利的，依照其所属国同中国签订的协议或者共同参加的国际条约，或者依照互惠原则，根据该法办理。但是，根据我国《专利法》第18条的规定，在中国没有经常居所或者营业所的外国人、外国企业或者外国其他组织在中国申请专利和办理其他专利事务的，应当委托依法设立的专利代理机构办理。

二、获得专利权的程序

专利权的取得有严格的程序要求，发明专利申请程序分为提交申请、受理、初步审查、公布、实质审查、授权公告等程序（见图2-1）。

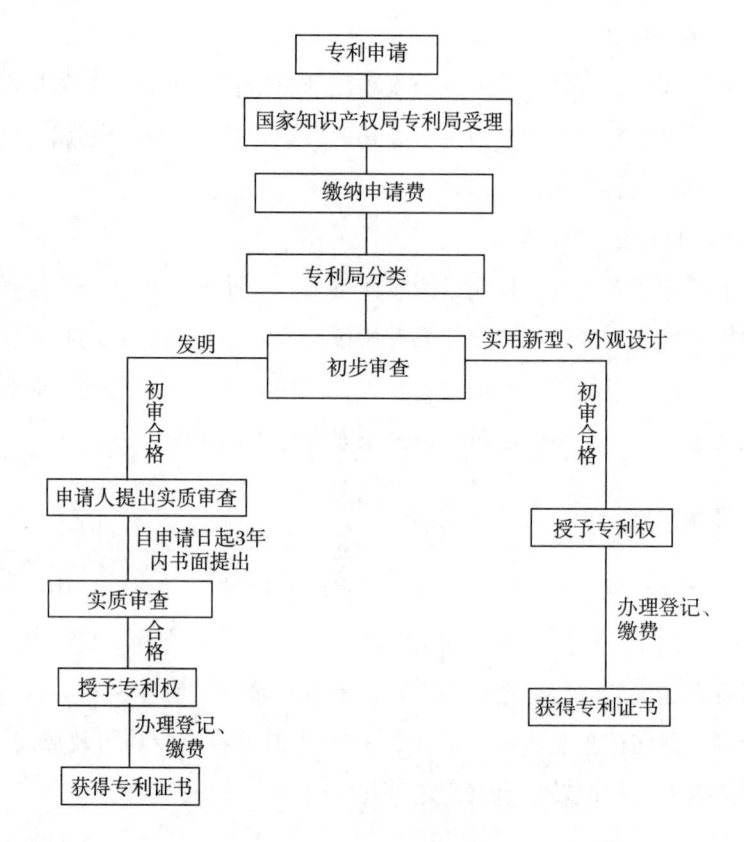

```
                    专利申请
                       │
              国家知识产权局专利局受理
                       │
                    缴纳申请费
                       │
                    专利局分类
                       │
         发明 ┌──── 初步审查 ────┐ 实用新型、外观设计
            │                    │
          初审                  初审
          合格                  合格
            │                    │
       申请人提出实质审查         授予专利权
       自申请日起3年              │
       内书面提出             办理登记、
            │                   缴费
         实质审查                 │
            合                获得专利证书
            格
            │
         授予专利权
            │
        办理登记、
           缴费
            │
        获得专利证书
```

图 2 – 1　专利申请流程

（一）提交专利申请及受理阶段

递交申请文件，专利局收到专利申请后进行审查，如果符合受理条件，专利局将确定申请日、给予申请号，并且核实过文件清单后，发出受理通知书，通知申请人。

（二）初步审查阶段

经受理后的专利申请按照规定缴纳申请费的，自动进入初审阶段。初步审查前发明专利申请首先要进行保密审查，需要保密的，按保密程序处理。

初步审查是对申请是否存在明显缺陷进行审查，主要包括审查申请是否属于《专利法》中不授予专利权的范围，是否明显缺乏技术内容不能构成技术方案，是否缺乏单一性，申请文件是否齐备及格式是否符合要求。若是外国申请人还要进行资格审查及申请手续审查。不合格的，专利局将通知申请人在规定的期限内补正或陈述意见，逾期不答复的，申请将被视为撤回。经答复仍未消除缺陷的，予以驳回。发明专利申请初步审查合格的，将发给初审合格通知书。对实用新型和外观设计专利申请，除进行上述审查外，还要审查是否明显与已有专利相同。不是一个新的技术方案或者新的设计，经初步审查未发现驳回理由的，将直接进入授权程序。

（三）公布阶段

根据《专利法》第34条规定，国务院专利行政部门收到发明专利申请后，经初步审查认为符合该法要求的，自申请日起满18个月，即行公布。国务院专利行政部门可以根据申请人的请求早日公布其申请。

（四）实质审查阶段

根据《专利法》第35条规定，发明专利申请自申请日起3年内，国务院专利行政部门可以根据申请人随时提出的请求，对其申请进行实质审查；申请人无正当理由逾期不请求实质审查的，该申请即被视为撤回。国务院专利行政部门认为必要的时候，可以自行对发明专利申请进行实质审查。

根据《专利法》第37条规定，国务院专利行政部门对发明专利申请进行实质审查后，认为不符合该法规定的，应当通知申请人，要求其在指定的期限内陈述意见，或者对其申请进行修改；无正当理由逾期不答复的，该申请即被视为撤回。

根据《专利法》第38条规定，发明专利申请经申请人陈述意见或者进行修改后，国务院专利行政部门仍然认为不符合该法规定的，应当予以驳回。

（五）授权公告阶段

根据《专利法》第39条规定，发明专利申请经实质审查没有发现驳回理由的，由国务院专利行政部门作出授予发明专利权的决定，发给发明专利证书，同时予以登记和公告。发明专利权自公告之日起生效。

根据《专利法》第40条规定，实用新型和外观设计专利申请经初步审查没有发现驳回理由的，由国务院专利行政部门作出授予实用新型专利权或者外观设计专利权的决定，发给相应的专利证书，同时予以登记和公告。实用新型专利权和外观设计专利权自公告之日起生效。

三、如何提交专利申请

专利申请人提出专利申请，应当遵循以下申请原则。

根据我国《专利法》及其实施细则的规定，专利申请必须遵守单一性原则、先申请原则、书面申请原则和优先权原则。

（一）单一性原则

单一性原则，也称"一发明一申请"原则。我国《专利法》第31条规定，一件发明或者实用新型专利申请应当限于一项发明或者实用新型。属于一个总的发明构思的两项以上的发明或者实用新型，可以作为一件申请提出。

一件外观设计专利申请应当限于一项外观设计。同一产品两项以上的相似外观设计，或者用于同一类别并且成套出售或者使用的产品的两项以上外观设计，可以作为一件申请提出。

（二）先申请原则

我国《专利法》第9条规定，同样的发明创造只能授予一项专利权。但是，同一申请人同日对同样的发明创造既申请实用新型专利又申请发明专利，先获得的实用新型专利权尚未终止，且申请人声明放弃该实用新型专利权的，可以授予发明专利权。

两个以上的申请人分别就同样的发明创造申请专利的，专利权授予最先申请的人。

（三）优先权原则

我国《专利法》第29条规定，申请人自发明或者实用新型在外国第一次提出专利申请之日起12个月内，或者自外观设计在外国第一次提出专利申请之日起6个月内，又在中国就相同主题提出专利申请的，依照该外国同中国签订的协议或者共同参加的国际条约，或者依照相互承认优先权的原则，可以享有优先权。

申请人自发明或者实用新型在中国第一次提出专利申请之日起12个月内，或者自外观设计在中国第一次提出专利申请之日起6个月内，又向国务院专利行政部门就相同主题提出专利申请的，可以享有优先权。

四、专利申请文件的要求

以书面形式申请专利的，应当向国务院专利行政部门提交申请文件一式两份。因此，申请人必须按照要求进行撰写申请文件。

（一）发明、实用新型的申请文件

申请发明或者实用新型专利的，应当提交请求书、说明书及其摘要和权利要求书等文件。

1. 请求书

请求书应当写明发明或者实用新型的名称，发明人的姓名，申请人姓名或者名称、地址，以及其他事项。具体地说，请求书通常应该按照专利行政部门制作的格式填写，发明、实用新型专利申请的请求书应当写明下列事项：

（1）发明、实用新型的名称；

（2）申请人是中国单位或者个人的，其名称或者姓名、地址、邮政编码、组织机构代码或者公民身份证号码；申请人是外国人、外国企业或者外国其他组织的，其姓名或者名称、国籍或者注册的国家或者地区；

（3）发明人或者设计人的姓名；

（4）申请人委托专利代理机构的，该机构的名称、机构代码以及该机构指定的专利代理人的姓名、执业证号码、联系电话；

（5）要求优先权的，申请人第一次提出专利申请（以下简称"在先申请"）的申请日、申请号以及原受理机构的名称；

（6）申请人或者专利代理机构的签字或者盖章；

（7）申请文件清单；

（8）附加文件清单；

（9）其他需要写明的有关事项。

专利行政部门接到请求书后，还将填写申请号、申请日、提交日等内容。

2. 说明书及其摘要

说明书应当对发明或者实用新型作出清楚、完整的说明，以所属技术领域的技术人员能够实现为准；必要的时候，应当有附图。摘要应当简要说明发明或者实用新型的技术要点。发明或者实用新型专利申请的说明书应当写明发明或者实用新型的名称，该名称应当与请求书中的名称一致。

3. 权利要求书

权利要求书应当以说明书为依据，清楚、简要地限定要求专利保护的范围。

（二）外观设计的申请文件

申请外观设计专利的，应当提交请求书、该外观设计的图片或者照片以及对该外观设计的简要说明等文件。申请人提交的有关图片或者照片应当清楚地显示要求专利保护的产品的外观设计。申请人请求保护色彩的，应当提交彩色图片或者照片。申请人应当就每件外观设计产品所需要保护的内容提交有关图片或者照片。

外观设计专利申请的请求书与发明、实用新型的申请书同样填写。

外观设计的简要说明应当写明外观设计产品的名称、用途，外观设计的设计要点，并指定一幅最能表明设计要点的图片或者照片。省略视图或者请求保护色彩的，应当在简要说明中写明。对同一产品的多项相似外观设计提出一件外观设计专利申请的，应当在简要说明中指定其中一项作为基本设计。简要说明不得使用商业性宣传用语，也不能用来说明产品的性能。

五、申请专利缴纳的费用

申请专利需要缴纳一定的费用。国内申请费用和 PCT 申请费用又有所不同。

（一）国内申请费用

我国《专利法实施细则》第九章对申请费用进行了专章规定。其中第 93 条规定："向国务院专利行政部门申请专利和办理其他手续时，应当缴纳下列费用：（一）申请费、申请附加费、公布印刷费、优先权要求费；（二）发明专利申请实质审查费、复审费；（三）专利登记费、公告印刷费、年费；（四）恢复权利请求费、延长期限请求费；（五）著录事项变更费、专利权评价报告请求费、无效宣告请求费。前款所列各种费用的缴纳标准，由国务院价格管理部门、财政部门会同国务院专利行政部门规定。"

申请的专利类型不同，涉及的费用就不同。专利申请过程中通常需要缴纳以下费用：

1. 申请费

（1）发明：申请费 950 元（含印刷费 50 元）；

（2）实用新型：申请费 500 元；

（3）外观设计：申请费 500 元。

2. 审查费

该项费用仅当申请发明专利时缴纳，申请实用新型及外观设计时不用缴纳。发明申请审查费是 2500 元。

3. 专利登记费

申请人在接到专利授权通知书和办理登记手续通知书后，就需要缴纳专利登记费和公告印刷费。

（1）发明：250 元 + 印花税 5 元；

（2）实用新型：200 元 + 印花税 5 元；

（3）外观设计：200 元 + 印花税 5 元。

4. 年费

在专利的有效期内，如果要维持权利则需每年向国家知识产权局缴纳年费。具体费用如下：

（1）发明

第 1~3 年：900 元/年；

第 4~6 年：1200 元/年；

第 7~9 年：2000 元/年；

第 10~12 年：4000 元/年；

第 13~15 年：6000 元/年；

第 16~20 年：8000 元/年。

迟缴年费（6 个月以内）逐月追加滞纳金。

（2）实用新型

第 1~3 年：600 元/年；

第 4~5 年：900 元/年；

第 6~8 年：1200 元/年；

第 9~10 年：2000 元/年。

迟缴年费（6 个月以内）逐月追加滞纳金。

（3）外观设计

第 1~3 年：600 元/年；

第 4~5 年：900 元/年；

第 6~8 年：1200 元/年；

第 9~10 年：2000 元/年。

迟缴年费（6 个月以内）逐月追加滞纳金。

5. 其他费用

以上费用是专利申请中通常情况下需要缴纳的费用，其他费用以国家知识产权局发给申请人的缴费通知为准。

（二）国际专利申请费用

目前平均每向一个国家申请专利除需要支付 4000~5000 美元，若以 5 个国家计算需准备 2 万~2.5 万美元；还要支付 PCT 国际阶段的费用，该费用包括中国专利局征收的传送费、检索费和国际初步审查费约2100元（人民币）和国际局征收的基本费、指定费和手续费约1150美元。如果是中国的个人提出的国际申请，国际局征收的费用可减少75%（见表2-2）。

表2-2 PCT国际专利申请收费标准

PCT申请国际阶段部分（人民币：元）				
项目	官费	备注	总官费	代理费
传送费	500		18440（不包括副本复制费每页、滞纳金、国际申请用纸超出30页的部分每页加收等费用）	6000
检索费	2100			
附加检索费	2100			
优先权文件费	150	视情况缴纳		
初步审查费	1500	视情况缴纳		
初步审查附加费	1500	视情况缴纳		
单一性异议费	200	视情况缴纳		
副本复制费每页	2	视情况缴纳		
后提交费	200	视情况缴纳		
滞纳金	按应缴费用的50%计收，若低于传送费按传送费收取；若高于基本费按基本费收取	视情况缴纳		
国际申请用纸不超过30页的国际申请费	8858（1330瑞朗）			
国际申请用纸超出30页的部分每页加收	100（15瑞朗）			
手续费	1332（200瑞朗）			
宽限费	1000			
改正译文错误手续费（初审阶段）	300			3000
改正译文错误手续费（实审阶段）	1200			
单一性恢复费	900			
改正优先权要求请求费	300			

六、专利代理

专利申请是一项专业性较强的工作，如果申请人缺乏这方面的专业知识，可以寻求专利代理机构帮助。为了规范专利代理行为，保障委托人、专利代理机构和专利代理师的合法权益，维护专利代理活动的正常秩序，促进专利代理行业健康发展，国务院根据《专利法》制定了《专利代理条例》。

根据《专利代理条例》第 2 款规定，专利代理，是指专利代理机构接受委托，以委托人名义在代理权限范围内办理专利申请、宣告专利权无效等专利事务的行为。

七、专利申请文件常见的问题

专利申请文件有常用的固定格式和程序要求，申请文件要严格按照固定格式要求认真完成。但是，在发明专利申请实践过程中，由于申请文件不规范影响专利申请的情况或多或少存在。在此，我们就申请文件中一些容易出错的常见问题进行梳理，以避免申请出现技术性失误。

（一）申请文件格式不规范

专利申请文件，特别是说明书、说明书及其摘要、权利要求书，字迹应当整齐清晰符合规范格式要求，不得涂改。如果相关文件有两页及两页以上，每页末的下部正中位置必须有页码。

（二）申请用语不专业

有的申请人习惯于以写技术论文的模式来撰写专利申请文件，根据《专利法》及其实施细则的规定，应使用确定的技术用语，不得使用技术概念模糊的语句，如"等""大约""左右"等用语。

（三）技术描述缺乏可操作性

说明书不能只有任务和设想描述，或者只表明一种愿望或结果，而未写明能够具体实施的技术手段。

（四）缺少发明所需技术的关键内容

专利申请文件，尤其是说明书中缺少理解或再现发明所需技术的关键内容，导致该发明由于缺少解决技术问题的手段而不能实现。如果出现这种情况，专利审查员往往倾向于因申请人公开不充分而将该申请驳回。

专利申请文件撰写是一项非常专业、复杂、仔细的工作，除了以上列举的几个方面外，还存在很多其他专业问题，在此不一一列举。

八、专利保护期

我国《专利法》第42条规定，发明专利权的期限为20年，实用新型专利权的期限为10年，外观设计专利权的期限为15年，均自申请日起计算。

自发明专利申请日起满4年，且自实质审查请求之日起满3年后授予发明专利权的，国务院专利行政部门应专利权人的请求，就发明专利在授权过程中的不合理延迟给予专利权期限补偿，但由申请人引起的不合理延迟除外。

为补偿新药上市审评审批占用的时间，对在中国获得上市许可的新药相关发明专利，国务院专利行政部门应专利权人的请求给予专利权期限补偿。补偿期限不超过5年，新药批准上市后总有效专利权期限不超过14年。

九、如何从专利中受益

专利权作为一种民事权利，专利权人如何从中获益？根据我国《专利法》的规定，专利权人可以通过自行实施、转让、许可等方式从专利中获益。

（一）通过自行实施获益

专利权人可以通过自筹资金创办企业实施，也可以专利入股与他人创办企业实施，从中获取收益。

（二）通过许可实施获益

专利权人可以将自己的专利许可他人实施从中获益。专利许可可分为独占许可、独家许可、普通许可。

1. 通过自愿许可实施获益

我国《专利法》第50~52条规定，由专利权人自愿向国务院专利行政部门声明其许可意愿以及许可费的支付方式与标准。有意愿实施某项专利许可的单位或者个人，只需要书面通知作出自愿许可声明的专利权人，然后按照公告的要求支付许可费。

2. 通过独占许可实施获益

专利权人可以通过行使独家许可权，许可被许可人独家使用专利权人的专利，其他人包括许可人本人均不得使用该专利的方式从中收取报酬获得利益。

3. 通过独家许可实施获益

独家许可又称"排他许可"，是指专利权人在约定的期间、地域，以约定的方式，将该专利权仅许可一个被许可人使用，专利权人依约定可以使用该专利，但不得另行许可他人使用该专利。专利权人可以通过独家许可实施获益。

4. 通过普通许可实施获益

普通许可是专利实施中常见的一种类型，专利权人可以通过普通许可实施获益。专利权人许可他人在一定时间内实施其专利，同时保留许可第三人实施该专利的权利，专利权人自己也可以实施。

（三）通过转让实施获益

专利权人将专利权通过一定的形式转让给他人。专利权的转让可以是通过雇佣合同关系由智力创造劳动者转移给雇主，也可以是通过买卖合同（通常是技术转让合同），由专利权人将专利权转让给他人而从中获益。

（四）强制实施收益

我国《专利法》第53条规定了依申请给予强制许可实施的情况，第54条规定了依紧急情况或公益需要给予强制许可实施的情况，第55条规定了专利药品的强制许可实施情况，第56条规定了"依存专利"的强制许可实施情况，第57条规定了半导体技术强制许可的限制。第62条规定了强制许可实施使用费的支付，明确要求"取得实施强制许可的单位或者个人应当付给专利权人合理的使用费"。

（五）指定实施收益

根据我国《专利法》第49条规定，国有企业事业单位的发明专利，对国家利益或者公共利益具有重大意义的，国务院有关主管部门和省、自治区、直辖市人民政府报经国务院批准，可以决定在批准的范围内推广应用，允许指定的单位实施，由实施单位按照国家规定向专利权人支付使用费。

第四节　专利权的内容

一、专利权的内容

（一）发明专利权的内容

我国《专利法》第 11 条规定，发明和实用新型专利权被授予后，除该法另有规定的以外，任何单位或者个人未经专利权人许可，都不得实施其专利，即不得为生产经营目的制造、使用、许诺销售、销售、进口其专利产品，或者使用其专利方法以及使用、许诺销售、销售、进口依照该专利方法直接获得的产品。

1. 产品类发明专利权的内容

（1）专利产品制造权，又称"制造专利产品权"，即为生产经营目的独占制造专利产品权，除专权人外，专利权人有权制止任何个人或组织为生产经营目的制造该发明专利产品。

（2）专利产品使用权，又称"使用专利产品权"，即为生产经营目的独占使用专利产品权，除专利权人外，专利权人有权制止任何个人或组织为生产经营目的的使用该发明专利产品。

（3）专利产品许诺销售权，又称"许诺销售专利产品权"，即为生产经营目的独占许诺销售专利产品权，除专利权人外，专利权人有权制止任何个人或组织为生产经营目的的许诺销售该发明专利产品。

（4）专利产品销售权，又称"销售专利产品权"，即为生产经营目的独占销售专利产品权，除专利权人外，专利权人有权制止任何个人或组织为生产经营目的的销售该发明专利产品。

（5）专利产品进口权，又称"进口专利产品权"，即为生产经营目的独占进口专利产品权，除专利权人外，专利权人有权制止任何个人或组织为生产经营目的的进口该发明专利产品。

2. 方法类发明专利权的内容

（1）专利方法使用权，即为生产经营目的独占使用专利方法权，除专利权人外,专利权人有权制止任何个人或组织为生产经营目的使用该专利方法。

(2) 依照专利方法直接获得的产品使用权,即为生产经营目的独占使用依照专利方法直接获得的产品权,除专利权人外,专利权人有权制止任何个人或组织为生产经营目的使用依照该专利方法直接获得的产品。

(3) 依照专利方法直接获得的产品许诺销售权,即为生产经营目的独占许诺销售依照专利方法直接获得的产品权,除专利权人外,专利权人有权制止任何个人或组织为生产经营目的许诺销售依照该专利方法直接获得的产品。

(4) 依照专利方法直接获得的产品销售权,即为生产经营目的独占销售依照专利方法直接获得的产品权,除专利权人外,专利权人有权制止任何个人或组织为生产经营目的销售依照该专利方法直接获得的产品。

(5) 依照专利方法直接获得的产品进口权,即为生产经营目的独占进口依照专利方法直接获得的产品权,除专利权人外,专利权人有权制止任何个人或组织为生产经营目的进口依照该专利方法直接获得的产品。

(二) 实用新型专利权的内容

根据我国《专利法》第11条规定,实用新型专利权被授予后,除该法另有规定的以外,任何单位或者个人未经专利权人许可,都不得实施其专利,即不得为生产经营目的制造、使用、许诺销售、销售、进口其专利产品。

中国专利法规定实用新型专利权的内容与产品类发明专利权相同,包括专利产品制造权、专利产品使用权、专利产品许诺销售权、专利产品销售权、专利产品进口权。实用新型专利不存在方法类专利。

(三) 外观设计专利权的内容

根据我国《专利法》第11条规定,外观设计专利权被授予后,任何单位或者个人未经专利权人许可,都不得实施其专利,即不得为生产经营目的制造、许诺销售、销售、进口其外观设计专利产品。

二、专利权的归属

根据我国《专利法》及《专利法实施细则》的规定,专利权归下列人所有:

(1) 职务发明创造的专利申请权和专利权人为单位;
(2) 非职务发明创造的专利申请权和专利权人属于发明人或者设计人;

（3）利用本单位的物质技术条件所完成的发明创造，其专利申请权和专利权人依其合同约定决定；

（4）两个以上单位或者个人合作完成的发明创造，除各方在协议中约定的以外，其专利申请权和专利权人属于完成或者共同完成的单位或者个人；

（5）一个单位或者个人接受其他单位或者个人的委托完成的发明创造，除委托书中有约定的外，其专利申请权和专利权人属于完成或者共同完成的单位或者个人；

（6）两个以上的申请人分别就同样的发明创造申请专利的，专利权授予最先申请的人。

典型案例

江苏某公司与无锡某公司专利权权属纠纷案[1]

被告无锡某公司（以下简称"无锡公司"）于2012年10月24日申请第20121040×××.6号（一种电流传感器）的发明专利（以下简称"诉争专利"）并于2015年8月19日获得授权公告。原告江苏某公司（以下简称"江苏公司"）认为诉争专利的发明人王某某于2010年5月至2012年6月在江苏公司任首席运营官职务，后任江苏公司董事，一直负责磁传感器的研究开发及运营工作。在江苏公司工作期间，完成多项发明，江苏公司提交了包括王某某为发明人的多项发明专利申请，涉及磁传感器与磁头领域。王某某在江苏公司任职期间，即与白某某等人策划成立无锡公司，目前王某某为无锡公司法定代表人。诉争专利与王某某在江苏公司所承担的本职工作相关。诉争专利系王某某从江苏公司离职1年内作出的与在原单位承担的本职工作有关的发明创造，根据《专利法实施细则》第12条的规定，诉争专利属于我国《专利法》第6条所称执行本单位的任务所完成的职务发明创造，诉争专利应归原告江苏公司所有。一审法院从王某某的身份与诉争专利技术、王某某在江苏公司所任职工作的相关性两个角度出发，结合相关证据得出结论：诉争专利申请日为2012年10月24日，属于王某某与江苏公司劳动关系终止后1年内所作出的与其在本单位工作相关的发明创造，为职务发明创造。依据《专利法》第6条第1款，《专利法实施细则》第12条第（3）项规定，判决确认第20121040×××.6号（一种电流传感器）专利权归原告江苏公司所有。

---

[1] 苏州市中级人民法院（2019）苏05知初529号民事判决书。

> **案例点评**

职务专利的归属关乎劳动者创造性的激励，对于我国实施创新驱动发展战略有着至关重要的作用。在实践应用中，我国《专利法》第6条第3款扩大了"执行本单位任务的发明创造"的范围，因此员工方胜诉的关键就在于能否证明专利系于离职之后或入职之前作出，或者虽在职务期间作出，但并非为执行单位任务、没有利用单位的物质技术条件。在上述案件中展现出了法院判断诉争专利是否为职务专利的裁判思路：首先是判断专利申请人与单位之间的关系是否属于雇佣关系，针对这一点的判断，其不仅以是否存在明确的劳动合同为依据加以考量，而且是结合在案证据综合予以判定，包括个人社会保险参保证明、个人所得税缴税记录、公司内部邮件等；其次是判断该申请人在单位所任职务的工作内容与诉争专利技术的相关性。根据《专利法实施细则》第12条第3款的规定，王某某与江苏公司劳动关系终止后一年内所作出的与其在本单位工作相关的发明创造，为职务发明创造。地方政府在对引进人才后在本地申请的专利，应当研判是否与该人才离职前的单位具有法定关联性。

第五节　专利权的保护

一、专利权的保护范围

要做好专利权的保护首先需要明确专利权的保护范围。发明专利权和实用新型专利权的保护范围相似，而外观设计专利权则有所不同。

（一）发明或者实用新型专利权的保护范围

根据我国《专利法》第64条第1款规定，发明或者实用新型专利权的保护范围以其权利要求的内容为准，说明书及附图可以用于解释权利要求的内容。

（二）外观设计专利权的保护范围

我国《专利法》第64条第2款规定，外观设计专利权的保护范围以表示在图片或者照片中的该产品的外观设计为准，简要说明可以用于解释图片或者照片所表示的该产品的外观设计。

二、专利侵权的种类

（一）发明类及实用新型类专利侵权的种类

发明专利、实用新型专利的侵权种类主要有字面侵权、等同侵权和协助侵权。

1. 字面侵权

字面侵权又称"不折不扣的侵权"，是指侵权人未经专利权人许可直接仿制了专利权所覆盖的产品，或者直接使用了专利权所覆盖的方法，权利要求书中所记载的技术特征没有任何变化地体现在被控侵权的产品或方法之中。在这种情形之中，侵权人对权利要求书中的技术特征未作任何改变，相当于是把权利要求书的字面内容原封不动地运用到了自己的产品或方法之中。

2. 等同侵权

等同侵权，又称"依据等同理论的侵权"，是指被控侵权产品或方法中的一个或几个技术特征虽然与权利要求书中的技术特征不一样，但二者只有非实质性的区别，或者在专利法看来被控侵权产品或方法中的那一个或几个技术特征等同于权利要求书中的某一个或某几个技术特征。

> 典型案例

株式会社细川洋行诉上海紫江彩印包装有限公司专利侵权纠纷案[1]

上海紫江彩印包装有限公司使用从日本进口的设备生产一种果冻袋。株式会社细川洋行认为上海这家公司（被告）侵犯了其87106409号（饮料容器）的发明专利权，因为被告饮料容器产品特征落入了其专利的独立权利要求所述的保护范围，请求法院判令被告停止生产、销售侵犯原告的专利产品，并赔偿经济损失，在报刊上向原告公开赔礼道歉。上海市第一中级人民法院审理后判决被告停止对原告专利产品发明专利权的侵害，赔偿经济损失。该案上诉至上海市高级人民法院。上海市高级人民法院撤销一审法院判决，对原告的诉讼请求不予支持。上海市高级人民法院经对比，被控侵权果冻袋的技术特征与系争专利权利要求1的技术特征并不完全

---

[1] 金长荣. 知识产权案例精选 [M]. 北京：知识产权出版社，2007：242 – 251.

相同：第一，被控侵权果冻袋的延伸段所采取的技术手段与系争专利权利要求1中的导管段所采取的技术手段并不相同，也未达到基本相同；第二，被控侵权果冻袋的延伸段所实现的功能与系争专利权利要求1所述的带有孔眼的导管段所实现的功能不完全相同，也未达到基本相同。故根据等同原则，被告生产的系争果冻袋的技术特征并未覆盖原告"饮料容器"发明专利权利要求1记载的全部必要技术特征，排除被告存在侵权行为。

案例点评

上述案件中应用了等同原则对是否存在专利权侵权进行判断。等同原则之含义是虽然侵权产品或方法没有落入专利权利要求的字面保护范围，但等同于专利的权利要求所要求保护的发明创造，这个时候等同原则认为该侵权产品或方法仍构成侵犯专利权。上海市高级人民法院对具体的案件理由阐释反映了在司法实践中等同原则适用的三要素法则，即基本相同的手段、基本相同的功能、基本相同的效果。只有本领域技术人员认为该"基本相同的手段、基本相同的功能、基本相同的效果"的替换是显而易见的，才认为属于等同。

3. 协助侵权

协助侵权，又叫"帮助侵权"或"间接侵权"，是指某人的行为虽然没有直接侵犯专利权人的专利权，但是却诱导或促成了他人对于专利的侵权，应该承担侵权责任。协助侵权与直接侵权不同，构成协助侵权必须有主观故意。

（二）外观设计类专利的侵权

在外观设计侵权案中，认定是否侵权，需要注意四个问题。第一，外观设计是适用于体现某类产品上的外观设计，而不是所有产品上的外观设计，只有在同类产品上，非法使用了专利权所覆盖的外观设计才属于侵犯外观设计专利权。第二，要以图片或者照片所确定的专利权保护范围，与被控侵权的产品上的外观设计进行对比。第三，外观设计专利与著作权不同，著作权只要是两个不知道情况下的独立创作，即使看起来完全相同，但由于独立创作并且创作风格有所差异而成为各自的作品，但是外观设计讲求的是先申请原则，并且在比较时是以图片或者照片反映的构思与图案为准，即使有风格差异，但基本一致，并无实质性不相似，容易造成一般购买者混淆时，也会被认定为侵权。第四，对外观设计专利权的保护不得延及产品本身，只是保护这类产品的外观设计专利而已。

三、专利侵权的认定及法律责任

（一）专利侵权的认定

我国现有法律明确规定的专利侵权认定包括以下几类。

（1）对将侵犯发明或者实用新型专利权的产品作为零部件制造另一产品的，属于侵犯专利权的使用行为；销售该另一产品的，属于侵犯专利权的销售行为。将侵犯外观设计专利权的产品作为零部件，制造另一产品并销售的，属于侵犯专利权的销售行为，但侵犯外观设计专利权的产品在该另一产品中仅具有技术功能的除外。对于前述情形，被诉侵权人之间存在分工合作的，应当认定为共同侵权。

（2）对于使用专利方法获得的原始产品，应当认定为我国《专利法》第11条规定的依照专利方法直接获得的产品。对于将前述原始产品进一步加工、处理而获得后续产品的行为，应当认定属于我国《专利法》第11条规定的使用依照该专利方法直接获得的产品。即任何单位或者个人未经专利权人许可，为生产经营目的使用其专利方法以及使用、许诺销售、销售、进口依照该专利方法直接获得的产品的，应认定为专利侵权行为。

（3）被诉落入专利权保护范围的全部技术特征，与一项现有技术方案中的相应技术特征相同或者无实质性差异的，应当认定被诉侵权人实施的技术属于专利法规定的现有技术。被诉侵权设计与一个现有设计相同或者无实质性差异的，应当认定被诉侵权人实施的设计属于专利法规定的现有设计。在专利侵权纠纷中，被控侵权人有证据证明其实施的技术或者设计属于现有技术或者现有设计的，不构成侵犯专利权。

（4）假冒专利也可能构成侵权。属于假冒专利的行为有：

① 在未被授予专利权的产品或者其包装上标注专利标识，专利权被宣告无效后或者终止后继续在产品或者其包装上标注专利标识，或者未经许可在产品或者产品包装上标注他人的专利号；

② 销售前述产品；

③ 在产品说明书等材料中将未被授予专利权的技术或者设计称为专利技术或者专利设计，将专利申请称为专利，或者未经许可使用他人的专利号，使公众将所涉及的技术或者设计误认为是专利技术或者专利设计；

④ 伪造或者变造专利证书、专利文件或者专利申请文件；

⑤ 其他使公众混淆，将未被授予专利权的技术或者设计误认为是专利技术或者专利设计的行为。

（二）专利侵权纠纷的解决方式

我国《专利法》第 65 条规定，专利侵权纠纷采取如下解决方式。

1. 协商解决

未经专利权人许可，实施其专利，即侵犯其专利权，引起纠纷的，由当事人协商解决。

2. 请求管理专利工作部门处理

对专利侵权纠纷不愿协商或者协商不成的，专利权人或者利害关系人可以请求管理专利工作的部门处理。管理专利工作部门应当事人的请求，可以就侵犯专利权的赔偿数额进行调解；调解不成或达成协议后又反悔的，有关当事人可以依照民事诉讼法的规定，以对方当事人为被告向法院提起民事诉讼。

3. 向法院提起民事诉讼

专利权人或者利害关系人认为他人侵犯了专利权，可以以侵权人为被告提起民事诉讼。地域管辖法院为侵权行为地或者侵权人所在地的法院。

（三）侵犯专利权的法律责任

侵犯专利权承担的法律责任包括民事责任、行政责任和刑事责任。

1. 民事责任

根据《民法典》第 179 条规定，侵犯专利权承担民事责任的方式主要有：（1）停止侵害；（2）排除妨碍；（3）消除危险；（4）返还财产；（5）恢复原状；（6）赔偿损失；（7）支付违约金；（8）消除影响、恢复名誉；（9）赔礼道歉。这些承担民事责任的方式，可以根据侵犯专利的具体情况单独适用，也可以合并适用。法院审理民事案件，除适用前述规定外，还可以予以训诫、责令具结悔过、收缴进行非法活动的财物和非法所得，并可以依照法律规定处以罚款、拘留。

在侵犯专利的侵权案中，主要承担的民事责任为：停止侵害、消除影响、赔偿损失和惩罚性赔偿，当然也可能包括排除妨碍、消除危险、赔礼道歉等。

按照我国《专利法》第 74 条规定："侵犯专利权的诉讼时效为三年，自专利权人或者利害关系人知道或者应当知道侵权行为以及侵权人之日起计算。发明专利申请公布后至专利权授予前使用该发明未支付适当使用费的，专利权人要求支付使用费的诉讼时效为三年，自专利权人知道或者应当知道他人使用其发明之日起计算，但是，专利权人于专利权授予之日前即已知道或者应当知道的，自专利权授予之日起计算。"

典型案例

芜湖科达公司诉某机械公司实用新型侵权案❶

原告芜湖科达公司系实用新型专利"一种蒸养车自动挂钩脱钩装置"的专利权人。原告发现被告某机械公司制造的蒸养车产品擅自使用了其专利，并将侵权产品销售给江苏某公司等客户，侵害了其专利权，遂诉至法院请求判令停止侵权并赔偿经济损失1619820元。

法院经审理认为，被控技术方案包含了与原告涉案专利权利要求1记载的全部技术特征相同或者等同的特征，已经落入涉案专利权的保护范围。遂判令被告某机械公司停止侵权并赔偿原告经济损失233000元。

案例点评

在上述案件中擅自使用原告专利并将侵权产品销售给客户的行为严重侵犯了原告基于其专利权所享有的占有性、排他性权利，但并未对公共利益产生损害，故而应当承担民事侵权责任。

2. 行政责任

根据《专利法》第65条规定，未经专利权人许可，实施其专利，即侵犯其专利权，引起纠纷的，由当事人协商解决；不愿协商或者协商不成的，专利权人或者利害关系人可以向人民法院起诉，也可以请求管理专利工作的部门处理。管理专利工作的部门处理时，认定侵权行为成立的，可以责令侵权人立即停止侵权行为，当事人不服的，可以自收到处理通知之日起15日内依照《中华人民共和国行政诉讼法》向人民法院起诉；侵权人期满不起诉又不停止侵权行为的，管理专利工作的部门可以申请人民法院强制执行。进行处理的管理专利工作的部门应当事人的请求，可以就侵犯专利权的赔偿数额进行调解；调解不成的，当事人可以依照《中华人民共和国民事诉讼法》向人民法院起诉。

---

❶ 专利侵权典型案件展示［EB/OL］.（2017－03－23）［2021－01－30］. https：//www.sohu.com/a/129866230_552407? qq－pf－to＝pcqq.group.

根据《专利法》第 68 条的规定，假冒专利的，除依法承担民事责任外，由负责专利执法的部门责令改正并予公告，没收违法所得，可以处违法所得五倍以下的罚款；没有违法所得或者违法所得在 5 万元以下的，可以处 25 万元以下的罚款；构成犯罪的，依法追究刑事责任。

典型案例

四川省德阳市原科学技术和知识产权局查处某环保设备公司假冒专利案[1]

2018 年 12 月 10 日，四川省德阳市原科学技术和知识产权局接到举报，举报人称某环保设备公司提供虚假资料，假冒专利，竞标德阳市罗江区城乡综合管理局压缩式中转设备采购项目，并随后中标。

2019 年 1 月，德阳市原科学技术和知识产权局依据《专利法》《专利法实施细则》和《四川省专利保护条例》的相关规定，认定某环保设备公司上述行为构成假冒专利行为，作出行政处罚：责令某环保设备公司停止违法行为，消除影响，并罚款 2000 元。随后，德阳市罗江区财政局根据德阳市原科学技术和知识产权局的假冒专利认定结果，依据《招标投标法》对某环保设备公司作出处罚：将其列入政府采购黑名单，禁止 1 年内参与财政资金项目的投标。

案例点评

该案中假冒专利标注载体是投标文件，当事人为获得中标，用早已终止的实用新型专利假冒有效专利实施投标，使公众和招标方误认为其仍然拥有该专利权，其行为构成假冒专利行为。该案中当事人在投标过程中假冒专利行为分别被德阳市原科学技术和知识产权局、德阳市罗江区财政局进行处罚，同时纳入诚信体系，被列入政府采购黑名单。针对在招投标过程中的假冒专利行为，该案的处理具有很强的警示意义。

3. 刑事责任

我国《刑法》第 216 条规定："假冒他人专利，情节严重的，处三年以下有期徒刑或者拘役，并处或者单处罚金"，假冒他人专利情节严重的应当承担刑事责任。

---

[1] 此假冒专利案为 2019 年度专利行政保护十大典型案例之一。

> 典型案例

张某假冒专利案❶

2018年7月，张某为达到湖北某区水利局提出的以单一来源采购方式招投标条件，获得该区某水库取水口改建项目工程，采用涂改实用新型专利证书发明人、专利权人等手段，变造河海公司被授予的"一种带活动踏步栈桥的摇臂输水管"、第5420234号证书、第ZL201620147××××号的实用新型专利证书，并以江苏某给排水科技有限公司的名义与湖北某区水利局签订政府采购合同，工程造价共计人民币165万元，其中一套"摇臂输水管"价值人民币25.07万元，扣减其他配套零件后与专利号相对应的"摇臂输水管"合同价款约是22万余元。案发后，张某自首，认罪认罚，且积极赔偿被害单位损失，已经得到谅解。最终人民检察院依法对张某作出了相对不起诉决定。

> 案例点评

在该案中，张某为获得招标资格故意假冒他人专利后与被害单位订立合同，获益数额巨大，情节严重，构成《刑法》第216条规定的犯罪。综合犯罪嫌疑人的犯罪情节轻微，在案发后有自首情节、认罪认罚并积极赔偿被害单位损失且已经得到谅解，社会危害较小等情况，依据《刑事诉讼法》第177条第2款规定，对张某作出相对不起诉的决定是恰当的。

四、不视为侵犯专利权的情形

我国《专利法》第75条规定："有下列情形之一的，不视为侵犯专利权：（一）专利产品或者依照专利方法直接获得的产品，由专利权人或者经其许可的单位、个人售出后，使用、许诺销售、销售、进口该产品的；（二）在专利申请日前已经制造相同产品、使用相同方法或者已经作好制造、使用的必要准备，并且仅在原有范围内继续制造、使用的；（三）临时通过中国领陆、领水、领空的外国运输工具，依照其所属国同中国签订的协议或者共同参加的国际条约，或者依照互惠原则，为

---

❶ 张某假冒专利一案作相对不起诉处理［EB/OL］．［2020-05-08］．https：//www.12309.gov.cn/12309/gj/js/tzs/zdajxx/202005/t20200508_7993414.shtml．

运输工具自身需要而在其装置和设备中使用有关专利的；（四）专为科学研究和实验而使用有关专利的；（五）为提供行政审批所需要的信息，制造、使用、进口专利药品或者专利医疗器械的，以及专门为其制造、进口专利药品或者专利医疗器械的。"根据该规定，下列5种情形不视为专利侵权。

（一）专利权用尽

销售权用尽又称"专利权的穷竭"，是指专利权人自己制造的专利产品（包括依据专利方法直接获得的产品）被合法投放市场后或称交换后，任何人对该产品或该若干个产品进行销售或使用，不再需要得到专利权的许可或者授权。如果是专利权人许可他人，那么许可后，实际上被许可人所制造出的该种类财富的任何产品，专利权就已经穷竭，对这些产品进行销售或使用，不再需要得到专利权人的许可或者授权。我国《专利法》第75条第（1）项规定，"专利产品或者依照专利方法直接获得的产品，由专利权人或者经其许可的单位、个人售出后，使用、许诺销售、销售、进口该产品的"不视为侵犯专利权。

（二）先用权

根据我国《专利法》第75条第（2）项的规定："在专利申请日前已经制造相同产品、使用相同方法或者已经作好制造、使用的必要准备，并且仅在原有范围内继续制造、使用的"不视为侵犯专利权，即先用不侵权。

（三）过境的外国运输工具上使用专利技术

为避免专利的地域性麻烦，《巴黎公约》规定，某一成员国的运输工具如果临时进入另一成员国，而且该工具上使用了另一成员国的专利产品或专利技术，不视为侵犯专利权。我国依据《巴黎公约》而将其纳入《专利法》。我国《专利法》第75条第（3）项规定，临时通过中国领陆、领水、领空的外国运输工具，依照其所属国同中国签订的协议或者共同参加的国际条约，或者依照互惠原则，为运输工具自身需要而在其装置和设备中使用有关专利的不视为侵犯专利权。

（四）为了科学研究和实验而使用专利技术

根据《专利法》第75条第（4）项规定，科学研究和实验，并未"为生产经营目的"制造、使用、许诺销售、销售、进口其专利产品，并且科学研究和实验是在进一步创造更新、更好的技术，促进人类的幸福，社会不允许专利的过度滥用阻碍科学技术的发展，因此允许为了科学研究和实验而使用专利技术。

（五）例外行为

我国《专利法》第 75 条第（5）项规定，为提供行政审批所需要的信息，制造、使用、进口专利药品或者专利医疗器械的，以及专门为其制造、进口专利药品或者专利医疗器械的，不视为侵犯专利权。

第六节　专利权的运用

专利法不仅要保护智力创造者智力成果的专利权，而且应该促进这些智力成果的实施。否则既对专利权人无益，也对社会无益。专利获得、专利实施与专利权保护属于专利法中的三大核心内容。我国专利法关于专利的实施包括自行实施、许可实施、转让实施和强制许可实施四种。

一、专利实施

专利实施不仅是智力创造者的权利，也是其义务。及时进行专利实施，让专利及时转化为现实的社会生产力和社会财富，对提高社会就业、增加税收、促进创新发展，推动社会进步，具有非常重要的意义。

专利实施的行为包括制造、使用、许诺销售、销售、进口五种。

专利权的原始主体即智力创造者，对其发明专利或实用新型专利可以进行制造、使用、许诺销售、销售、进口其专利产品，或者使用其专利方法以及使用、许诺销售、销售、进口依照该专利方法直接获得产品。对其外观设计专利，可以制造、许诺销售、销售、进口其外观设计专利产品。

专利权的原始主体可以自筹资金创办企业实施，也可以专利入股与他人创办企业实施。

《专利法》第 15 条规定，被授予专利权的单位应当对职务发明创造的发明人或者设计人给予奖励；发明创造专利实施后，根据其推广应用的范围和取得的经济效益，对发明人或者设计人给予合理的报酬。

国家鼓励被授予专利权的单位实行产权激励，采取股权、期权、分红等方式，使发明人或者设计人合理分享创新收益。

二、专利许可

专利权的许可,也称"专利实施许可",是指专利权人允许他人为生产经营目的利用专利权所覆盖的发明创造,制造、使用、许诺销售、销售、进口其专利产品,或者使用其专利方法以及使用、许诺销售、销售、进口依照该专利方法直接获得的产品。也就是专利权人允许他人实施自己的专利。专利许可分为独占许可、排他许可、普通许可、分许可和交叉许可。

(一) 自愿许可与自愿许可声明制度

我国《专利法》第50～52条创设了专利权人自愿许可声明制度,由专利权人自愿向国务院专利行政部门声明其许可意愿以及许可费的支付方式与标准。有意愿实施某项专利许可的单位或者个人,只需要书面通知作出自愿许可声明的专利权人,然后按照公告的要求支付许可费,即可获得专利实施许可权,从而极大降低专利实施许可的交易成本。国家鼓励专利权人作出自愿实施许可,对于开放实施许可期间专利权人缴纳的年费予以减免。

(二) 独占许可

独占许可就是专利权人许可他人在约定的期限、地域内独占实施该专利进行经营获利。专利权人不得再许可另外的其他人实施专利,即使专利权人自己在已约定的期限和地域范围内也不得实施该专利。

(三) 排他许可

排他许可就是专利权人许可他人在约定的期限、地域内独占实施该专利进行经营获利,同时专利权人本人可以继续实施专利。即在约定的期限和地域范围内只有专利权人和被许可人可以实施专利,除专利权人本人外,能实施该专利的只有被许可人一人。专利权人不得再许可另外其他人实施该专利。

(四) 普通许可

普通许可就是专利权人许可他人在约定的期限、地域内实施该专利进行经营获利,这种实施不是独占实施,也不是独家实施,而是可以许可多人实施该专利。

专利许可也可按区域划分,分为县市级市场许可、省级市场许可、全国市场许可、全球市场许可。按区域划分的许可，主要为独占许可，对于市场前景好的也不排除普通许可，即专利权人可以许可他人在某一区域市场内独占实施专利、独家实施专利或普通实施专利。

任何单位或者个人实施他人专利的，应当与专利权人订立实施许可合同，向专利权人支付专利使用费。专利实施许可合同的受让人应当按照约定实施专利，不得许可约定以外的第三人实施该专利，并按照约定支付使用费。实施专利超越约定的范围的，违反约定擅自许可第三人实施该项专利的，应当承担违约责任。

三、专利转让

专利权的转让就是专利权人将专利权通过一定的形式转让给他人。

转让专利权的，当事人应当订立书面合同，并向国务院专利行政部门登记，由国务院专利行政部门予以公告。专利权的转让自登记之日起生效。专利权因其他事由发生转移的，当事人应当凭有关证明文件或者法律文书向国务院专利行政部门办理专利权转移手续。专利权人与他人订立的专利实施许可合同，应当自合同生效之日起3个月内向国务院专利行政部门备案。以专利权出质的，由出质人和质权人共同向国务院专利行政部门办理出质登记。

专利转让不得违反法律规定，不得损害重大公共利益，不得垄断技术、妨碍技术进步或者侵害他人技术成果。专利技术转让合同可以约定让与人和受让人实施专利的范围，但不得限制技术竞争和技术发展。非法垄断技术、妨碍技术进步或者侵害他人技术成果的专利转让合同无效。

典型案例

李某某诉上海某电器控制设备厂专利实施许可合同纠纷案[1]

在该案中，李某某将自己的第9923××××.9号实用新型专利（一体化建筑消防电气控制柜）国内独家许可给上海某电器控制设备厂实施。合同约定，专利技术入门费为105万元，另加销售额5%的提成费。上海某电器控制设备厂后来对该专利产品实施得不理想，从2001年至2004年仅销售7台专利产品。李某某遂以合同目的无法实现为由向法院起诉，要求解除涉案专利实施许可合同。二审法院认为被

---

[1] 金长荣. 知识产权案例精选 [M]. 北京：知识产权出版社，2007：231-241.

许可人根据实施许可合同生产销售专利产品不仅是被许可人享受的权利，同时也是其应该承担的义务，被许可人应当履行通常情况下专利实施被许可人应履行的实施专利的义务，从而使专利权人的合同目的能够得到实现，虽然前期被许可人积极实施，但后来未能良好地履行对专利所应承担的实施义务。故二审法院根据我国《合同法》第94条的规定，判定解除涉案专利实施许可合同。

案例点评

专利转让或者许可不得妨碍技术进步，由于上海某电器控制设备厂未能良好地履行对专利所应承担的实施义务，妨碍了技术进步和技术发展，既损害了专利权人利益，也损害了公共利益。因此，法院依法判定解除涉案专利实施许可合同是恰当的。

四、专利强制许可

专利权人在很长时期内享有对某项技术的独占经营获利权，其他人未经允许不得实施，如果专利权人不及时积极主动实施，必然严重影响到社会利益，因此，专利法规定了强制实施以平衡社会利益。我国《专利法》第48条规定："国务院专利行政部门、地方人民政府管理专利工作的部门应当会同同级相关部门采取措施，加强专利公共服务，促进专利实施和运用。"

（一）强制许可的情形

1. 依申请给予强制许可

我国《专利法》第53条规定："有下列情形之一的，国务院专利行政部门根据具备实施条件的单位或者个人的申请，可以给予实施发明专利或者实用新型专利的强制许可：（一）专利权人自专利权被授予之日起满三年，且自提出专利申请之日起满四年，无正当理由未实施或者未充分实施其专利的；（二）专利权人行使专利权的行为被依法认定为垄断行为，为消除或者减少该行为对竞争产生的不利影响的。"

2. 依紧急情况或公益需要给予强制许可

我国《专利法》第54条规定："在国家出现紧急状态或者非常情况时，或者为了公共利益的目的，国务院专利行政部门可以给予实施发明专利或者实用新型专利的强制许可。"

3. 专利药品的强制许可

我国《专利法》第 55 条规定:"为了公共健康目的,对取得专利权的药品,国务院专利行政部门可以给予制造并将其出口到符合中华人民共和国参加的有关国际条约规定的国家或者地区的强制许可。"

4. "依存专利"的强制许可

我国《专利法》第 56 条规定:"一项取得专利权的发明或者实用新型比前已经取得专利权的发明或者实用新型具有显著经济意义的重大技术进步,其实施又有赖于前一发明或者实用新型的实施的,国务院专利行政部门根据后一专利权人的申请,可以给予实施前一发明或者实用新型的强制许可。在依照前款规定给予实施强制许可的情形下,国务院专利行政部门根据前一专利权人的申请,也可以给予实施后一发明或者实用新型的强制许可。"

5. 半导体技术强制许可的限制

我国《专利法》第 57 条规定:"强制许可涉及的发明创造为半导体技术的,其实施限于公共利益的目的和本法第五十三条第(二)项规定的情形。"即半导体技术的强制实施只限于公共利益的目的和专利权人行使专利权的行为被依法认定为垄断行为,为消除或者减少该行为对竞争产生的不利影响。

(二)强制许可的基本要求

1. 申请人的证明义务

我国《专利法》第 59 条规定:"依照本法第五十三条第(一)项、第五十六条规定申请强制许可的单位或者个人应当提供证据,证明其以合理的条件请求专利权人许可其实施专利,但未能在合理的时间内获得许可。"申请人具有举证责任,承担证明"其以合理的条件请求专利权人许可其实施专利,但未能在合理的时间内获得许可"的义务。

2. 强制许可的决定

我国《专利法》第 60 条规定:"国务院专利行政部门作出的给予实施强制许可的决定,应当及时通知专利权人,并予以登记和公告。给予实施强制许可的决定,应当根据强制许可的理由规定实施的范围和时间。强制许可的理由消除并不再发生时,国务院专利行政部门应当根据专利权人的请求,经审查后作出终止实施强制许可的决定。"

3. 独占实施权的排除

我国《专利法》第 61 条规定："取得实施强制许可的单位或者个人不享有独占的实施权，并且无权允许他人实施。"

4. 强制许可使用费的支付

我国《专利法》第 62 条规定："取得实施强制许可的单位或者个人应当付给专利权人合理的使用费，或者依照中华人民共和国参加的有关国际条约的规定处理使用费问题。付给使用费的，其数额由双方协商；双方不能达成协议的，由国务院专利行政部门裁决。"

5. 对强制许可不服的救济

我国《专利法》第 63 条规定："专利权人对国务院专利行政部门关于实施强制许可的决定不服的，专利权人和取得实施强制许可的单位或者个人对国务院专利行政部门关于实施强制许可的使用费的裁决不服的，可以自收到通知之日起三个月内向人民法院起诉。"

6. 为供应国内市场的强制许可

我国《专利法》第 58 条规定："除依照本法第五十三条第（二）项、第五十五条规定给予的强制许可外，强制许可的实施应当主要为了供应国内市场。"

第七节　PCT 申请

由于专利权具有地域性特征，专利保护也具有地域性要求。在经济全球化背景下，如何更加简便快捷地使自己的专利不仅在本国受到保护，而且受到其他国家和地区的保护，我们就得了解一下 PCT 途径及其相关申报程序和要求。

一、什么是 PCT 申请

《专利合作条约》（Patent Cooperation Treaty，PCT）是专利领域的一项国际合作条约，是继《巴黎公约》之后专利领域最具有进步意义和最重要的国际条约，是只对其成员开放的一个特殊协议，是国际专利制度发展史上的又一个里程碑。该条约共计 8 章 69 条，其内容主要涉及专利申请的提交、检索及审查，以及其中包括的技术信息传播的合作性和合理性。PCT 并不对"国际专利授权"，授予专利的任务和责任仍然只能由寻求专利保护的各个国家或地区的专利局或行使其职权的机构掌握

（指定局）。PCT 于 1970 年 6 月 19 日由 35 个国家在华盛顿签订，1978 年 6 月 1 日开始实施，截至目前，共有 150 多个成员，由总部设在日内瓦的世界知识产权组织管辖。PCT 使"提交一份专利申请即可受到多个国家的专利保护"成为可能。PCT 体系简化了国外专利申请手续，且路径更加方便迅捷。

PCT 申请具有如下优势：一是申请方便，只需要提交一份国际专利申请，就可以向多个国家申请专利；二是有利于了解目标国市场，PCT 申请后 30 个月内目标国审查，时间充分更有利于了解当地市场；三是节省费用，国际检索有利于判断是否进入相关国家审查阶段，节省注册费用；四是缴费简单，后续只需要向受理局缴费即可。

二、PCT 申请的程序

通过 PCT 申请，申请人只需要提交一份国际专利申请，而不是分别向多个不同国家或地区提交申请，即可请求在为数众多的国家或地区对其发明进行专利保护。专利权的授予仍由各国家或地区专利局负责，也称为国家阶段。PCT 申请的程序如图 2-2 所示。

（一）提交申请

申请人以一种语言，向一个国家或地区专利局或者 WIPO 提交一份满足 PCT 形式要求的国际申请，并缴纳一组费用。

（二）国际检索

由国际检索单位（ISA）（世界主要专利局之一）检索可影响发明专利性的已公布专利文献和技术文献（现有技术），并对发明的可专利性提出书面意见。

（三）国际公布

国际申请中的内容将自最早申请日起 18 个月届满之后尽早公之于众。

（四）补充国际检索（可选）

经申请人要求，由第二家国际检索单位查找进行主检索的第一家国际检索单位因现有技术在语言和技术领域上的多样性而未能检索到的已公布文献。

（五）国际初步审查（可选）

经申请人要求，由某一国际检索单位进行另外的专利性分析，通常针对的是修改过的申请。

（六）国家阶段

在 PCT 程序结束后，通常是申请人提出优先权要求的首次申请的最早申请日起 30 个月后，申请人开始直接向希望获得专利的国家（或地区）专利局寻求专利授予。

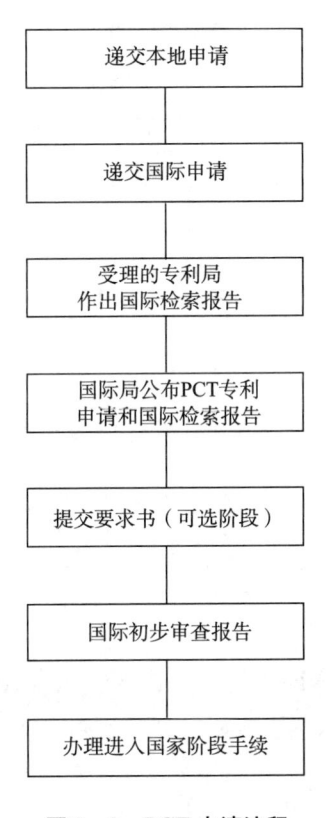

```
递交本地申请
    ↓
递交国际申请
    ↓
受理的专利局
作出国际检索报告
    ↓
国际局公布PCT专利
申请和国际检索报告
    ↓
提交要求书（可选阶段）
    ↓
国际初步审查报告
    ↓
办理进入国家阶段手续
```

图 2-2　PCT 申请流程

三、我国 PCT 申请的概况

我国在 1994 年 1 月 1 日正式成为该条约的成员，同时中国专利局成为 PCT 的受理局、国际检索单位及国际初审单位。国外不仅能通过 PCT 途径到我国来申请专利，同时我国申请人也可以通过向中国专利局递交 PCT 申请向国外申请，其中，中文是 PCT 申请的合法语言之一，这样大大方便了我国专利申请人。

中国申请人只要在中国递交一份 PCT 申请，并在申请中指定要取得专利保护的国家，即可达到向多国申请专利的目的。

在 PCT 申请方面，2019 年中国以 5.899 万件首次超过美国（5.784 万件），跃居世界第一，这也打破了 PCT 制度自 1978 年建立以来，美国连续 40 年保持的 PCT 年度申请量第一的纪录，成为名副其实的知识产权大国。

PCT 专利申请已成为检验我国自主创新能力的一个重要标志。近年来，我国 PCT 专利申请量的持续快速增长，充分反映了我国企业国际化经营质量的提高和市场化竞争能力的提升。

目前，PCT 已逐渐成为衡量世界各国创新能力和科技竞争力的重要指标。在知识产权日益成为全球竞争的核心的今天，中国大力实施创新驱动发展战略和知识产权战略，不断加大创新和研发投入，重视知识产权保护，打造良好营商环境。我国 PCT 申请量的提升也进一步推动和证明了我国企业创新国际影响力的进一步提升。

第八节　专利分析

专利分析的主要方法是指专利分析评议，包括专利导航和专利预警。

一、专利分析评议

专利分析评议是指专利情报的分析利用。专利分析评议通过对相关技术领域的专利信息进行检索和分析，掌握竞争对手在该领域专利布局，规避专利侵权风险，把握技术发展路线，选择技术突破方向，从而为科技进步、产业规划和政府决策提供客观依据。

二、专利导航

（一）什么是专利导航

专利导航是指"在宏观决策、产业规划、企业经营和创新活动中，以专利数据为核心深度融合各类数据资源，全景式分析区域发展定位、产业竞争格局、企业经营决策和技术创新方向，服务创新资源有效配置，提高决策精准度和科学性的新型

专利信息应用模式。"❶

(二) 专利导航的主要分类

专利导航主要分为产业规划类和企业运营类。

由国家知识产权局组织起草的《专利导航指南》（GB/T 39551—2020）系列推荐性国家标准于 2020 年 11 月 9 日批准发布，于 2021 年 6 月 1 日起正式实施。按照新的标准，专利导航已经覆盖到区域规划类、产业规划类、企业经营类、研发活动类、标准运用类和人才管理类等六种具体应用场景。

1. 区域规划类专利导航

区域规划类专利导航是以服务不同层级的区域性经济载体的创新发展为基本导向，针对区域发展定位、区域发展方向及区域资源优化布局等区域规划的基本问题提供决策支撑的专利导航活动。

2. 产业规划类专利导航

产业规划类专利导航是以服务特定区域的特定产业创新发展为基本导向，针对特定产业的发展方向、特定区域特定产业的当前定位及发展路径等产业规划的基本问题提供决策支撑的专利导航活动。

3. 企业经营类专利导航

企业经营类专利导航是以服务企业经营发展的各类活动为基本导向，针对企业战略制定、投融资活动、研发创新、产品保护等多样化具体经营活动提供相应决策支撑的专利导航活动。

4. 研发活动类专利导航

研发活动类专利导航是以服务技术或产品研发的全流程或特定环节为基本导向，针对研发活动的研发方向确定、研发风险规避、研发路线优化、研发资源配置等基本问题提供决策支撑的专利导航活动。

5. 标准运用类专利导航

标准运用类专利导航是以服务标准的制定或实施为基本导向，以专利数据为基础，针对具体标准化活动中的标准与专利互动运用效益的提升和风险的降低提供决策支撑的专利导航活动。

6. 人才管理类专利导航

人才管理类专利导航是以服务人才的综合管理为基本导向，针对人才遴选方向、

---

❶ 《专利导航指南》（GB/T 39551—2020）系列推荐性国家标准于 2020 年 11 月 9 日批准发布。

人才综合评价、人才引进风险等具体活动提供决策支撑的专利导航活动。

（三）专利导航的主要任务

（1）引导产业发展的机制，提升产业发展决策的科学化水平，推动实现产业优势资源优化配置，自主创新能力有效提升，产业竞争优势稳步增强。

（2）引导产业升级转型，优化产业结构，逐步培育形成产业链龙头企业引领带动、上中下游企业密切配合的产业集群和良性发展的产业生态系统。

（3）引导企业培育核心竞争优势，改善产业价值链地位，增强企业在国际竞争和规则制定中的话语权，提升企业对产业发展的影响力和控制力。

（4）引导鼓励专利的协同运用，推动产业整体竞争力提升，引导优势互补的产业链上下游企业等市场主体以专利运用协同体为纽带进行深度合作，建立产业集群协同发展新模式，推动产业提升整体竞争力。

（5）引导培育符合产业实际需求的专利运用服务，有效支撑产业高端发展，建立适应中小企业需求的投融资机制，促进专利投融资、证券、保险、信托等业务开展；培育发展专利交易流转服务体系，促进专利的集聚和扩散。

三、专利预警

专利预警分析主要分为国家专利预警分析、行业专利预警分析和企业专利预警分析。

（一）什么是专利预警

专利预警是通过收集与分析专利技术及相关技术领域的专利信息和国内外专利市场信息，掌握竞争对手的专利动态，发布专利权被侵害的信息，将分析报告告知相关政府部门、行业组织及业内企业，促使其有效掌握和预测可能发生的专利纠纷及可能产生的危害，建议采取相应的防范和应对措施的活动。简而言之，专利预警机制，是指对将要发生的专利争端的预告制度。

（二）如何进行专利预警分析

（1）信息的检测和采集：采集专利申请和授权信息，涉外专利争议的纠纷信息，国家重大贸易、科技、投资和技术标准制定活动中的专利信息。

（2）数据分析：开发专利预警分析软件，建立专利指标体系；组织专家评估和论证，提供专利预警分析报告。

（3）专利预警信息发布：使企业随时掌握国际上专利发展状况和保护动态。

（4）专利预警信息反馈：进行后续跟踪，并对预警分析意见进一步修正。

（三）专利预警的主要内容

1. 了解竞争对手的技术信息

（1）专利检索——从专利数据库中检索竞争对手的专利技术信息以及专利的法律状态，包括专利申请、撤回、授权、驳回、终止或无效等情况。

（2）非专利检索——从非专利数据库中检索竞争对手的技术研发信息，包括企业出版物、会议资料、项目发布、招投标、融资、广告、合作、访问等。

2. 制定自主专利权策略

（1）制定技术研发的策略。通过立项前的专利信息检索和专利数据分析，可以明确创新项目的技术现状、了解潜在的竞争对手或合作者的专利布局、掌握技术竞争前沿并找到技术创新突破口，从而提高研发起点与效率，避免重复研发。

（2）决定专利申请的时机、公开的内容、保护范围和保护地域。专利权的保护具有时效性和地域性，所以可以根据竞争对手在不同国家的专利布局来决定专利申请的时机和地域；一份专利文件既包括由权利要求书限定的保护范围，也包括说明书公开的内容。这两部分内容分别关系到专利侵权、无效的判定和专利性的判断，以上都是企业最需要关注的内容。

（3）确定专利申请授权后的实施、许可和转让方案。一项专利申请被授予专利权并不意味着在实施该项专利的时候对他人的专利不构成侵权，所以在获得专利权后还要分析该项专利在实施、许可和转让过程中可能涉及的专利权纠纷。

（4）通过防御与进攻策略完善专利权的保护。在技术空白区做进攻型的专利保护策略，在技术壁垒较多的区域做防御型的专利保护策略。

（四）专利预警的作用及意义

1. 有利于提升市场竞争力

了解竞争对手的基本情况和专利技术发展现状，分析行业技术专利申请趋势，为自身研发提供方向和思路，提高专利风险管理意识，进行主动防范，更好地迎接专利技术领域的挑战，在国际市场竞争中赢得主动权，是应对经济全球化、参与国际市场竞争，提高市场竞争力的必然要求。

2. 有利于规避风险

进行专利预警分析，能够比较好地规避专利侵权风险，明确研发方向，节约研发时间和经费。通过分析竞争对手的专利状况，了解自身产品上市或出口是否可能侵权，避免专利侵权和专利纠纷的产生，从而规避因侵权可能带来的损失。还可以通过分析竞争对手专利及产品信息，了解自身专利被侵权的可能，从而通过防御、许可、转让、诉讼等方式实现自身专利潜在价值，有效保护自己的专利权。

3. 有利于完善知识产权管理

进行专利预警分析，提高专利风险管理意识，完善知识产权管理机制，做到实时跟踪相关政策、法规以及专利的关键在于企业被控侵犯专利权时，帮助企业应对，以及研究竞争对手的情况，发布提前警告提示信息。

4. 有利于制定科学安全的专利战略

专利预警分析是制定专利战略的需要。专利预警分析便于对技术发展趋势、申请人状况、专利保护地域等专利战略要素进行定性、定量分析，帮助企业制定关于自主专利权的产生、专利技术的利用和专利权保护措施方面的策略，帮助企业实施专利权和技术秘密的管理，使企业对所在行业领域内的各种发展趋势、竞争态势有一个综合了解，更加全面、有效地利用专利制定战略。

（五）常用专利分析工具

1. 全球专利检索分析数据库（WIPS）

WIPS 是一款基于精准检索和全面分析的专利数据库，旨在满足不同用户多方向上的检索需求，以提供更全面和精确的检索结果。

2. 创新的专利检索与分析工具——Innography 平台

Innography 平台是近年来最受瞩目的一款知识产权工具。它的数据内容包括（1）世界专利信息，可以查询和下载 70 多个国家的专利，查询同族、法律状态及专利原文；（2）专利诉讼，包含美国联邦法院电子备案系统（PACER）在内的全部专利诉讼和其他地区专利诉讼；（3）规整的专利权人数据，来自 D&B（邓白氏）以及美国证券交易委员会的公司知识产权情况；（4）美国商标，全美商标注册信息。

3. CiteSpace

由美国德雷赛尔大学信息科学与技术学院的陈超美开发。该软件可以在登录 cluster.cis.drexel.edu/~cchen/citespace 后免费使用，可用于 Derwent 专利数据的统计分析。

4. Refviz

将现有文献进行分类并且以直观的图示显示出来，根据关键词相交多少，很容易整理出所有文献的分布情况，对于课题选择、文献分析很有帮助。

5. Patentics

Patentics 是集专利信息检索、下载、分析与管理为一体的平台系统，包括服务器端和客户终端，采用网页浏览格式、用户安装终端格式及建立局域网络格式呈现专利数据，是全球最先进的动态智能专利数据平台系统。其分为网页版、客户端版，大数据分析模块、专利运营分析平台，以及大专利分析系统三大块。

与传统的专利检索方式相比，Patentics 检索系统的最大特点是具有智能语义检索功能，可按照给出的任何中英文文本（包括词语、段落、句子、文章，甚至仅仅是一个专利公开号），即可根据文本内容包含的语义在全球专利数据库中找到与之相关的专利，并按照相关度排序，大大提高了检索的质量和效率。Patentics 检索方式也可以跟传统的布尔检索式结合使用，以期获得更精准的检索结果。

典型案例

Kodak v. Polariod 案中，美国 Kodak 未利用专利分析进行规避设计，导致其侵犯 Polariod 拍立得相机专利，造成 30 多亿美元损失，使 Kodak 10 年的研发和市场推广的努力付之东流。在 Microsoft v. WebTV Netowk 案中，Microsoft 通过专利预警分析，发现 WebTV 拥有 35 项核心专利。当 WebTV 出现暂时危机时，Microsoft 及时收购了该公司，掌握了这 35 项核心专利，并由此在庞大的网络电视产业中，占领了巨大的市场。[1]

案例点评

从上述案例中不难发现，在激烈的市场竞争中，注重专利预警机制建设的企业的市场获利能力、获利概率显然高于忽视专利预警机制在提升市场竞争力、规避风险、完善知识产权管理和制定安全科学的专利战略方面独一无二作用的企业。在现代化、国际化的市场竞争中，加强专利预警机制的建设、完善能够有效地预防专利纠纷，避免不必要的经济损失，增强企业核心竞争力，对企业的发展有巨大的推动作用。

---

[1] 赵平生，赵淑欣，王博. 专利预警：企业风险之防火墙［J］. 中国发明与利，2007（8）：44–45.

第三章 商 标

第一节 商标概述

一、什么是商标

商标是指任何能够将自然人、法人或者非法人组织的商品与他人的商品区别开的标志，包括文字、图形、字母、数字、三维标志、颜色组合和声音等，以及上述要素的组合。简言之，商标即商品的标记。

二、商品、服务和商业标识

商品是为了出售而生产的劳动成果，是人类社会生产力发展到一定历史阶段的产物，是用于交换的劳动产品。

服务是指为他人做事，并使他人从中受益的一种有偿的商业活动，不以实物形式而以提供劳动的形式满足他人某种特殊需要。

商业标识是指在工商业领域中的具有标识商品来源、商品或者服务质量功能的标记，诸如商标、商号、地理标志、原产地名称、质量标记等。

商标与其他相关商业标记，如商品名称、商号、商品装潢、地理标志等，既有一定的联系也存在一定的区别。

（一）商标与商品名称

商品名称是指用以区别其他商品而使用的商品的称谓。商品名称可分为通用名称与特有名称。通用名称是指公众对某类商品的常用称谓，它是商品的一般称呼，如空调、衣服、牙膏等。特有名称是指对特定商品的特定称谓，如格力空调、阿迪达斯衣服、两面针牙膏等。可见，通用名称不能区分，而特有名称则能够区分不同生产者或者经营者所生产或者经营的产品。商品的通用名称和特有名称的划分是相对而言的。

根据各国商标法，通用名称不得申请为注册商标，特有名称在符合商标法规定的情况下则可成为注册商标；商标可以成为特有名称的组成部分。因此，特有名称也具有可识别性，在特定情况下受商标法的保护。商品的特有名称和商标都为特定主体所使用，二者都具有专有性。但是，二者也存在下列两方面的不同之处。一是取得方式不同。商品名称的取得不需要办理任何手续，而除驰名商标以外，商标须经向国家商标局成功申请注册才能取得商标权。二是适用法律不同。商品名称中的特有名称在经申请成为注册商标以前，受我国民法典、反不正当竞争法等法律保护，而商标则受我国商标法律保护。

(二) 商标与商号

商号，也称字号、企业名称、厂商名称，是指用于识别在一定地域内和一定行业中不同经营者的称谓。从本质上看，商号是企业（公司）名称中的特征部分。

商号和商标具有相对的一致性；有的企业商号就是其商标，但有的企业商号不一定是其商标。例如，"四川长虹集团有限公司"中"长虹"是其商号，也是其商标；"广州宝洁有限公司"中"宝洁"是商号，但是，该公司的商品商标包括"舒肤佳""潘婷"等不同商标。商号和商标也不能等同。一是二者的功能不同，商号具有区分整个经营者的基本功能，而商标则具有对商品或者服务的识别与标示的主要功能。二是获得法律保护的条件不同，商号重在辨别经营者之间的不同性特征，而商标除了具有区分不同商品或者服务的可识别性，还须由文字、图形、数字、声音等或其组合构成的具有可被识别的显著性特征。三是适用的法律不同，在我国，商号的取得、法律保护等，主要适用的是《企业名称登记管理条例》等相关法律法规，而商标权的取得、法律保护则主要适用商标法律法规。

(三) 商标与招牌

"招牌"一般是指"挂在商店门前作为标志的牌子"。招牌的内容一般会由企业的名称、商号、商标、企业独有的广告用语等直接表明该企业特点的词语经过美学设计组合而成。它有时直接由企业的名称、商号、商标等单独构成，而有时也会把它们组合在一起使用。因此，尽管招牌也是一种无形资产，但是它与商标是两个既有一定联系，又不能完全等同的概念。

（四）商标与商品装潢

商品装潢是指为宣传和美化商品而附加的装饰，其构成为文字、图案、色彩、造型或者其他组合。商品装潢的基本目的在于美化商品，刺激消费者的购买欲望。

商标与商品装潢可以同时适用于商品或者其包装上，并服务于同一商品。商标也往往成为商品装潢的一个构成部分，但商标除了适用于商品之外，还可适用于经营者提供的服务。

（五）商标与地理标志

根据《商标法》第16条第2款规定，地理标志，是指某商品来源于某地区，该商品的特定质量、信誉或者其他特征，主要由该地区的自然因素或者人文因素所决定的标志。地理标志用于商品或者服务，同样富有重要的经济意义。

地理标志可成为商标，商标可能本身就是地理标志。地理标志和商标都具有一定的识别功能，但是二者存在不同之处。

1. 性质不同

和商标相比，地理标志不具有独占性，地理标志所属范围内相同产品的生产经营者都可以使用同一地理标志；商标则具有明显的独占性，商标仅由商标权人所排他地独占享有和使用。

2. 适用对象不同

地理标志用以标明产品所属的某一国家或者地区、地方，不具有识别不同经营者的同一商品或者服务的功能；商标则适用于具体的经营者，并用以识别经营者所提供的商品或者服务。

3. 适用法律不同

在我国，地理标志主要适用法律为《地理标志产品保护规定》等；而商标的主要适用法律为《商标法》。

（六）商标与品牌

"商标"与"品牌"是既有联系又不能完全等同的两个概念。

商标是法律概念，商标注重强调对生产、经营者合法权益的法律保护。在我国商标有"注册商标"与"未注册商标"之分。

品牌是市场概念，品牌注重强调企业（经营者）与顾客之间关系的建立、维系与发展。品牌可以是注册商标，也可以是未注册商标。

品牌与商标是可以转化的，如品牌经注册获得专用权就转化成商标，也就具有了法律意义。因此，两个概念有时可以等同替代，但不能混淆使用。

三、商标的特征

和其他商业标记相比，商标具有下列特征。

（一）可识别性

根据《商标法》第9条的规定，申请注册的商标，应当具有显著特征，便于识别，并不得与他人在先取得的合法权利相冲突。所以，商标能够区别同一种或者类似商品或者服务，故具有可识别性。那种采用商品通用标志、通用商品名称的商业标记，由于不具有可识别性，所以不能成为商标。

（二）依附性

由于商标是经营者提供经营活动的商业标记，用以识别特定的商品或者服务，因此商标与一定的经营对象密不可分，其依附于商品或者服务而存在。

（三）显著性

商标的显著性一方面体现在其固有的可识别性，另一方面体现在商标的构成要素。从构成上看，商标是由文字、图形、字母、数字、三维标志、颜色组合和声音等或者其组合所构成的可识性标记。

四、商标的分类

根据不同的标准，可以对商标进行不同的分类。

（一）商品商标和服务商标

按照商标使用载体不同，商标可以分为商品商标和服务商标。

商品商标是指商品的生产者或经营者，为了使自己生产或经营的商品与他人生产或经营的商品相区别而使用的标志。

服务商标指提供服务的经营者为将自己提供的服务与他人提供的服务相区别而使用的标志。

（二）普通商标、集体商标、证明商标

按照商标与使用者的关系及作用不同，商标可分为普通商标、集体商标和证明商标。

普通商标通常是指自然人、法人或者其他组织在自己生产、制造、加工、拣选、经销的商品或者提供的服务上使用的区别于他人商品或服务的标志。

根据《商标法》第3条的规定，集体商标是指以团体、协会或者其他组织名义注册，供该组织成员在商事活动中使用，以表明使用者在该组织中的成员资格的标志。

证明商标是指由对某种商品或者服务具有监督能力的组织所控制，而由该组织以外的单位或者个人使用于其商品或者服务，用以证明该商品或者服务的原产地、原料、制造方法、质量或者其他特定品质的标志。

集体商标、证明商标注册和管理的特殊事项，由国务院工商行政管理部门规定。

（三）传统商标和非传统商标

按照商标的构成要素不同，商标可以分为传统商标和非传统商标。

传统商标通常是由文字、字母、数字、图形等要素或其组合构成，用以区分自然人、法人或者其他组织生产、制造、加工、拣选、经销的商品或者提供的服务与他人商品或服务的标志。

非传统商标通常的构成要素是以人的接触、感知为基础。根据构成要素不同，可以分为立体商标、听觉商标、味觉商标以及触觉商标和颜色组合商标等。

五、商标制度的起源与发展

商标法律制度随着商品经济的发展而逐步发展。法国于1803年制定的《关于工厂、制造场和作坊的法律》成为世界上最早的商标法。继法国之后，英国、美国、德国、日本分别于1862年、1870年、1874年和1875年颁布了各自的商标法。目前世界各国多颁布了商标法，明文规定商标是一种依法予以保护的工业产权，查处商标侵权人以保护商标权人已得到世界各国的公认。

为了适应并促进国际商业贸易的发展，从19世纪后期开始，商标的国际保护立法趋势非常明显。继1883年签订《巴黎公约》之后，1891年达成的《马德里协定》加强了对商标国际注册的规范。此外，TRIPS于1994年缔结成功，成为一项重要的

包括商标权在内的综合性知识产权条约，对世界各国的商标立法和其他知识产权立法起到了重大的推动作用。

我国具有现代意义的第一部商标法——《商标注册试办章程》于1904年由当时的清政府制定。中华人民共和国成立以后，于1950年和1963年分别颁布了《商标注册暂行条例》和《商标管理条例》，对商标注册、使用等行政管理内容作出了相应规定。

改革开放之后，我国加快了商标立法步伐。1982年8月23日，我国立法机关正式制定《中华人民共和国商标法》，已经先后进行了三次修改。

我国《商标法》及《商标法实施条例》是两部最基本、最重要的商标法律法规，对当今商标的申请、注册、利用、保护等作出了详细规定，具有较强的可操作性。此外，我国还施行了其他商标行政法规、部门规章，以完善商标法律体系。如《奥林匹克标志保护条例》《商标评审规则》《驰名商标认定和保护规定》《集体商标、证明商标注册和管理办法》《世界博览会标志保护条例》《商标印制管理办法》等。与此同时，我国陆续加入了商标国际保护的相关公约，如《巴黎公约》《马德里协定》等。上述法律法规及其相关的规范性法律文件和我国加入的国际公约，初步构建起我国现代商标立法保护体系。

六、商标制度的作用

（一）保护商标专用权

商标法通过商标注册制度、注册商标的许可与转让、注册商标的续展、注册商标被侵权时的法律保护等制度设计，用以发挥其保护商标专用权的作用。

（二）保护生产经营者和消费者的合法权益

由于商标法的核心目的在于商标专用权的取得与保护，而最终目标则在于通过避免消费者对商品来源产生混淆或误认而保护消费者权益，并促进工商企业的正常发展。

（三）规范商标管理，强化市场经济公平竞争原则

商标管理部门规范商标的申请与注册，管理商标的转让与许可使用，监督商品或者服务的质量，建立健全商标印制管理制度，打击与查处假冒商标等侵权行为，

从而维护商标权人和消费者的合法权利与利益，规范生产经营者的生产、制造、销售商品或提供服务的商业行为，净化市场经济建设的商业环境，确保公平竞争。

第二节 商标权的取得

一、商标权的取得

商标权的取得方式主要有两种，即原始取得和继受取得。

（一）商标权的原始取得

商标权的原始取得是指不以他人的商标权为前提，而是依据法律的规定直接取得商标权。目前，世界各国的做法不同，有三种制度为商标权原始取得途径。

1. 使用取得制度

使用取得制度是指通过对商标的使用而获得商标权。现在仍采用使用制度获得商标的国家，以美国为典型。

2. 注册取得制度

为了充分显示商标的确定性，法律规定：无论商标是否已使用，只有经过法定的注册方式才能取得商标权。在实行注册制度的情况下，注册还可分为自愿注册和强制注册两种。根据自愿注册制度，当事人自行决定是否就使用的商标申请注册。强制注册制度也被称为全面注册制度，商标使用人在其生产或经营的商品或者服务上使用的任何商标必须注册。世界上绝大多数国家的商标法律采取自愿注册制度。

3. 使用与注册并行制度

结合使用取得制度和注册取得制度的优点，根据商标的使用或者注册均可以取得商标权。在采用使用与注册并行制度（或者混合制度）的国家，商标权人是经过使用或注册而取得商标权的主体。

在我国，商标权的取得实行注册制度，但同时也重视商标的使用。这主要体现在以下两方面。一方面，若商标使用在先，并已形成一定影响，则可有效阻止他人抢注商标；甚至还可能使商标注册申请成功。我国《商标法》第32条规定，申请商标注册不得损害他人现有的在先权利，也不得以不正当手段抢先注册他人已经使用并有一定影响的商标。这表明，在采用注册制度的国家，商标的取得虽然以注册为取得商标的必要条件，但也不排斥商标使用所形成的一定权利。我国《商标法》

第31条规定，两个或者两个以上的商标注册申请人，在同一种商品或者类似商品上，以相同或者近似的商标申请注册的，初步审定并公告申请在先的商标；同一天申请的，初步审定并公告使用在先的商标，驳回其他人的申请，不予公告。这样，使用在先的人往往能在其他人同一天申请注册商标的情况下获得商标权。另一方面，对于商标在我国持续使用一定时间，并满足我国《商标法》第14条规定的其他条件的，还可以形成驰名商标。驰名商标在我国虽未注册，但仍享有商标专有权等注册商标的各项权利。

由上可见，我国既采取注册取得制度又兼顾使用取得制度，但是，又不完全等同于使用与注册并行制度。

（二）商标权的继受取得

商标权的继受取得也被称为传来取得，是指以他人既有的商标权为基础，根据原商标权人的意志通过受让、继承等方式取得商标权。

在我国，商标权的继受取得主要有3种方式。

1. 商标转让合同

作为出让人，商标权人可以和受让人签订商标转让合同。商标权依法转让以后，原商标权人不再享有该商标，受让人取得该商标权。转让可以是有偿转让，也可以是无偿转让。

2. 继承法律关系

商标权人（即商标注册人）死亡或者终止的，可以依据我国《民法典》等法律法规的规定依法发生继承法律关系，商标权人的合法继承人可以依法继承。商标权人为法人或者其他组织的。当公司或者其他组织合并、分立时，合并或者分立后的公司或者其他组织取得之前的商标权。

3. 强制执行

在判决书或者仲裁裁决书等合法的法律文书生效以后，商标权人为被执行人的，生效法律文书所载明的权利人可以请求强制执行，作为被执行人的原商标权人丧失商标权，他人即取得商标权。

依据我国《商标法》等相关商标法律规定，商标权的原始取得，应按照商标注册程序办理。商标权的继受取得，也须依照转让注册商标或转移注册商标的程序办理，最终才能取得商标专用权。

二、商标权的期限与终止

(一) 商标权的期限

TRIPS 规定商标的首次注册及每次续展的期限均不得少于 7 年。注册商标应可以无限续展。《马德里协定》规定,获得国际注册的商标,在任何一个国家生效后,其保护期都是 20 年,而且可以在保护期满后依次续展。续展是指延长注册商标的有效期,每次展期都是 20 年。

注册商标的有效期限在我国规定为 10 年,自核准注册之日起计算。商标注册有效期限届满后,如果商标注册人还想使用该商标,可以通过办理商标续展手续的方式使商标专用权得以延续。我国《商标法》第 40 条规定,注册商标有效期满,需要继续使用的,商标注册人应当在期满前 12 个月内按照规定办理续展手续;在此期间未能办理的,可以给予 6 个月的宽展期。每次续展注册的有效期为 10 年,自该商标上一届有效期满次日起计算。期满未办理续展手续的,注销其注册商标。商标局应当对续展注册的商标予以公告。

(二) 商标权的终止

商标权的终止被称注册商标的消灭,是指商标权人由于法定事由的发生而导致商标权灭失。商标权的终止需通过注册商标撤销和注销两种方式。无论是注册商标撤销,还是注册商标注销都会导致注册商标的终止。但二者的法律意义不同。前者是由于商标注册人违反了法律的规定而带有处罚性质,而后者则是由于法律规定的条件发生或商标注册人自愿放弃商标权而导致的结果,不具有处罚性质。

1. 商标权的撤销

注册商标的撤销是由于商标注册人违反商标法关于商标使用的规定,或因已注册商标违反禁止条款或采用不正当手段注册或因争议理由成立,而导致商标主管部门采取强制手段终止其商标权的行为。有两种情况,一是由于发生了特定的法律事由而使商标权丧失了继续受商标法律保护的基础,并由法院或者商标管理机关依法作出取消商标权的判决、裁决或决定,二是商标因注册不当而被撤销,或者因发生注册商标争议而被裁定撤销。

(1) 注册商标争议被撤销

注册商标争议包括因为下列两大类法定事由撤销。第一类是已注册商标违反我国《商标法》第4条、第10条、第11条、第12条规定的，使用禁用标志或者缺乏显著性特征的标志或者仅由商品自身特性决定的三维形状作为标志的，或者是以欺骗手段或者其他不正当手段取得注册的，由商标局撤销该注册商标；其他单位或者个人可以请求商标评审委员会裁定撤销该注册商标。第二类是已经注册商标违反《商标法》第13条第2款和第3款、第15条、第16条第1款、第30条、第31条、第32条规定的，自商标注册之日起5年内，在先权利人或者利害关系人可以请求商标评审委员会宣告该注册商标无效。对恶意注册的，驰名商标所有人不受5年的时间限制。

（2）使用不当被撤销

商标注册人使用注册商标时，根据我国《商标法》第49条之规定，有下列行为的，由商标局责令限期改正或者撤销其注册商标：

一是商标注册人在使用注册商标的过程中，自行改变注册商标、注册人名义、地址或者其他注册事项的，由地方工商行政管理部门责令限期改正；期满不改正的，由商标局撤销其注册商标。

二是注册商标成为其核定使用的商品的通用名称或者没有正当理由连续3年不使用的，任何单位或者个人可以向商标局申请撤销该注册商标。

> 典型案例

"阿里妈妈"注册商标被撤销[1]

阿里巴巴为了保护知识产权，防止他人恶意注册同类型、近似的商标，几乎注册了所有阿里的衍生词语。例如，阿里妈妈、阿里妹妹、阿里姑姑、阿里叔叔、阿里哥哥、阿里弟弟等防御性商标。第6685014号"阿里妈妈"商标由阿里巴巴于2008年4月28日申请注册，于2010年5月14日在第1类别上被核准注册。2015年6月8日，该商标被不知名的个人提起注册商标3年不使用撤销申请。

在阿里巴巴没有退信的情况下，商标局主动发布送达公告。但是，60天的公告期过去了，15天的复审时效过去了，阿里巴巴方面仍然没有反应。于是"阿里妈妈"商标被撤销的决定生效。

---

[1] 中招！如何避免商标被撤销［EB/OL］.［2021-01-30］. https://m.sohu.com/a/294407267_100098785/.

案例点评

根据我国《商标法》第49条的规定,注册商标成为其核定使用的商品的通用名称或者没有正当理由连续3年不使用的,任何单位或者个人可以向商标局申请撤销该注册商标。阿里巴巴注册"阿里妈妈"商标后未使用该商标超过3年,并且在收到公告后再未提出复审申请等,符合商标注册后连续3年未使用的情形,最终依法给予撤销。

2. 商标权的注销

由于发生商标权有效期届满而未依法续展、商标权人死亡而没有继承人、法人或者非法人组织被宣告破产或者解散而注册商标未被分配给任何人等情况,商标权自然消灭。注册商标将被依法注销。注册商标的注销是指因商标权主体消灭或商标权人自愿放弃商标权等原因,而由商标局采取的终止其商标权的一种形式。注册商标在下列情形中,因注销而终止。

(1) 注册商标未申请续展

注册商标有效期届满,且已过宽展期,商标注册人未提出续展申请,或者虽然提出续展申请但未被核准而被依法驳回续展注册申请的,该注册商标终止。

(2) 注册商标权利人消灭

商标注册人即商标权利人死亡或者终止,无继承人或无继受人办理注册商标专用权转移手续的,该商标权归于消灭。注册商标人死亡或者终止,自死亡或者终止之日起1年期满,该注册商标没有办理移转手续的,任何人可以向商标局申请注销该注册商标。

(3) 注册商标权利人自愿放弃商标权

注册商标权利人放弃商标或者注销其商标在部分指定商品上的注册的,应当向商标局提交商标注销申请书,并交回原商标注册证。

典型案例

广药集团遭"王老吉"后人起诉案件[1]

2012年5月2日,广州医药集团有限公司(以下简称"广药集团")向国家工商

---

[1] "王老吉"后人起诉广药集团 却因这个原因一审被驳回 [EB/OL]. (2019-07-23) [2021-01-30]. http://finance.china.com.cn/industry/20190723/5036599.shtml.

行政管理总局商标局申请注册了第 10855371 号"王老吉真像"图形商标（以下简称"诉争商标"）。

2017 年 7 月 12 日，王某之子女胡某等三人向国家工商行政管理总局商标评审委员会（以下简称"商评委"）提出对诉争商标的无效宣告请求。商评委裁定诉争商标应予维持。

胡某等三人不服商评委所作裁定，向北京知识产权法院提起行政诉讼。胡某等三人向法院主张，广药集团申请注册的诉争商标与其母王某申请注册的引证商标均为"王老吉真像"商标，二者完全一致。诉争商标对引证商标的摹仿、复制构成 2001 年《商标法》第 28 条"同他人在同一种商品或者类似商品上已经注册的或者初步审定的商标相同或者近似"的规定，诉争商标应当被宣告无效。

北京知识产权法院经审理于 2019 年 4 月 29 日作出一审判决，驳回胡某等三人的诉讼请求。

案例点评

该案发生在 2012 年，因此，应当适用我国 2001 年《商标法》。根据我国 2001 年《商标法》第 37 条、第 38 条规定，"注册商标的有效期为十年，自核准注册之日起计算。""注册商标有效期满，需要继续使用的，应当在期满前六个月内申请续展注册，在此期间未能提出申请的，可以给予六个月的宽展期。宽展期满仍未提出申请的，注销其注册商标。"胡某等三人主张的引证商标专用权至 1971 年 7 月 31 日，商标所有人王老吉联合制药厂未申请续展该商标，引证商标已被注销，不能作为诉争商标获准注册的在先障碍。因此，胡某等三人关于诉争商标的注册违反 2001 年《商标法》第 28 条的相关主张不成立。

第三节 商标的注册

一、商标注册的原则

在我国，商标注册的常见原则有下列 4 种。

（一）自愿注册原则

根据自愿注册原则，对使用的商标是否注册，由商标使用人自行决定。在实施注册原则的国家，只有在注册之后商标权人才能取得商标专用权，未注册商标不享有商标专用权，但仍然享有一定的正当权益，权利人可以使用该商标，但是不能像注册商标权人那样享有范围较广的禁止权。

根据我国《商标法》第6条之规定，法律、行政法规规定必须使用注册商标的商品，必须申请商标注册，未经核准注册的，不得在市场销售。我国《烟草专卖法》第19条规定："卷烟、雪茄烟和有包装的烟丝必须申请商标注册，未经核准注册的，不得生产、销售。禁止生产、销售假冒他人注册商标的烟草制品"。

（二）申请在先原则

申请在先原则，是指两个或者两个以上的商标申请人，在同一或者类似的商品或者服务上以相同或者近似的商标申请注册时，商标局以提出申请日期的先后决定商标权的授予即商标权的归属，在先申请人获得商标权，在后申请人的申请予以驳回的制度。申请在先原则不同于使用在先原则。根据使用在先原则，以使用商标的先后决定商标权的授予，这里的使用要求是"商业上使用"，可见，申请在先原则下当事人举证程序简单，有助于明确商标的归属，也有利于商标管理；而使用在先原则尊重商标使用的事实，但在发生争议时当事人举证相对困难。从立法理念上看，申请在先原则与商标权的取得制度中的注册制度相关，使用在先原则与商标权的取得制度中的使用制度相关。因此，对商标采取注册制度的国家均实行申请在先原则，采用使用与注册并行制度的国家则较多采用使用在先原则。

我国《商标法》第31条明确规定了商标申请在先原则。据此原则，"两个或者两个以上的商标注册申请人，在同一种商品或者类似商品上，以相同或者近似的商标申请注册的，初步审定并公告申请在先的商标；同一天申请的，初步审定并公告使用在先的商标，驳回其他人的申请，不予公告。"

（三）限制恶意抢注原则

恶意抢注商标是指以获取非法利益为目的，采取欺骗或其他不正当手段，将他人已依法享有并具有一定知名度的相同或近似的商标、企业的名称或商号等其他在先权利，抢先注册为自己商标的行为。恶意抢注行为不仅使被抢注者深受其害，而且破坏了市场经济中应当遵循的诚实信用原则和公平竞争规则，危害了社会公共利益。

基于此，我国实施了限制恶意抢注原则。现行《商标法》从以下四个方面对限制恶意抢注商标行为进行了法律规制。

1. 限制恶意抢注他人驰名商标的行为

我国《商标法》第 13 条第 2 款、第 3 款规定："就相同或者类似商品申请注册的商标是复制、摹仿或者翻译他人未在中国注册的驰名商标，容易导致混淆的，不予注册并禁止使用。就不相同或者不相类似商品申请注册的商标是复制、摹仿或者翻译他人已经在中国注册的驰名商标，误导公众，致使该驰名商标注册人的利益可能受到损害的，不予注册并禁止使用。"

2. 限制代理人或者代表人抢注被代理人或者被代表人商标的行为

我国《商标法》第 15 条第 1 款规定："未经授权，代理人或者代表人以自己的名义将被代理人或者被代表人的商标进行注册，被代理人或者被代表人提出异议的，不予注册并禁止使用。"

3. 限制抢注他人在先使用并有一定影响的商标

我国《商标法》第 32 条规定："申请商标注册不得损害他人现有的在先权利，也不得以不正当手段抢先注册他人已经使用并有一定影响的商标。"

4. 限制以不正当手段抢注他人商标的行为

我国《商标法》第 44 条第 1 款规定："已经注册的商标，违反本法第四条、第十条、第十一条、第十二条、第十九条第四款规定的，或者是以欺骗手段或者其他不正当手段取得注册的，由商标局宣告该注册商标无效；其他单位或者个人可以请求商标评审委员会宣告该注册商标无效。"

（四）优先权原则

我国《商标法》第 25 条规定："商标注册申请人自其商标在外国第一次提出商标注册申请之日起六个月内，又在中国就相同商品以同一商标提出商标注册申请的，依照该外国同中国签订的协议或者共同参加的国际条约，或者按照相互承认优先权的原则，可以享有优先权。依照前款要求优先权的，应当在提出商标注册申请的时候提出书面声明，并且在三个月内提交第一次提出的商标注册申请文件的副本；未提出书面声明或者逾期未提交商标注册申请文件副本的，视为未要求优先权。"第 26 条规定："商标在中国政府主办的或者承认的国际展览会展出的商品上首次使用的，自该商品展出之日起六个月内，该商标的注册申请人可以享有优先权。依照前款要求优先权的，应当在提出商标注册申请的时候提出书面声明，并且在三个月内提交展出其商品的展览会名称、在展出商品上使用该商标的证据、展出日期等证明文件；未提出书面声明或者逾期未提交证明文件的，视为未要求优先权。"

> 典型案例

杭州某公司诉国家工商行政管理总局商标评审委员会案[1]

国家工商行政管理总局商标评审委员会（以下简称"商评委"）以杭州某公司2010年11月29日申请注册的"脸谱"商标（以下简称"诉争商标"）在交友服务上与2010年7月16日的国际注册"FACEBOOK"商标（以下简称"引证商标"）已构成2014年修改后的我国《商标法》第30条所指的使用在同一种或类似服务上的近似商标为由，裁定在交友服务上不予核准注册。

杭州某公司不服商评委的裁定，认为"FACEBOOK"早于2009年11月17日在美国注册商标，应视为该公司的"第一次"商标申请，基于法国2010年5月23日申请的引证商标并非"第一次"申请，该引证商标不应当获得优先权保护。因此向北京知识产权法院提起行政诉讼，请求撤销被诉裁定，判令被告重新作出裁定。北京知识产权法院认为美国商标注册情况不能阻碍引证商标依据法国的基础申请在中国获得优先权保护，判决驳回杭州某公司的诉讼请求。

> 案例点评

2013年修改后的《商标法》第30条规定："申请注册的商标，凡不符合本法有关规定或者同他人在同一种商品或者类似商品上已经注册的或者初步审定的商标相同或者近似的，由商标局驳回申请，不予公告。"该案中，"FACEBOOK"商标优先权日期（2010年5月23日）和国际注册日期（2010年7月16日）均早于"脸谱"商标的申请日期（2010年11月29日），因此应当驳回杭州某公司的诉讼请求。

二、商标注册的条件

商标的注册是商标确权、运用、保护和管理工作的基础。提出商标注册申请，是获准注册－取得商标专用权的前提。

商标注册必须符合下列条件，同时不得违背法律规定的禁止条件。

---

[1] 北京知识产权法院（2016）京行终4857号行政判决书。

（一）商标注册的必要条件

1. 商标的可识别性

商标应当具有可识别性。我国《商标法》第 8 条对商标的可识别性作出了明确规定："任何能够将自然人、法人或者其他组织的商品与他人的商品区别开的标志，包括文字、图形、字母、数字、三维标志、颜色组合和声音等，以及上述要素的组合，均可以作为商标申请注册。"

2. 商标的显著性

我国《商标法》第 9 条规定："申请注册的商标，应当有显著特征，便于识别，并不得与他人在先取得的合法权利相冲突。商标注册人有权标明'注册商标'或者注册标记。"其中，"不得与他人在先取得的合法权利相冲突"，既要求用以申请注册的商标不得与他人的商标混同，也要求不得侵犯他人在先取得的其他合法权利。

（二）商标注册的禁止条件

我国《商标法》第 10 条规定，下列标志不得作为商标使用：

（1）同中华人民共和国的国家名称、国旗、国徽、国歌、军旗、军徽、军歌、勋章等相同或者近似的，以及同中央国家机关的名称、标志、所在地特定地点的名称或者标志性建筑物的名称、图形相同的；

（2）同外国的国家名称、国旗、国徽、军旗等相同或者近似的，但经该国政府同意的除外；

（3）同政府间国际组织的名称、旗帜、徽记等相同或者近似的，但经该组织同意或者不易误导公众的除外；

（4）与表明实施控制、予以保证的官方标志、检验印记相同或者近似的，但经授权的除外；

（5）同"红十字""红新月"的名称、标志相同或者近似的；

（6）带有民族歧视性的；

（7）带有欺骗性，容易使公众对商品的质量等特点或者产地产生误认的；

（8）有害于社会主义道德风尚或者有其他不良影响的。

县级以上行政区划的地名或者公众知晓的外国地名，不得作为商标。但是，地名具有其他含义或者作为集体商标、证明商标组成部分的除外；已经注册的使用地名的商标继续有效。

我国《商标法》第 11 条规定，下列标志不得作为商标注册：

（1）仅有本商品的通用名称、图形、型号的；

（2）仅直接表示商品的质量、主要原料、功能、用途、重量、数量及其他特点的；

（3）其他缺乏显著特征的。

前款所列标志经过使用取得显著特征，并便于识别的，可以作为商标注册。

典型案例

某教育科技有限公司诉国家知识产权局案[1]

某教育科技有限公司向国家知识产权局申请注册"教材辅导帮"商标，国家知识产权局驳回"教材辅导帮"商标的注册申请。某教育科技有限公司诉至北京知识产权法院请求判决撤销国家知识产权局决定，并责令国家知识产权局重新作出决定。经审理，北京知识产权法院认为商标的功能在于识别和区分商品或服务的来源，如果商标的标志使用在指定商品或服务上，仅仅或主要是直接描述了上述商品或服务的特点，相关公众无法将其作为商标认知，则该标志原则上不具有显著性，不能作为商标注册。该案中，诉争商标系纯文字商标"教材辅导帮"，使用在其指定使用的商品上，其含义是显而易见的，即"教材辅导的帮手"，直接表示了商品的内容、用途等特点，而不会被相关公众视为商标，难以起到识别商品来源的作用。因此，判决驳回原告某教育科技有限公司的诉讼请求。

案例点评

我国《商标法》第11条规定："下列标志不得作为商标注册：（一）仅有本商品的通用名称、图形、型号的；（二）仅直接表示商品的质量、主要原料、功能、用途、重量、数量及其他特点的；（三）其他缺乏显著特征的。前款所列标志经过使用取得显著特征，并便于识别的，可以作为商标注册。"该案中的"教材辅导帮"商标难以起到识别商品来源的作用，并不具有显著性，违反了我国《商标法》第11条规定，因此法院判决驳回该教育科技有限公司的诉讼请求是恰当的。

---

[1] 北京知识产权法院（2020）京73行初8461号行政判决书。

三、商标注册的申请

商标注册申请是申请人依照商标法律规定，将自己拥有的商品或者服务标志向商标行政管理部门提出商标注册申请并交付申请书及相关文件，缴纳申请费，经商标局审查、核准注册的行为。

（一）商标注册的申请人

《商标法》第4条规定，自然人、法人或者其他组织在生产经营活动中，对其商品或者服务需要取得商标专用权的，应当向商标局申请商标注册。不以使用为目的的恶意商标注册申请，应当予以驳回。第5条规定，两个以上的自然人、法人或者其他组织可以共同向商标局申请注册同一商标，共同享有和行使该商标专用权。第17条规定，外国人或者外国企业在中国申请商标注册的，应当按其所属国和中华人民共和国签订的协议或者共同参加的国际条约办理，或者按对等原则办理。

（二）申请商标注册的申请文件

提出商标注册申请前，申请人应到商标注册机关查询有关商标登记注册的情况，以便了解自己准备的商标是否与他人已注册或者正在申请注册的商标相同或者近似，从而明确自己准备申请注册的商标是否会被核准。在我国，商标注册申请人可以委托相关的商标代理机构进行查询，也可自己直接查阅商标公告。申请之前的查询虽非申请注册商标的必经程序，但这直接关系到申请注册的商标成功与否，因此申请之前的查询也是申请注册商标的重要步骤。

正式提出商标注册申请时，应当按照公布的商品和服务分类表按类申请，并应按规定缴纳申请费。商标注册申请等有关文件，可以以书面方式或者数据电文方式提出。

《商标法》第13条规定，申请商标注册，应当按照公布的商品和服务分类表填报。每一件商标注册申请应当向商标局提交《商标注册申请书》1份、商标图样1份；以颜色组合或者着色图样申请商标注册的，应当提交着色图样，并提交黑白稿1份；不指定颜色的，应当提交黑白图样。

商标图样应当清晰，便于粘贴，用光洁耐用的纸张印制或者用照片代替，长和宽应当不大于10厘米，不小于5厘米。

以三维标志申请商标注册的，应当在申请书中予以声明，说明商标的使用方式，并提交能够确定三维形状的图样，提交的商标图样应当至少包含三面视图。

以颜色组合申请商标注册的，应当在申请书中予以声明，说明商标的使用方式。

以声音标志申请商标注册的，应当在申请书中予以声明，提交符合要求的声音样本，对申请注册的声音商标进行描述，说明商标的使用方式。对声音商标进行描述，应当以五线谱或者简谱对申请用作商标的声音加以描述并附加文字说明；无法以五线谱或者简谱描述的，应当以文字加以描述；商标描述与声音样本应当一致。

申请注册集体商标、证明商标的，应当在申请书中予以声明，并提交主体资格证明文件和使用管理规则。

商标为外文或者包含外文的，应当说明含义。

第14条规定，申请商标注册的，申请人应当提交其身份证明文件。商标注册申请人的名义与所提交的证明文件应当一致。

前款关于申请人提交其身份证明文件的规定适用于向商标局提出的办理变更、转让、续展、异议、撤销等其他商标事宜。

第15条规定，商品或者服务项目名称应当按照商品和服务分类表中的类别号、名称填写；商品或者服务项目名称未列入商品和服务分类表的，应当附送对该商品或者服务的说明。

商标注册申请等有关文件以纸质方式提出的，应当打字或者印刷。

本条第二款规定适用于办理其他商标事宜。

第16条规定，共同申请注册同一商标或者办理其他共有商标事宜的，应当在申请书中指定一个代表人；没有指定代表人的，以申请书中顺序排列的第一人为代表人。

商标局和商标评审委员会的文件应当送达代表人。

第20条规定，依照商标法第二十五条规定要求优先权的，申请人提交的第一次提出商标注册申请文件的副本应当经受理该申请的商标主管机关证明，并注明申请日期和申请号。

四、商标注册的审查和核准

商标审查是商标主管机关对商标注册申请人提供的申请材料是否符合商标法的规定所进行的一系列活动的总和。商标注册的审查是商标申请人能否获得商标权的关键。商标注册的审查分为形式审查和实质审查。

(一) 形式审查

形式审查是商标主管机关对商标注册申请的书件、办理的手续是否符合法律规定的审查,以决定是否受理商标注册申请人的申请。

1. 形式审查的内容

就审查内容而言,在形式审查过程中,商标主管机关主要审查:

(1) 申请人的主体资格是否符合法律规定;

(2) 申请注册商标所指定保护的商品或者服务是否符合法律规定;

(3) 外国人或者外国企业是否委托了商标代理组织或者代理人代为申请,国内申请人委托代理人的,其委托书是否符合要求;

(4) 商标注册申请书的填写是否符合法律规定,就申请书的填写是否属实、准确、清晰和有关手续是否完备进行审查;

(5) 商标及商标图样的规格、数量是否符合要求;

(6) 应交送的证明文件等是否完备,规费是否缴纳;

(7) 审查一份申请是否只申报了一个商标。

2. 形式审查的法律后果

就审查的法律后果而言,经过商标主管机关形式审查以后,一般会产生如下三种法律后果。

(1) 申请日的确定

商标局通过审查认为申请手续齐备并按照规定填写申请文件的,审查并确定申请日期,编定申请号,发给受理通知书,商标局予以受理并书面通知申请人。商标注册的申请日期,以商标局收到申请文件的日期为准。成功主张了优先权日的,优先权日为申请日。申请手续基本齐备或者申请文件基本符合规定,但是需要补正,在规定期限内补正并交回商标局的,保留申请日期。除法律法规另有规定,当事人提交文件或者材料的日期:直接递交的,以递交日为准;邮寄的,以寄出的邮戳日为准;邮戳日不清晰或者没有邮戳的,以商标局或者商标评审委员会实际收到日为准,但是当事人能够提出实际邮戳日证据的除外。申请日在商标法律关系中具有重大意义。

(2) 申请的补正

在形式审查过程中,商标局经审查,认为申请手续基本齐备或者申请文件基本符合规定,但是需要补正的,商标局通知申请人予以补正,限其自收到通知之日起30日内,按照指定内容补正并交回商标局。在规定期限内补正并交回商标局的,保留申请日期;期满未补正的,视为放弃申请,商标局应当书面通知申请人。

（3）申请的退回

申请手续不齐备或者未按照规定填写申请文件的，商标局不予受理，书面通知申请人并说明理由。

（二）实质审查

实质审查是商标主管机关对商标注册申请人提供的申请材料是否具备注册条件进行审查，以决定能否初步审定并进行公告。

实质审查的主要内容如下：

（1）商标是否具备法定的构成要素；

（2）商标是否具有显著性、是否便于识别；

（3）商标是否违背商标法律规定的禁止条款；

（4）商标是否同他人在同一种商品或者类似商品上已经注册的或者初步审定的商标相同或者近似；

（5）商标是否损害他人现有的在先权利；

（6）商标是否以不正当手段抢先注册他人已经使用并有一定影响的商标；

（7）商标是否复制、摹仿或者翻译他人未在中国注册的驰名商标，容易导致混淆；

（8）商标是否与已撤销、注销并不满1年的注册商标相同或者近似；

（9）商标中有商品的地理标志的，该商品是否会因来源于该标志所标示的地区而误导公众。

经过实质审查，商标主管机关认为申请注册的商标不符合《商标法》及《商标法实施条例》的规定或与他人在先注册或先申请的商标相混同的，驳回申请，发给申请人驳回通知书，简单陈述驳回理由，并将申请书及有关文件一并退回申请人或其代理人。

商标主管机关如果认为商标注册申请虽有不符合规定之处，但可以修正的则发给商标审查意见书，限定修正时间。申请人在规定时间内未作修正或修改后仍不符合商标法规定的，驳回申请，发给申请人驳回通知书。凡是经过实质审查，认为申请注册的商标符合商标法的有关规定并且有显著性的，予以初步审定，并刊登在商标公告上，予以公告。

对初步审定的商标，自公告之日起3个月内，任何人均可以提出异议。对驳回申请、不予公告的商标，商标局应当书面通知商标注册申请人。商标注册申请人不服的，可以自收到通知之日起15日内申请复审，由商标评审部门作出决定，并书面通知申请人。当事人对决定不服的，可以自收到通知之日起 30 日内向人民法院起诉。

(三) 商标异议

商标异议是指在异议期内，任何人都可以对商标主管机关初步审定并予以公告的商标提出反对审定该商标注册的意见，要求撤销初步审定、不予注册。

1. 商标异议人

商标异议人，是对商标主管机关初步审定、予以公告的商标提出反对注册意见的人。

根据现行法律和司法实践，异议人对初步审定、予以公告的商标提出常见异议情况表现如下：

(1) 认为在相同或者类似商品或者服务上，与自己已经注册或者在先申请注册的商标相同或者近似；

(2) 认为在同一种或者类似商品或者服务上，与自己未注册的驰名商标相同或者近似；

(3) 认为商标注册申请人违反诚实信用原则，恶意抢注自己使用在先的知名商标；

(4) 认为自己代理人或者代表人未经自己许可，以代理人或者代表人的名义抢注了自己拥有的商标；

(5) 认为自己的在先权利如著作权、工业品外观设计专利权、姓名权或者肖像权等受到侵害；

(6) 认为初步审定、予以公告的商标违反了商标法的禁止条款，或者违反公序良俗，或者违反了法定程序。

2. 商标异议的程序与处理

根据我国《商标法》的规定，商标异议期间为 3 个月，自初步审定的商标公告之日起计算。商标异议必须以书面形式提出。

商标局收到异议书后，应当通知被异议人，向其送达商标异议书副本，并限其自收到商标异议书副本之日起 30 日内答辩。被异议人不答辩的，不影响商标局的异议裁定。当事人需要在提出异议申请或者答辩后补充有关证据材料的，应当在申请书或者答辩书中声明，并自提交申请书或者答辩书之日起 3 个月内提交；期满未提交的，视为当事人放弃补充有关证据材料。

对初步审定、予以公告的商标提出异议的，商标局应当听取异议人和被异议人陈述事实和理由，经调查核实后，作出裁定。根据我国《商标法》第 35 条的规定，商标局作出准予注册决定的，发给商标注册证，并予公告。异议人不服的，可以依照《商标法》第44条、第45条的规定向商标评审部门请求宣告该注册商标无效。商标局作出不予注册决定，被异议人不服的，可以自收到通知之日起15日内向商标评审委员会申请复审。被异议人对商标评审委员会的决定不服的，可以自收到通知之日起30日内向人民法院起诉。人民法院应当通知异议人作为第三人参加诉讼。

（四）核准注册

核准注册，是指商标主管机关对商标注册申请人申请的商标经初步审定公告，无异议或者异议理由不成立的，予以核准注册，在商标注册簿上进行登记，发给申请人商标注册证，并对外发布注册商标公告。自公告之日起，该商标即成为注册商标，开始受到商标法的保护。

第四节　商标权的内容

一、商标权人的权利

注册商标权人的权利主要包括商标的专用权、许可使用权、转让权、禁止权、续展权、标记权、质押权等。

（一）商标专用权

商标专用权，即注册商标专用权，是指商标权人在核定使用的商品或服务上使用其注册商标的排他性权利。依据我国商标法律规定，只有商标权人才能够在特定范围内使用注册商标，其他人未经许可不得使用商标权人的注册商标。

（二）商标许可使用权

商标许可使用权是指商标权人将其注册商标许可他人使用的权利。商标注册人为许可人，获得注册商标使用权的人为被许可人。

商标权人利用商标许可使用制度凭借他人扩大其商品或者服务占据市场的比例与份额，提高经济效益和社会效益，从而充分享有商标的使用权和收益权。许可使用权是商标权人频繁行使的重要商标权利。商标许可使用制度对于促进市场经济的发展具有重大推动意义。

(三) 商标转让权

商标转让权是指商标权人在法律允许的范围内,依法将其注册商标转移给他人所有。商标权人为转让人,取得商标权的为受让人。

转让注册商标是商标权人行使处分权的法律行为,其直接法律后果是,注册商标主体发生变更,商标转让人失去商标所有权,不再享有任何商标上的权利,受让人则成为新的商标权所有人。从此意义上看,商标转让权不同于商标许可使用权。

转让注册商标是注册商标的主体发生变更,转让后的商标所有人不再是原注册人或者其他合法权利人。转让注册商标与变更注册人名义不同,后者注册商标的主体并不发生改变,只是注册人的名称、住址等发生了变化;转让注册商标须履行法定程序。

> 典型案例

林某某与厦门市某服饰有限公司商标转让合同纠纷案[1]

2012年9月30日,原告林某某与被告厦门市某服饰有限公司签订商标权转让合同,约定:被告厦门市某服饰有限公司将其名下第3286867号"金豪KINGHE-RO"注册商标转让予原告,转让费100万元。转让方应当保证该权利无任何瑕疵,包括未曾许可他人使用或作为抵押;保证如因受让方个人的原因而无法获得国家商标局的核准,则转让方无条件同意由受让方另行指定他人或他公司作为该商标的实际受让人等。自合同生效之日起,由转让方负责办理变更注册人的手续。合同自签订之日起生效。2012年9月30日,被告出具收款收据一份,确认收到原告用现金支付的商标转让费100万元。

之后在合同履行中产生纠纷,林某某诉至法院,要求被告厦门市某服饰有限公司办理商标转让手续。一审法院认为,双方的商标权转让合同合法有效,且林某某已支付约定款项,厦门市某服饰有限公司应当履行其转让商标权义务。

> 案例点评

该案系商标权转让合同纠纷案,原告林某某与被告厦门市某服饰有限公司签订

---

[1] 厦门市中级人民法院(2014)厦民初字第284号民事判决书。

的商标权转让合同合法有效。根据我国《商标法》第42条规定，转让注册商标的，转让人和受让人应当签订转让协议，并共同向商标局提出申请。受让人应当保证使用该注册商标的商品质量。并且商标注册人对其在同一种商品上注册的近似的商标，或者在类似商品上注册的相同或者近似的商标，应当一并转让。因此，厦门市某服饰有限公司应当依照合同以及相关法律配合林某某办理商标转让手续。

（四）商标禁止权

商标禁止权，也被称为禁用权，是指商标权人依法制止他人未经其许可使用其注册商标的权利。

从商标禁止权的具体表现来看，我国法律赋予了商标权人对下列行为的禁止权：

（1）未经商标注册人的许可，在同一种商品或者类似商品上使用与其注册商标相同或者近似的商标的；

（2）销售侵犯注册商标专用权的商品的；

（3）伪造、擅自制造他人注册商标标识或者销售伪造、擅自制造的注册商标标识的；

（4）未经商标注册人同意，更换其注册商标并将该更换商标的商品又投入市场的；

（5）给他人的注册商标专用权造成其他损害的行为。这里所称的"其他损害"商标专用权的行为，包括下列3种情况：①将与他人注册商标相同或者相近似的文字作为企业的字号在相同或者类似商品上突出使用，容易使相关公众产生误认的行为；②复制、摹仿、翻译他人注册的驰名商标或其主要部分在不相同或者不相类似的商品上作为商标使用，误导公众，致使该驰名商标注册人的利益可能受到损害的行为；③将与他人注册商标相同或者相近似的文字注册为域名，并且通过该域名进行相关商品交易的电子商务，容易使相关公众产生误认的行为。

在行使商标禁止权的方式上，根据我国商标法的规定，当商标专用权受到侵犯时，商标权人有权请求商标行政管理部门处理，也可以向人民法庭提起停止侵权行为并要求经济赔偿之诉讼。

典型案例

杭州莫丽斯科技有限公司与浙江某新能源有限公司侵害商标权纠纷案[1]

杭州莫丽斯科技有限公司（以下简称"莫丽斯公司"）是核定使用在排风一体机等商品上的"奥普"商标的权利人。经授权，奥普家居股份有限公司（以下简称"奥普家居公司"）可排他性使用上述商标。被诉侵权行为发生前，莫丽斯公司的"奥普"商标已有作为驰名商标被保护的记录。浙江某新能源有限公司通过许可浙江某建材公司等在网站以及其他地方上大量使用"AOPU 奥普"等标志，且辅以"正宗大品牌""高端吊顶专家与领导者"等文字进行宣传。莫丽斯公司、奥普家居公司以浙江某新能源有限公司和浙江某建材公司等上述行为侵害其商标权并构成不正当竞争行为为由，提起诉讼。杭州市中级人民法院一审认为，涉案商标构成驰名商标，浙江某建材公司等在金属吊顶商品上使用"AOPU 奥普"等标志的行为构成对涉案商标的复制、摹仿，不正当利用了"奥普"商标的市场声誉，损害了驰名商标权利人的利益。现有证据可证明，浙江某建材公司等在该案中的侵权获利已远超法定赔偿上限。一审法院遂判令浙江某建材公司等停止侵权并赔偿经济损失及合理费用共计 800 万元。浙江省高级人民法院二审维持一审判决。

案例点评

莫丽斯公司是"奥普"商标的权利人，对该商标拥有专用权。浙江某建材公司等在其商品上大量使用"AOPU 奥普"等标志，符合我国《商标法》中规定的"复制、摹仿、翻译他人注册的驰名商标"等条件。被告的行为侵害了莫丽斯公司的商标专用权，违反了我国《商标法》第 57 条的规定，因此应当停止侵害并赔偿损失。

（五）商标续展权

商标续展权，是指商标权人通过法定程序延续注册商标的有效期限，使商标权人继续保持其对注册商标的权利。

---

[1] 杭州莫丽斯科技有限公司、奥普家居股份有限公司与浙江风尚建材股份有限公司、浙江现代新能源有限公司、云南晋美环保科技有限公司、盛某君侵害商标权及不正当竞争纠纷案 [EB/OL]. (2020-03-25) [2021-01-30]. http://www.zjsfgkw.cn/art/2020/3/25/art_80_20123.html.

（六）商标标记权

商标权人享有在使用注册商标时加注标明"注册商标"或者注册标记的权利。我国《商标法》及《商标法实施条例》对注册商标的具体使用方式、使用要求都作了明确规定，可以在商品、商品包装、说明书或者其他附着物上标明"注册商标"或者注册标记。注册标记包括㊟和®。使用注册标记，应当标注在商标的右上角或者右下角。

（七）商标质押权

商标权人将其注册商标向金融机构出质而获取贷款或者出质给他人而作为债务履行担保的权利。商标权质押已逐步发展为现代社会一种新型的融资方式。

二、商标权人的义务

权利和义务不可分离，具有一致性。商标权人在享有权利的同时，必须履行相应的义务。

（一）依法正确使用注册商标的义务

商标一经依法注册，即赋予商标权人商标专用权。而商标专用权的产生、续展与终止均不同于其他财产权。依照我国商标法律的规定，商标在注册之后连续3年不使用，或者有违商标法律而不当使用，将导致商标被撤销而终止的法律后果。因此，商标权人有义务依法正确使用注册商标。

1. 注册商标必须使用在核定使用的商品或者服务项目上

首先，商标注册之后必须使用。其次，注册商标的合法使用范围，是以核准注册的商标和核定使用的商品或者服务项目为限。超出该范围的商标使用，即构成注册商标的错误使用或者无效使用。

2. 注册商标必须按照商标法律的规定正确使用

我国商标法律规定了不得以下列方式使用注册商标。

（1）不得擅自改变注册商标标志

我国《商标法》第24条明确要求"注册商标需要改变其标志的，应当重新提出注册申请"。未重新提出注册申请而擅自改变注册商标，属于违法使用注册商标的行为，容易误导普通消费者。所以，我国商标法律对此予以禁止，并规定商标局将依法撤销原注册商标。

(2) 不得自行改变注册商标注册人的名义、地址或者其他注册事项

我国《商标法》第41条规定："注册商标需要变更注册人的名义、地址或者其他注册事项的，应当提出变更申请。"如果确实有必要改变注册商标注册人的名义、地址、代理人或者其他注册事项，或者删减指定的商品的，商标权人可以依法进行修改，即应当向商标局提出变更申请，办理变更手续。未经申请而自行作出上述更改的法律后果是，修改事项因违反法律强制性规定而无效；并且，工商行政管理部门有权依照其职责而责令商标注册人限期改正；拒不改正的，报请商标局撤销其注册商标。

(3) 不得自行转让注册商标

我国《商标法》第42条规定："转让注册商标的，转让人和受让人应当签订转让协议，并共同向商标局提出申请。受让人应当保证使用该注册商标的商品质量。转让注册商标的，商标注册人对其在同一种商品上注册的近似的商标，或者在类似商品上注册的相同或者近似的商标，应当一并转让。对容易导致混淆或者有其他不良影响的转让，商标局不予核准，书面通知申请人并说明理由。"对于违反上述要求和程序的转让注册商标的行为，即使是商标权人（转让人）和受让人的转让意思表示真实，也由于违反法律强制性规定而无效，不能产生转让注册商标的法律效果。

（二）保证使用注册商标的商品或者服务的质量的义务

我国《商标法》第7条规定："商标使用人应当对其使用商标的商品质量负责。"《商标法》及其配套法规都规定了商标权人的质量保证义务，以及违反此义务的法律后果。

（三）缴纳规定的各项费用的义务

依据商标法律规定，商标权人有义务按照规定缴纳注册商标申请费、转让注册费、续展注册费等各项费用。

第五节　商标权的保护

我国《商标法》对注册商标专用权的保护作了规定。实际上，商标权的保护不仅涉及注册商标专用权保护的有关问题，而且涉及未注册商标的保护。

一、注册商标专用权的保护

（一）商标侵权行为的表现形态

依据我国《商标法》第57条规定，有下列行为之一的，均属侵犯注册商标专用权：

（1）未经商标注册人的许可，在同一种商品上使用与其注册商标相同的商标的；

（2）未经商标注册人的许可，在同一种商品上使用与其注册商标近似的商标，或者在类似商品上使用与其注册商标相同或者近似的商标，容易导致混淆的；

（3）销售侵犯注册商标专用权的商品的（但是，根据我国《商标法》第64条第2款规定，"销售不知道是侵犯注册商标专用权的商品，能证明该商品是自己合法取得并说明提供者的，不承担赔偿责任"）；

（4）伪造、擅自制造他人注册商标标识或者销售伪造、擅自制造的注册商标标识的；

（5）未经商标注册人同意，更换其注册商标并将该更换商标的商品又投入市场的；

（6）故意为侵犯他人商标专用权行为提供便利条件，帮助他人实施侵犯商标专用权行为的；

（7）给他人的注册商标专用权造成其他损害的。

故意为侵犯他人商标专用权提供仓储、运输、邮寄、印制、隐匿、经营场所、网络商品交易平台等便利条件，即为商标侵权行为提供便利条件的行为。这是一种侵权行为的协助行为或者帮助行为，与其他侵犯商标权的行为一样构成商标侵权。认定此种侵权行为时，应特别注意以下三点：

① 行为人在客观上实施了为侵犯他人商标专用权提供仓储、运输、邮寄、印制、隐匿、经营场所、网络商品交易平台等行为；

② 行为主体是为商标侵权行为提供帮助和方便的人；

③ 主观方面：行为人应具有主观故意，即行为人明知他人实施的是商标侵权行为，却仍然为侵犯他人商标专用权提供仓储、运输、邮寄、印制、隐匿、经营场所、网络商品交易平台等便利条件。

若行为人不知道或者不应当知道相关商品涉及侵犯商标权而提供上述条件的，则不应认定为商标侵权行为。

> [典型案例]

椰树集团与海南新邦贸易有限公司商标侵权纠纷案[1]

椰树集团是海南省从事椰子等热带水果深加工的专业公司，其所生产的"椰树"牌椰子汁是国内非常流行的一款饮品。2001年5月21日经国家工商行政管理局商标局核准，椰树集团取得了第1575561号"椰树"注册商标专用权。2015年，椰树集团工作人员在市场调查时发现，一款名叫"椰脉"牌椰子汁的商标标识很容易使消费者误认为是"椰树"牌椰子汁。据了解，该产品是由海南某公司委托广东某食品公司生产的一款饮品。椰树集团以"椰树"牌商标为驰名商标，海南某公司、广东某食品公司侵犯其商标权及商标特有的包装、装潢为由，起诉该两公司。而该两公司则表明，商标中"脉"与"树"两个字不仅在结构上不一样，两个字在包装上所占的面积都比较大，并不会误导消费者，因此，并不存在侵权行为。

在审理中，法官比较了"椰脉"牌椰子汁与"椰树"牌椰子汁的外包装，发现两者不仅均为纸质外包装，而且都由黄、蓝、黑、红、白5种颜色组成，商标也同为纵向排列，字体颜色、字体底色均相同，唯一不同是非楷体的经过加工的"椰脉"两字。另外，两款椰子汁的净含量、外包装大小、形状也几乎一样，容易误导消费者。最终法院认定被告两公司的行为已经侵害了椰树集团的商标专用权，理应承担相应的侵权责任。海口市中级人民法院一审判令被告两公司停止生产、销售涉案侵害椰树集团"椰树"注册商标专用权的椰子汁，赔偿椰树集团经济损失10万元。

> [案例点评]

在该案中，椰树集团拥有第1575561号"椰树"注册商标专用权，海南某公司委托广东某食品公司生产的饮品与椰树集团产品的外包装以及形状等几乎一样，侵犯了椰树集团的注册商标专用权。被告的行为违反了《商标法》第57条的规定，因此该公司应当停止侵权行为并赔偿椰树集团相应损失。

---

[1] 盘点商标侵权典型案例：包装雷同、一字之差！［EB/OL］．（2019-04-29）［2021-01-30］．https：//mparticle.uc.cn/article.html? uc_param_str = frdnsnpfvecpntnwprdssskt&btifl = 100&app = smds – iflow&title_type = 1&wm_id = 5fe3aab35ef44e75a174db359af87b6b&wm_cid = 286211047739260256&pagetype = share&client = &uc_share_depth = 1.

(二) 商标侵权行为的法律责任

根据我国《商标法》等相关法律规定，侵犯商标权应承担的法律责任分为民事责任、行政责任和刑事责任。

1. 民事责任

我国《民法典》侵权责任编、《商标法》等都有规定。我国《商标法》第63条规定，侵犯商标专用权的赔偿数额，按照权利人因被侵权所受到的实际损失确定；实际损失难以确定的，可以按照侵权人因侵权所获得的利益确定；权利人的损失或者侵权人获得的利益难以确定的，参照该商标许可使用费的倍数合理确定。对恶意侵犯商标专用权，情节严重的，可以在按照上述方法确定数额的1倍以上5倍以下确定赔偿数额。赔偿数额应当包括权利人为制止侵权行为所支付的合理开支。

对于商标侵权的民事赔偿，需要注意两点。

(1) 侵权损害赔偿数额计算方法上具有可选择性

商标侵权损害赔偿数额的计算方法有两种，一是侵权人在侵权期间因侵权所获得的利益，二是被侵权人在被侵权期间因被侵权所受到的损失。人民法院依据商标法规定确定侵权人的赔偿责任时，可以根据权利人选择的计算方法计算赔偿数额。

(2) 侵权损害赔偿数额的具体计算方法具有法定性

在要求侵权人承担侵权损害赔偿时，当事人计算侵权损害赔偿数额的法定性主要表现如下：①当事人若选择以侵权人在侵权期间因侵权所获得的利益为赔偿数额，那么，依据法律规定，计算"侵权所获得的利益"时，可以根据侵权商品销售量与该商品单位利润乘积计算；该商品单位利润无法查明的，按照注册商标商品的单位利润计算。②当事人若选择以侵权人在侵权期间因侵权所获得的利益为赔偿数额，那么，依据法律规定，确定"因被侵权所受到的损失"时，可以根据权利人因侵权所造成商品销售减少量或者侵权商品销售量与该注册商标商品的单位利润乘积计算。③侵权人因侵权所获得的利益或者被侵权人因被侵权所受到的损失均难以确定的，人民法院可以根据当事人的请求或者依职权，确定赔偿数额。④人民法院在确定赔偿数额时，应当考虑侵权行为的性质、期间、后果，商标的声誉，商标使用许可费的数额，商标使用许可的种类、时间、范围及制止侵权行为的合理开支等因素综合确定。2019年修改的《商标法》引入了惩罚性赔偿制度，规定对恶意侵犯商标专用权、情节严重的，可以在权利人因侵权受到的损失、侵权人因侵权获得的利益或者注册商标使用许可费的1倍以上5倍以下的范围内确定赔偿数额。同时，2019年《商标法》将在上述三种依据都无法查清的情况下法院可以酌情决定的法定赔偿额上限从 50 万元提高到 500 万元。

> 典型案例

阿迪达斯公司与阮某公司等侵害商标权纠纷案❶

阿迪达斯公司拥有"adidas"系列商标权，且知名度高。阮某等人出资注册成立的公司于 2015~2017 年先后三次被行政部门查获侵犯阿迪达斯公司"adidas"系列商标权的鞋帮产品，并被处以行政处罚，累计侵权产品数量高达 17000 余双。阿迪达斯公司提起民事诉讼，请求适用惩罚性赔偿判令阮某公司赔偿经济损失 2641695.89 元。

温州市中级人民法院认为，阮某公司主观恶意非常明显，被诉侵权行为持续时间长，后果恶劣，属于情节严重的情形。该院选取 189 元/双正品鞋单价作为计算依据，采信阿迪达斯公司提供的 2017 年度会计报表所显示的 50.4% 的毛利润率，并将阮某公司第三次被查获的 6050 双鞋帮产品计算为销售量；又考虑被诉侵权产品均为鞋帮产品，并非成品鞋，尚不能直接用于消费领域，酌情扣减 40%，最终以阿迪达斯公司经济损失 345779.28 元的 3 倍确定了 1037337.84 元的赔偿数额。

> 案例点评

该案中，阿迪达斯公司拥有"adidas"系列商标权，阮某公司先后多次生产侵犯阿迪达斯公司商标权的产品，主观恶意明显，影响较为恶劣，给阿迪达斯公司造成了重大损失。因此，根据我国《商标法》第 63 条规定适用惩罚性赔偿制度，以阿迪达斯公司经济损失的 3 倍确定赔偿数额是恰当的。

2. 行政责任

根据我国《商标法》第 60 条，因侵犯注册商标专用权行为，引起纠纷的，由当事人协商解决；不愿协商或协商不成的，商标注册人或利害关系人可以向人民法院起诉，也可请求工商行政管理部门处理。工商行政管理部门依照《商标法》及其他相关规定查处侵犯商标专用权行为。

（1）商标侵权行为的行政查处程序

工商行政管理部门在接到商标注册人的控告或其他任何人的检举或者在检查中

---

❶ 浙江省温州市中级人民法院（2020）浙 03 民终 161 号民事判决书。

发现有侵犯商标专用权行为，以及其他部门移送的案件，均应依照职权调查核实，依法处理，对已经发生的侵犯商标权行为，经审查认为有侵权事实的存在，需要给予行政处罚，属于依职权的管辖范围，且人民法院尚未受理该案件，应当立案。工商行政管理部门对侵犯注册商标专用权的行为，有权依法查处；涉嫌犯罪的，应当及时移送司法机关处理。

（2）商标侵权行为的行政查处职权

县级以上工商行政管理部门根据已经取得的违法嫌疑证据或者举报，对涉嫌侵犯他人注册商标专用权的行为进行查处时，可以行使下列内容的职权：

①询问有关当事人，调查与侵犯他人注册商标专用权有关的情况；②查阅、复制当事人与侵权活动有关的合同、发票、账簿以及其他有关资料；③对当事人涉嫌从事侵犯他人注册商标专用权活动的场所实施现场检查；④检查与侵权活动有关的物品；对有证据证明是侵犯他人注册商标专用权的物品，可以查封或者扣押。工商行政管理部门在行使前述职权时，有关当事人应当予以协助、配合，不得拒绝、阻挠。

（3）商标侵权行为的行政处罚

依据我国《商标法》第 60 条规定，工商行政管理部门处理时，认定侵权行为成立的，责令立即停止侵权行为，没收、销毁侵权商品和主要用于制造侵权商品、伪造注册商标标识的工具，违法经营额 5 万元以上的，可以处违法经营额 5 倍以下的罚款，没有违法经营额或者违法经营额不足 5 万元的，可以处 25 万元以下的罚款。对 5 年内实施两次以上商标侵权行为或者有其他严重情节的，应当从重处罚。销售不知道是侵犯注册商标专用权的商品，能证明该商品是自己合法取得并说明提供者的，由工商行政管理部门责令停止销售。

当然，当事人对行政处理决定不服的，可以在法定期限内依法申请行政复议或者提起行政诉讼。

> 典型案例

常德市鼎城区某管材经营部侵犯"LESSO 联塑"注册商标专用权案[1]

2018 年 4 月 27 日，广东联塑科技实业有限公司向办案机关举报，称当事人常

---

[1] 2018 年度商标行政保护十大典型案例 [EB/OL]．（2019 - 05 - 24）[2021 - 01 - 30]．https：//www.sohu.com/a/316298462_99919423．

德某管材经营部销售侵犯"LESSO 联塑"注册商标专用权的管材及配件系列产品。办案人员对当事人及租赁仓库进行检查,发现仓库内存放有 22 种规格型号标注"LESSO 联塑"商标及"广东联塑科技实业有限公司"等字样的管材及配件产品,经商标权利人确认属于假冒产品。

经查,当事人于 2018 年 1 月从一不知姓名的业务推销员手中购进一批号称某建筑工地未使用完且标注"LESSO 联塑"字样的系列管材及配件处理品。截至被查处时,当事人已销售上述同类标注"LESSO 联塑"字样的管材及配件获销售款 1.6058 万元。当事人租赁仓库内存放待售的 22 种规格型号"LESSO 联塑"管材及配件商品货值金额为 8.4042 万元。

"LESSO 联塑"是广东联塑科技实业有限公司注册在第 11 类和第 17 类上的商标。2018 年 5 月 31 日,办案机关认定当事人的行为构成我国《商标法》第 57 条第(3)项的侵权行为,依据《商标法》第 60 条第 2 款规定,对当事人作出责令立即停止上述侵权行为,没收、销毁侵权商品并罚款 35 万元的行政处罚。

案例点评

常德某管材经营部销售侵犯广东联塑科技实业有限公司注册商标的产品,该行为违反了我国《商标法》第 57 条规定,给商标权所有人造成了较大损失。商标权所有人的商标专用权受到损害,应当依法对侵权人作出处罚,保护商标权所有人的商标专用权。

3. 刑事责任

根据我国《商标法》第 67 条和《刑法》第 213~215 条的规定,侵犯注册商标权构成犯罪的有:假冒注册商标罪,销售假冒注册商标的商品罪,非法制造、销售非法制造的注册商标标识罪。上述犯罪侵犯的客体都是注册商标专用权,可将其统称为侵犯注册商标罪。这些犯罪都是为牟取非法利益,故意违反商标法,严重侵犯商标注册人的合法权益,破坏社会经济正常秩序的行为。

(1)假冒注册商标罪

假冒注册商标罪是指违反国家商标管理法规,未经注册商标所有人许可,在同一种商品上使用与其注册商标相同的商标,情节严重的行为。我国《刑法》第 213 条规定"未经注册商标所有人许可,在同一种商品、服务上使用与其注册商标相同的商标,情节严重的,处三年以下有期徒刑,并处或者单处罚金;情节特别严重的,处三年以上十年以下有期徒刑,并处罚金。"此处"相同的商标",是指与被假冒的注册商标完全相同，或者与被假冒的注册商标在视觉上基本无差别、足以对公众产生误导的商标。此处的"使用"，是指将注册商标或者假冒的注册商标用于商品、商品包装或者容器以及产品说明书、商品交易文书，或者将注册商标或者假冒的注册商标用于广告宣传、展览以及其他商业活动等行为。

典型案例

徐某侵犯"阿尔卑斯"注册商标专用权案[1]

2018年1月24日，原江西省南昌市新建区市场和质量监督管理局接到不凡帝范梅勒糖果（中国）有限公司举报，反映徐某涉嫌生产销售假冒"阿尔卑斯"品牌糖果。接到举报，该局联合南昌市公安局新建分局对徐某依法进行检查。

经查，从2017年12月中旬起，当事人徐某在未取得食品生产许可证、营业执照和不凡帝范梅勒糖果（中国）有限公司授权许可的情况下，擅自生产加工假冒"阿尔卑斯"品牌系列糖果。执法人员在徐某自家作坊内，现场查获假冒"阿尔卑斯"成品糖果628箱和半成品原材料506箱，至案发时已销售52箱。执法人员依据《行政强制法》有关规定和《商标法》的规定，对现场查获的628箱假冒"阿尔卑斯"成品糖果、还未使用的506箱半成品裸装硬糖以及包装袋、包装纸依法予以扣押，并现场查封该作坊内的生产设备。经计算，该案案值为15.9738万元。2018年2月8日，办案机关将该案移送公安机关。

2018年9月5日和12月25日，人民法院分别作出刑事判决和刑事裁定：判处当事人有期徒刑7个月，并处罚金2万元，假冒"阿尔卑斯"糖果、包装机、包装袋、包装箱等涉案物品予以没收。

案例点评

该案系一起侵犯商标权案件，当事人徐某在未取得不凡帝范梅勒糖果（中国）有限公司授权许可的情况下，生产加工假冒"阿尔卑斯"品牌系列糖果，侵犯了不凡帝范梅勒糖果（中国）有限公司对其商标的专用权，违反了我国《商标法》第57条规定。该案涉案金额较大，依法对其进行处罚是必要的。

---

[1] 2018年度商标行政保护十大典型案例［EB/OL］．（2019-05-24）［2021-01-30］．https://www.sohu.com/a/316298462_99919423．

典型案例

曹某假冒注册商标案[1]

被害单位广东某科技有限公司主要从事儿童电话手表的生产销售。曹某在未经授权情况下冒用该公司网站并销售假冒该公司注册商标的儿童电话手表。2017年3月24日，曹某因涉嫌假冒注册商标罪，被江阴市公安局取保候审。

2015年7~11月，曹某在未经广东某科技有限公司授权的情况下，使用假冒的广东某科技有限公司官方网站进行虚假宣传，接受网络订单，并定制印有广东某科技有限公司注册商标标识的包装盒、数据线，将无品牌儿童电话手表包装在其定制的包装盒后邮寄至全国各地销售。销售金额共计人民币10万余元，查获尚未销售的手表、包装盒等物品折合人民币共计1.9万余元。

2017年6月27日，江阴市公安局以曹某涉嫌假冒注册商标罪向江阴市检察院移送审查起诉。江阴市检察院在办理该案中发现，曹某改变广东某科技有限公司注册商标字体，有"近似商标"的可能。在两次退回补充侦查、就注册商标等式样进行补证后，江阴市人民检察院审查认为，该案中曹某未改变商标的实质内容，仅改变了商标的外在表现形态的行为，可以认定为"视觉上基本无差别、足以对公众产生误导"的"相同商标"，依法应当认定构成假冒注册商标罪。2017年12月14日，江阴市人民检察院以假冒注册商标罪依法对曹某提起公诉。2018年4月8日，法院以假冒注册商标罪，判处曹某有期徒刑9个月，缓刑1年。

注册商标系生产经营者生产产品或者提供服务的质量标志，是企业的无形资产，关系企业的商业信誉以及消费者在选择产品或者服务时的切身利益。对于未经授权的盗用、冒用注册商标的不正当竞争行为应当予以惩处。该案承办人员准确把握立法原意和司法解释精神，对于仅改变字体、横竖排列、文字间距等商标外在表现形态，而未改变商标实质内容的行为，依法认定为"相同商标"，从而有效避免机械理解导致对假冒注册商标类犯罪打击的疏漏。

案例点评

该案中，曹某在未经广东某科技有限公司授权的情况下冒用该公司网站并销售

---

[1] 曹某假冒注册商标案[EB/OL].（2019-07-02）[2021-01-30]. http://wxjy.jsjc.gov.cn/zt/fzsk/201907/t20190702_835840.shtml.

假冒该公司注册商标的儿童电话手表。广东某科技有限公司系该注册商标的所有权人，曹某销售假冒注册商标的儿童电话手表的行为，违反了《商标法》第67条的规定，并且构成假冒注册商标罪，应当依法保护广东某科技有限公司对该商标的专用权。

(2) 销售假冒注册商标的商品罪

销售假冒注册商标的商品罪是指违反国家商标管理法规，销售明知是假冒注册商标的商品，销售金额数额较大的行为。我国《刑法》第214条规定："销售明知是假冒注册商标的商品，违法所得数额较大或者有其他严重情节的，处三年以下有期徒刑，并处或者单处罚金；违法所得数额巨大或者有其他特别严重情节的，处三年以上十年以下有期徒刑，并处罚金。"

> 典型案例

张某某等销售假冒注册商标的商品案[1]

张某某于2005年1月，在淘宝网上注册成立"小志服饰"网上店铺，并开设支付宝账号及个人网络银行转账账号。从2005年7月至2008年1月，张某某从本市某服装市场低价购进假冒"JACK & JONES""LEE""LEVI'S""G-STAR"等品牌注册商标的服装在淘宝网上销售，销售金额共计人民币1557072.83元，上述款项均通过"小志服饰"支付宝账号转账汇入张某某开设在中国建设银行的账户内。

张某某的女友李某某自2007年8月起，在明知"小志服饰"网上店铺销售假冒注册商标的品牌服饰，仍协助张某某经营销售业务，其参与的销售金额共计人民币877950.02元。

2008年1月9日，公安人员接举报线索后找张某某调查时，张某某主动交代了全部犯罪事实，公安人员在其住处当场查获尚未出售的假冒"JACK & JONES""LEE""LEVI'S""G-STAR"等品牌注册商标的各类服饰1179件。当日，李某某主动至办案公安局投案。

该案经检察机关移送起诉到法院后，法院审理认定，被告人张某某单独或伙同被告人李某某，明知是假冒注册商标的商品而予以销售，销售金额巨大，其行为均已构成销售假冒注册商标的商品罪。人民检察院指控被告人张某某、李某某犯销售假冒注册商标的商品罪罪名成立。综合全案情节，判处张某某有期徒刑3年，缓刑

---

[1] 张某某等涉嫌销售假冒注册商标的商品案被判罚 [EB/OL]. (2015-10-19) [2021-01-30]. http://www.maxlaw.cn/l/20151019/831832640852.shtml.

3 年，并处罚金人民币 5 万元；判处李某某有期徒刑 1 年 6 个月，缓刑 1 年 6 个月，并处罚金人民币 2 万元，缴获的假冒注册商标的商品予以没收。

案例点评

该案中，张某某通过开设淘宝店铺的方式伙同李某某销售明知是假冒注册商标的商品的行为，违反了《商标法》第 67 条的规定，且该行为构成销售假冒注册商标的商品罪，应当依法处罚其侵权行为。

（3）非法制造、销售非法制造的注册商标标识罪

非法制造、销售非法制造的注册商标标识罪是指伪造、擅自制造他人注册商标标识，或者销售伪造、擅自制造的注册商标标识，情节严重的行为。我国《刑法》第 215 条规定："伪造、擅自制造他人注册商标标识或者销售伪造、擅自制造的注册商标标识，情节严重的，处三年以下有期徒刑，并处或者单处罚金；情节特别严重的，处三年以上十年以下有期徒刑，并处罚金。"

典型案例

非法制造注册商标标识罪案[1]

2016 年 8 月起，被告人李某某、巫某某等人未经商标权人授权，加工生产假冒"三星""华为"注册商标的手机玻璃面板，将排线贴附到手机盖板上。被告人李某某是该工厂的日常管理者，负责对工厂的机器设备进行调试以及对员工进行管理。被告人巫某某协助李某某管理工厂，每加工完成一个手机玻璃面板收取客户 1~1.8 元的加工费。2016 年 11 月 21 日，民警抓获被告人李某某、巫某某，并当场查获假冒"三星"手机玻璃面板 10100 个、"华为"手机玻璃面板 1200 个、销售单据 16 张及送货单 2 本。按被害单位报价计，所缴获面板共计价值人民币 648000 元。该案经过司法程序，最终二审法院判决李某某犯非法制造注册商标标识罪，判处有期徒刑 2 年，并处罚金人民币 5 万元；判决巫某某犯非法制造注册商标标识罪，判处有期徒刑一年，并处罚金人民币 6000 元。

对于侵犯假冒注册商标罪，销售假冒注册商标的商品罪，非法制造、销售非法制造的注册商标标识罪的，人民法院应当综合考虑犯罪的违法所得、非法经营数额、

---

[1] 广东省深圳市中级人民法院（2018）粤 03 刑终 655 号刑事判决书。

给权利人造成的损失、社会危害性等情节，依法判处罚金。

> **案例点评**

李某某、巫某某等人未经商标权人授权生产假冒"三星""华为"注册商标的手机玻璃面板，侵犯了"三星"等企业的商标权，给被侵权企业造成了较大的损失。李某某等人的行为违反了我国《商标法》第67条等规定，且构成非法制造注册商标标识罪，应当依法对其进行处罚。

二、驰名商标的保护

在我国，《商标法》及《商标法实施条例》均未对驰名商标作出法律界定。2014年7月3日公布的《驰名商标认定和保护规定》第2条规定，驰名商标是指在中国为相关公众所熟知的商标。《最高人民法院关于审理涉及驰名商标保护的民事纠纷案件应用法律若干问题的解释》第1条规定，驰名商标是指在中国境内为相关公众广为知晓的商标。

（一）驰名商标的特征

与普通商标相比，驰名商标具有下列主要特征。

（1）商标为相关公众所熟知；

驰名商标由于其在市场中有很高的知名度，也就有了强大的市场号召力和对顾客的吸引力，因此驰名商标商品的市场占有率较高。

（2）商标在市场上享有较高声誉；

（3）商标的使用时间较长。

商标的作用除了区分商品和服务的不同提供者之外，在经过一段时间的使用后，商标也成为某种商品或服务质量品质的代名词。不经过较长时间的使用，商标不易产生良好而持久的商业声誉与口碑。

（二）驰名商标的认定标准

要对驰名商标进行特殊保护，首先要正确认定驰名商标。驰名商标的认定需要有驰名商标的认定标准。驰名商标的认定标准，即驰名商标的构成条件。确定驰名商标的认定标准是驰名商标认定工作的核心。

根据我国《商标法》第14条的规定，认定驰名商标应当考虑下列5种因素：

（1）相关公众对该商标的知晓程度；

（2）该商标使用的持续时间；

（3）该商标的任何宣传工作的持续时间、程度和地理范围；

（4）该商标作为驰名商标受保护的记录；

驰名商标在过去被商标局或者人民法院认定为驰名商标而受到保护的，也可以作为认定驰名商标的一个重要方面。

（5）该商标驰名的其他因素。

根据司法实践，这些因素可以包括商标的美誉度、商标被故意侵权仿冒情况、使用商标商品或服务的市场占有率、商标许可使用情况等。❶

（三）驰名商标的特殊保护

1. 驰名商标特殊保护的范围

驰名商标特殊保护的范围，主要表现在法律扩大了驰名商标权利人的商标专用权范围。对于普通注册商标的商标专用权，其权利范围以核准注册的商标和核定使用的商品或服务为限；其禁止权范围延伸至权利人有权禁止与注册商标商品相同或者类似的商品或服务上使用与注册商标相同或者近似的商标。但是对于驰名商标，无论是已注册的还是未注册的驰名商标，都享有法律的特殊保护；这主要包括禁止在与已注册商标不相同或者不相类似的商品上作为商标使用，从而误导公众的行为，以及在未注册商标相同或者类似的商品上作为商标使用，从而容易导致混淆的行为。可见，已注册驰名商标权利人的禁止权范围大大超过了普通注册商标权利人的禁止权范围。因此，不同于普通注册商标，我国商标法律对未注册的驰名商标也赋予禁止权，从而使驰名商标实现了对商标的跨类保护。

2. 驰名商标特殊保护的方式

对驰名商标予以特殊保护的具体方式主要有下列5种。

（1）未注册的驰名商标享有禁止权

依据我国商标法律规定，普通商标只有经过注册才享有受商标法保护的禁止权。但是，对于驰名商标，虽未注册，也同样享有甚至超过了已经注册的普通商标的禁止权。我国《商标法》第13条第2款就规定，"就相同或者类似商品申请注册的商标是复制、摹仿或者翻译他人未在中国注册的驰名商标，容易导致混淆的，不予注

---

❶ 吕国强，李国泉. 驰名商标司法认定与保护的若干问题研究［J］. 法学，2009，（2）：145-149.

册并禁止使用。"

（2）已注册的驰名商标受到跨类保护

此处的"跨类保护"，集中表现于《商标法》第 13 条第 3 款的规定："就不相同或者不相类似商品申请注册的商标是复制、摹仿或者翻译他人已经在中国注册的驰名商标，误导公众，致使该驰名商标注册人的利益可能受到损害的，不予注册并禁止使用。"

（3）驰名商标所有人的特殊期限的排他权

此处"特殊期限的排他权"，是指驰名商标所有人或者利害关系人对于已经注册的商标提起争议的，不受《商标法》规定的 5 年期限的限制。已经注册的商标所有人如果认为在后注册的商标与自己的商标构成侵权，则应当在后注册的商标获得注册之日起 5 年内提起争议。根据我国《商标法》第 45 条的规定，对恶意注册的，驰名商标则不受此 5 年的限制。

（4）禁止将他人的驰名商标作为企业名称使用

依据 2003 年《驰名商标认定和保护规定》第 13 条的规定，"当事人认为他人将其驰名商标作为企业名称登记，可能欺骗公众或者对公众造成误解的，可以向企业名称登记主管机关申请撤销该企业名称登记，企业名称登记主管机关应当依照《企业名称登记管理规定》处理。"2014 年《驰名商标认定和保护规定》删除了此规定。

（5）禁止将他人的驰名商标作为域名注册使用

《最高人民法院关于审理涉及计算机网络域名民事纠纷案件适用法律若干问题的解释》第 6 条规定，人民法院审理域名纠纷案件，根据当事人的请求以及案件的具体情况，可以对涉及的注册商标是否驰名依法作出认定。但是，人民法院认定驰名商标要在具体案件的审理中，根据当事人的请求以及案件的具体情况进行；原告未提出主张的，或者根据案情无需对商标是否驰名予以认定的，人民法院不予认定。

第六节　商标权的利用与限制

一、商标权的许可

（一）商标权的使用许可类型

就商标权的具体使用许可方式而言，常见的使用许可方式有下列 3 种类型。

1. 普通使用许可

普通使用许可也被称为一般使用许可。许可人（商标注册人）授权被许可人在一定期限、地域范围内，在指定的商品上使用其注册商标。同时，商标权人自己可以在该地域范围内使用注册商标。在发生商标侵权行为时，经过许可人在普通使用许可合同中授权，被许可人可以自行提起诉讼。

2. 排他使用许可

许可人在约定的期间、地域和以约定的方式，将该注册商标仅许可一个被许可人使用，许可人依约定可以使用该注册商标但不得另行许可他人使用该注册商标。在发生商标侵权行为时，被许可人可以和许可人共同提起诉讼，也可以在许可人不起诉的情况下，以自己的名义独立提起诉讼。

3. 独占使用许可

许可人在约定的期间、地域和以约定的方式，将该注册商标仅许可一个被许可人使用，许可人依约定不得使用该注册商标。在发生商标侵权行为时，被许可人可以自行提起诉讼。

由上可见，在不同类型的使用许可方式中，商标权人的权利、义务以及可能获得的利益都不相同。因此，在行使商标使用许可权时，商标权人可根据不同情况选择不同的使用许可类型。

（二）商标使用许可合同

依据我国《商标法》和其他相关法律的规定，商标使用许可合同除了准确列明当事人双方的基本信息以外，还应当包括下列主要内容：

（1）许可使用的注册商标名称、注册证号码、核定使用注册商标的商品种类或者服务名称或简要内容、有效期；

（2）许可使用的种类、使用期限与地域范围；

（3）使用注册商标商品或者服务的质量标准；

（4）商标许可使用费的计算标准、支付方式与付款期限；

（5）许可使用的商标被侵权时的处理方式；

（6）违约责任；

（7）争端解决办法；

（8）其他事项。

除了上述约定内容以外，当事人双方还可以约定其他明确当事人双方权利与义务的事项。例如，当事人双方可以约定下列内容：商标使用许可合同的生效是否以向商标局备案为准;许可使用的商标权现有剩余的有效期届满时,许可人有无权利(或者义务)续展注册商标;许可人在商标使用许可合同期间有无权利注销注册商标或者向其他第三人转让注册商标;合同期限届满时,被许可人的商标商品的处理办法。

商标使用许可合同明确约定上述内容,有利于保护商标许可合同双方当事人的合法权益,保障交易安全,同时也有利于依法规范商标许可行为。

(三)商标权的使用许可程序

许可人和被许可人在达成注册商标使用许可事项的共识时,应当签订书面商标使用许可合同。除此以外,当事人双方还应按照我国商标法律法规的要求履行必要的程序。

我国《商标法》第43条第3款明确规定"许可他人使用其注册商标的,许可人应当将其商标使用许可报商标局备案,由商标局公告。商标使用许可未经备案不得对抗善意第三人"。对于备案的主体、时间、备案的机关,我国《商标法实施条例》第69条规定,"许可他人使用其注册商标的,许可人应当在许可合同有效期内向商标局备案并报送备案材料。备案材料应当说明注册商标使用许可人、被许可人、许可期限、许可使用的商品或者服务范围等事项。"

二、商标权的转让

商标权的转让不同于有形财产权的转让,它关系到商品的来源和出处,涉及企业的信誉和声誉,因此需要一定的条件和程序要求。

(一)注册商标转让的条件

在我国,注册商标转让时,应符合下列条件。

1. 转让的商标为注册商标

我国《商标法》规定的转让商标限为注册商标。并且,用以转让的注册商标在注册有效期内,未被注销、撤销,未被法院查封,未被质押或者虽已质押,但质权人书面同意转让。

2. 转让人是注册商标的合法权利人

我国《商标法》第5条规定,两个以上的自然人、法人或者其他组织可以共同向商标局申请注册同一商标,共同享有和行使该商标专用权。在注册商标为共有的情况下，要求所有共有人同意转让。

3. 受让人具备商标法规定的主体资格

受让人必须符合商标法有关主体资格的规定，即从事生产、制造、加工、拣选和经销商品或是提供服务的自然人、法人或者其他组织。转让国家规定必须使用注册商标的商品的商标，受让人应当提供有关主管部门许可经营的批准证明文件。若受让人不能提供相应证明，则应认定为受让人不具备受让主体资格。

4. 转让人必须将其在同一种或者类似商品上注册的相同或者近似的商标一并转让，不得部分转让

我国《商标法》第42条第2款规定："转让注册商标的，商标注册人对其在同一种商品上注册的近似的商标，或者在类似商品上注册的相同或者近似的商标，应当一并转让"。我国《商标法实施条例》也对注册商标部分转让作了禁止性的规定。

以上条件，在注册商标权人转让其商标时，需同时满足，缺一不可。

（二）注册商标转让合同

注册商标转让合同的主要内容包括：

（1）转让人与受让人的名称（姓名）、地址；

（2）注册商标名称及所使用商品或者服务的种类、名称；

（3）注册商标证号码及有效期；

（4）受让注册商标商品或者服务的质量标准（我国《商标法》第42条规定"受让人应当保证使用该注册商标的商品质量"）；

（5）转让费及支付方式；

（6）转让合同的有效期限；

（7）违约责任；

（8）争议解决方式；

（9）当事人双方认为需要在合同中约定的其他事项。

（三）注册商标转让的程序

我国商标法对注册商标的转让采取申请核准制。受让人在与转让人签订商标转让合同之后，还必须共同向国家商标局办理商标的转让申请手续，经国家商标局核准转让后，才能成为商标的真正权利人。否则，该商标转让合同无效。具体而言，注册商标通过转让合同转让时，应遵循下列程序：

（1）转让人和受让人订立注册商标转让合同；

(2) 转让人和受让人应当共同向商标局提交转让注册商标申请书；

(3) 受让人办理转让注册商标申请手续；

转让注册商标申请手续包括转让注册商标申请书、注册商标证原件（或者证明商标准用证原件）、申请费、注册费以及受让人身份证明。

(4) 商标局审查与核准。

商标局核准转让注册商标申请后，发给受让人相应证明，并予以公告。

(四) 注册商标转让的限制

注册商标转让时，以下4种情形需要受到限制。

(1) 对转让人在同一种或者类似商品上注册的相同或者近似的商标，应当一并转让；未一并转让的，由商标局通知其限期改正；期满不改正的，视为放弃转让该注册商标的申请，商标局应当书面通知申请人。

(2) 联合商标不得分开转让。如果联合商标进行分开转让，会产生两个商标所有人在同种商品上使用近似商标的情形，造成商品混淆，从而误导消费者。

(3) 集体商标和证明商标的受让主体受到一定限制。依据《集体商标、证明商标注册和管理办法》第16条之规定，集体商标、证明商标发生移转的，权利继受人应当具备相应的主体资格，并符合商标法、商标法实施条例和该办法的规定。转让集体商标的，受让人应当附送主体资格证明文件并应当详细说明该集体组织成员的名称和地址，以地理标志作为集体商标转让的，还应当附送主体资格证明文件并应当详细说明其所具有的或者其委托的机构具有的专业技术人员、专业检测设备等情况，以表明其具有监督使用该地理标志商品的特定品质的能力。转让证明商标的，受让人应当提供由有关主管部门出具的说明申请人对某种商品或服务的特定品质具备检测和监督能力的证明文件。转让证明商标的，受让人应当附送主体资格证明文件并应当详细说明其所具有的或者其委托的机构具有的专业技术人员、专业检测设备等情况，以表明其具有监督该证明商标所证明的特定商品品质的能力。

(4) 共同所有的商标不得私自转让。当共同所有的注册商标需要转让时，共有人应当协商一致同意转让，否则，任何一方转让注册商标的行为构成无权处分。

(五) 注册商标转让后的法律后果

转让人依法将其注册商标转让给受让人的，商标局核准转让注册商标申请后，发给受让人核准转让注册商标证明，该证明上标注的日期即为转让注册的生效日期（也就是公告日期），同时发布转让注册公告，受让人自公告之日起享有商标专用权。受让人享有的注册商标的有效期限,为该注册商标剩余的有效期限减去已经过去的时间。受让人在使用该被转让商标时,应将原商标注册证与核准转让注册商标证明一并使用。受让人应当保证使用该注册商标的商品质量。转让人不再对该注册商标专用权享有任何权利。

三、商标权的质押

(一) 商标权质押概述

商标权质押是指注册商标权人以债务人或者第三人身份将自己拥有的、依法可以转让的商标专用权作为债务履行的担保,当债务人不履行到期债务时,债权人有权依照法律规定,以该商标专用权折价或以拍卖、变卖该商标专用权的价款优先受偿。注册商标权人(债务人或者第三人)为出质人,债权人为质权人,商标专用权为质物。

我国《民法典》第444条规定了有权处分的商标专用权可以成为权利质押的客体。此外,2020年4月22日国家知识产权局第358号公告发布的《注册商标专用权质押登记程序规定》也对商标专用权质押登记等有关问题作出了法律规定。

(二) 商标专用权质押合同

商标专用权质押合同应当包括以下常见内容。

1. 出质人与质权人的名称(姓名)、地址

当事人双方基本信息的确定,有利于日后正常履行合同及因本合同产生分歧时双方及时沟通。

2. 质押的原因和目的

质押商标专用权的原因很多,为了贷款融资,还是为了担保其他债务的履行。若为贷款,需明确贷款的数额;若为其他债务,需明确被担保债权的种类和数额。同时,合同还应明确债务人履行债务的期限。这些内容,均可被认定为商标专用权质押的原因和目的。

3. 出质的商标及质押的期限

当事人双方应在合同上准确陈述用以质押的商标专用权的名称、质押期限。若在质押期间,许可使用的商标权有效期届满时,商标权人有义务续展注册商标,还是另行提供担保。

4. 出质商标专用权的价值及国家商标管理部门指定的商标评估机构的评估报告

用以质押的商标专用权的价值依法评估并经当事人双方认可是履行合同的前提和根本，也是以后产生纠纷时守约方维权要求经济赔偿的重要参考依据。

5. 当事人约定的与该质押商标有关的其他事项

这些事项包括当事人双方约定的违约责任、因本合同产生纠纷时的解决办法等。

（三）商标权的质押程序

若商标权人需要质押其商标权，应履行下列法定程序要求。

1. 审查并确保用以质押的商标权是否符合质押的条件

若用以质押的商标权有任何下列原因之一的，则该商标权不得质押：（1）出质人不是商标专用权合法所有人的；（2）商标专用权归属不明确的；（3）其他不符合法律法规规定的。当然，用以质押的商标权已经质押，而其质押的价值刚好为债务担保数额，则依据我国《民法典》规定的担保条款，这样的商标权不宜再次质押。简言之，确定是可以依法转让的商标权的情况下，方可进行质押。

2. 订立书面商标专用权质押合同

商标专用权质押合同必须采取书面形式，以利于向有关部门登记，也有利于确定双方当事人的权利义务。

3. 向商标管理部门办理出质登记

以依法可以转让的商标专用权出质的，出质人和质权人应当于订立书面协议之日起20日内，向商标管理部门即国家知识产权局办理出质登记，领取商标专用权质押登记证。

4. 出质登记以后的变更及其他

申请人名称、地址发生变更及因主债权债务转移或者其他原因而发生质押转移的，当事人应当办理商标专用权质押变更登记、补充登记或者重新登记。申请变更登记或者补充登记，应当提交变更的证明和登记机关发给的商标专用权质押登记证。

（四）商标权质押后的法律后果

商标权依法质押以后，将产生以下两项主要法律后果。

1. 出质人行使商标专用权受到一定限制

商标权依法质押以后，出质人不得擅自转让或者许可他人使用，但经出质人与质权人协商同意的除外。商标专用权依法质押以后，尽管出质人仍然享有所有权，但是，其所有权的行使要受到质权人对该注册商标享有的质权的限制。如果不加限制，允许出质人转让或者许可他人使用出质的商标专用权，无论是有偿形式还是无偿形式，都是损害质权人利益的行为。因此，未经质权人同意，出质人擅自转让或者许可他人使用已经出质的商标专用权的，应当认定为无效。当然，基于民事活动中当事人的意思自治原则，若质权人同意，则不在此限。

2. 出质人经同意后行使商标专用权所取得的款项支配权受到一定限制

经出质人与质权人协商同意时，出质人可以转让或者许可他人使用其注册商标；但是出质人转让或者许可他人使用出质的商标专用权所得的价款，应当向质权人提前清偿债务或者提存。

四、商标权的投资

通过商标权进行投资，需要对商标权的价值进行评估。根据现行《公司法》《公司注册资本登记管理规定》《资产评估准则——无形资产》等法律法规和规范性文件的规定，并参照国有资产的系统评估与管理办法，依法对商标权进行价值评估。

> 典型案例

青海某公司与北京某公司商标权出资纠纷案[1]

2002年10月30日，青海某公司在青海省工商行政管理局生物科技产业园工商行政管理分局登记成立，企业类型为有限责任公司。受北京某公司委托，2009年11月27日，北京一评估公司对北京某公司拥有的"一种以菊芋或菊苣为原料制造菊粉的新方法"发明专利及相关全套工业生产技术、"红菊芋"注册商标、"wede"注册商标3项无形资产作出168号评估报告。至评估基准日2009年9月30日，上述3项无形资产的评估结果为人民币1300万元，评估结论使用有效期为自评估基准日起1年。2010年4月9日，青海某公司作出股东会决议，同意北京某公司以上述3项无形资产向青海某公司增资，并以评估结果1300万元认定增资数额。嗣后，完成了无形资产的增资并依法变更工商登记。2014年12月30日，国家工商行政管理总局商标评审委员会作出商评字（2014）第0000115544号商标无效宣告请求裁定书，宣

---

[1] 最高法案例：以商标权和专利权出资后被宣告无效的，出资人不承担补足出资责任［EB/OL］. (2020-04-28) [2021-01-30]. https://m.sohu.com/a/391750465_100261808.

告"红菊芋"商标无效并进行了公告。2016年2月25日，国家知识产权局专利复审委员会作出第27799号无效宣告请求审查决定书，宣告第03119619.5号发明专利权（"一种以菊芋或菊苣为原料制造菊粉的新方法"）无效并进行了公告。"wede"注册商标仍在有效期内。

> **案例点评**

根据我国《公司法》第27条的规定，股东可以用知识产权等作价出资，北京某公司以其3项无形资产向青海某公司增资符合《公司法》规定，后"红菊芋"商标虽被宣告无效，但未有证据能证明北京某公司在评估时存在违法情形，且不能证明北京某公司存在主观恶意。因此，根据我国《最高人民法院关于适用〈中华人民共和国公司法〉若干问题的规定（三）》第15条规定，出资人以符合法定条件的非货币财产出资后，因市场变化或者其他客观因素导致出资财产贬值，公司、其他股东或者公司债权人请求该出资人承担补足出资责任的，人民法院不予支持。但是，当事人另有约定的除外。因此，北京某公司不需要承担补足出资以及赔偿损失责任。

五、商标权的限制

商标权的限制主要有商标的合理使用、权利用尽、非商业使用、平行进口、连带使用、商标先用权等。

（一）合理使用

合理使用，是指在法律规定的情况下，他人善意使用与注册商标相同或类似的标记的行为。这种使用应当不致引起公众的混淆或误认；商标权人不能以其享有商标权为由禁止他人的这种使用。换言之，合理使用不被视为侵犯商标专用权。

我国《商标法》虽然没有直接规定合理使用，但有相关涉及合理使用的内容。《商标法》第59条第1款规定："注册商标中含有的本商品的通用名称、图形、型号，或者直接表示商品的质量、主要原料、功能、用途、重量、数量及其他特点，或者含有地名，注册商标专用权人无权禁止他人正当使用。"

认定商标的合理使用应符合下列条件：

（1）使用人主观上是善意的；

(2) 从客观上看使用人不会造成注册商标混淆或误认;
(3) 使用人在后果上不会造成社会利益的损害或者第三人利益的损失。
以上三个条件必须同时具备,缺一不可,方可认定为商标的合理使用。

(二) 权利用尽

商标权权利用尽,也称权利穷竭,是指使用注册商标的商品如经商标权人或经其同意的被许可人以合法的方式投放市场销售或者转让,商标权人就无权禁止他人在市场上再次销售或使用标有该注册商标的产品。

(三) 非商业使用

商标的合理使用普遍存在于非商业领域之中。非商业使用是指对商标的使用不是以营利为目的,而是以报道时事新闻、新闻评述等为目的,或者以学术研究和创作为目的而在作品中使用等非商业领域使用目的。

常见的非商业使用情况表现如下。

1. 正常新闻、评论中使用商标

商标在正常新闻与评论中的非商业使用,表现在时事新闻报道或者评论过程中引用注册商标进行报道或客观评论,这属于对他人商标的合理使用;不属于商标侵权行为。但是,如果新闻报道严重失实、批评不当,构成新闻侵权的,被引用商标的所有权人可以依法维护自己的名誉权。

2. 学术研究中使用商标

商标在学术研究中的非商业使用,表现在出于学术研究目的,在作品或者研究中使用了他人的注册商标,这也属于商标的合理使用。原因在于,学术研究中的商标使用实际上未涉及商业利益,更不会造成商品或者服务的混淆或者误认。因此,这种使用不能被认定为商标侵权行为。

3. 滑稽模仿中的合理使用

滑稽模仿是社会评论和文学批评中使用幽默方式表达对某种事物或者现象的看法。商标在滑稽模仿中的非商业使用,表现在许多演员或者作家引用某些商标符号来针砭时弊,进行艺术创作,讽刺某种社会现象。对商标的这种使用属于非商业活动中的使用,不会混淆该注册商标商品或者服务,所以仍属于对商标的合理使用,不构成商标侵权行为。在滑稽模仿中使用驰名商标时,使用人不应造成对驰名商标声誉的损害;若造成损害的,则商标权人可以依法禁止使用。

第七节　商标检索

一、商标检索的意义

商标检索是申请商标注册的必经程序，主要是对商标申请是否符合商标法的规定进行的检索，以确定拟注册商标是否同他人在同一种商品、服务或者类似商品、服务上已经注册的或者初步审定的商标相同或近似。在申请注册商标之前进行商标检索，尽早地了解自己将要申请注册的商标是否符合商标法有关规定或者与他人在同一种商品或者类似商品上已经注册的或者初步审定的商标相同或者近似，对提高申请注册商标的成功率具有重要意义。

二、商标检索的步骤方法

（一）根据申请需求确定查询商标和类别

依据尼斯分类，商标申请按用途划分为商品类（1～34类）和服务类（35～45类），共45类，尼斯分类每年都有小的修改。指定使用在商品上的商标为商品商标，指定使用在服务上的商标为服务商标。申请人可自己在国家知识产权局商标局的商标查询系统❶上进行查询，也可委托专业代理机构通过大白兔、国方等专业商标查询系统进行查询。

（二）查询商标是否具有不良影响

进行商标注册申请时，也要考虑名称是否有不良影响。是否存在涉及种族歧视、破坏宗教信仰、破坏公序良俗、有损道德风尚等问题。如果存在这些问题，就可能被驳回。

（三）查询商标的在先相同或近似

申请人在设计产品名称时，应该事先做好商标检索的分析工作，考虑商标注册

---

❶ 中国商标网 http：http：//sbj.cnipa.gov.cn.

成功的可能性。如果通过商标检索，发现在相同或类似商品服务上已有相同或近似商标申请的，申请人就应当根据市场需求考虑更改商标设计或者名称。

(四) 查询商标的显著性

商标的显著性是指商标应当具备的足以使相关公众区分商品来源的特征。以下3种就属于缺乏显著性的情形：

（1）仅有本商品的通用名称、图形、型号的；

（2）仅直接表示商品的质量、主要原料、功能、用途、重量、数量及其他特点的；

（3）其他缺乏显著特征的，如过于简单的线条、普通的几何图形都无法注册成为商标。

(五) 查询结果的分析及筛选

通过商标检索得到的检索结果，还需要专业人士根据《商标审查及审理标准》对商标相同或近似进行判断，根据尼斯分类对类别群组相同或近似进行判断，最终确定商标注册申请的具体名称、类别和具体商品（服务）。

三、商标检索的缺陷

(一) 可能存在的查询准确性缺陷

查询的准确性无法得到绝对的保障。任何国家和机构都不保证查询的绝对准确性，造成这种情况的原因主要是供查询的档案不够完备、不够准确以及检索人员对商标近似的审查尺度把握不准确，将应该被视为近似的商标视为不近似而不予报告，不应被视为近似的却判断为近似。

(二) 查询范围的局限

从查询的范围上看，某些国家只能查询文字及数字商标，不能查询图形商标。相对说来，文字及数字商标的查询比较简单，而图形商标的查询工作量大且难度较高，部分国家不接受关于图形商标的查询。

（三）查询时间的局限

新提交的申请要经过一段时间才能供人查询，因为新提交的申请通常要等数周才能获得官方的收据；而申请日期、申请号、商标图样、商品、申请人名称和地址等信息要在官方收据发出后才能被输入数据库或记录在商标文献库内。因此，有一部分提交不久的申请无法通过查询查出，而这部分申请就可能对查询人所要提交的申请构成障碍。

（四）优先权对查询的局限

我国《商标法》第32条也有损害他人现有的在先权利的规定。因此，有的商标申请可以通过要求优先权获得一个较早的申请时期，而要求优先权的申请可能对实际提交日期在前的商标申请构成障碍。

（五）跨类近似商标查询的局限

在我国注册的驰名商标直接享受跨类别的保护，对于这类商品，仅在一类商品上进行检索是不够的，需要在多个类别上进行检索才能尽量避免漏掉可能构成障碍的商标注册或申请。因此，跨类近似的商标较难查明，跨类近似商标的查询也是商标检索的一大局限。

（六）未注册的驰名商标对查询的局限

我国《商标法》第13条规定，我国对未注册的驰名商标予以特别保护。申请注册的商标若在相同或类似的商品上与未注册的驰名商标相同或近似的，商标局不予注册并禁止使用。因此，未注册的驰名商标可能不在查询的范围内，无法通过商标数据库检索到，从而对商标查询造成一定的障碍。

第四章 著作权

第一节 著作权概述

一、什么是著作权

著作权,又称版权,是指作者或者其他著作权人依法对文学、艺术和科学作品所享有的各项专有权利的总称。

二、著作权的性质

著作权是一种民事权利,属于知识产权的一种,具有人身权和财产权双重性和可分性。

(一)著作权属于民事权利

著作权首先是一种民事权利。它是由民事法律调整的可转让的财产权,从而确立了著作权民事权利性质的地位。

(二)著作权属于知识产权

著作权是因作者创造出智力成果而得到的一种专有权利,是知识产权的一种,因此它和其他知识产权一样,具有严格的专有性、时间性和地域性。具体表现为未经著作权人同意或不符合法律规定的"合理使用""法定许可"等条件,任何人不得享有、行使作者的著作权。作者创作的作品,只在对其著作权予以保护的国家主权范围内和法律规定的著作权有效期限内方可获得法律保护。

(三) 著作权具有双重性和可分性

著作权具有人身权和财产权双重内容,既包含人身权利的内容,又包含财产权利的内容。人身权又包括发表权、署名权、修改权、保护作品完整权等内容;财产权包括复制权、发行权、出租权、展览权、表演权、放映权、广播权、信息网络传播权、摄制权、改编权、翻译权和汇编权等内容。著作权是二者的有机结合,具有双重性。对于著作权所包含的这些权利,著作权人可以单独行使其中的一种权利,也可以同时行使几种权利;可以整体权利行使,也可以个别权利行使。从这一角度理解,这说明著作权具有可分性。就著作权的人身权性质而言,它具有永久性和不可转让性;而著作权中的财产权具有有限性、可让与和可继承性等特点。

三、著作权的特征

著作权作为民事权利的一部分,它与其他民事权利具有共性;但是,也存在差异。

(一) 著作权客体的无形性

著作权是一种无形财产权,其客体是以文字、符号、颜色、声音、形象、数据、代码等表达某种思想情感或反映某种特定思想内容的信息。著作权的客体作为一种无形物,往往依附于作品作为其载体。其载体是有形的,载体所体现的思想信息却是无形的。著作权保护的是作品载体所体现的思想,而并不是保护作为有形物的载体本身。读者到书店购买一本书,得到的是有形物——书的所有权;但是,作为书所体现的思想内容的知识产权并没有转移给读者。作品载体所有权的转移,并不意味着作者著作权的转移。为此,我国《民法典》第600条规定:"出卖具有知识产权的标的物的,除法律另有规定或者当事人另有约定外,该标的物的知识产权不属于买受人。"

(二) 著作权权能的可分性和对象利用方式的特殊性

著作权具有权能的可分性。对于所有权不能就同一内容数次处分,而著作权的同一权能却可以处分多次。如同一作品则可以采取表演、展览、复制、广播、发行等多种特殊利用方式。因此,著作权的权能具有可分性,可以重复为多数人使用,其利用方式具有特殊性和广泛性。

(三) 著作权的有限性

一般财产所有权具有永恒性，只要有形财产不灭失，财产权将永远存在。但是，著作权具有有限性。著作权依法具有一定的保护期限，法定保护期届满，作品进入公共领域，成为人类共有的财富。

(四) 著作权具有人身和财产双重性

著作权具有人身权和财产权的双重属性，著作权具有人身依附性，而所有权则表现为单独的财产权性质。著作权人可以通过创作活动享有使用权并获得经济报酬，而且，同时享有因作品的智力活动而产生的人格、身份等没有直接经济内容的人身权。财产所有权则仅仅具有财产权的单一性质，而不包含所谓因财产所有权而产生的人身依附关系。

四、著作权法律制度的起源及发展

著作权起源于特许出版权，是由16世纪的英国国王以缴纳特权费为条件授予商人的一种垄断的印刷权，在当时还具有一定公权的意思。1709年人类历史上第一部著作权法——《安娜女王法》颁布，其承认作者本人是著作权保护的本源，对已出版的著作采取有期限的保护，明确了作者对其作品的支配权，确立了作者在这项权利中的主体核心地位，确认了其权利的性质为由民法调整的可转让的财产权。

我国著作权法律制度建立较晚。1910年清政府颁布了中国第一部著作权法——《大清著作权律》。1915年北洋军阀政府和1928年国民党政府亦分别制定了著作权法，但这些法律并未起到保护作者权利的作用。

1950年9月，全国出版工作会议通过的《关于改进和发展出版工作的决议》是中华人民共和国成立后，中国政府关于保护作者著作权的第一个政策性文件。《关于改进和发展出版工作的决议》为当时解决著作权问题提供了重要的政策依据。1953年，《出版总署关于纠正任意翻印图书现象的规定》又指出："一切机关团体不得擅自翻印出版社出版的图书图片，以尊重版权。"当时虽然国家承认著作权的存在，但是，对著作权概念的认识非常肤浅，并没有把它当作一项民事权利明确通过法律加以保护，只是在有关出版工作的行政性质的文件中提及作者的利益。

党的十一届三中全会后，第六届全国人民代表大会第四次会议上通过于1987年1月1日生效的《中华人民共和国民法通则》第94条规定："公民、法人享有著作权（版权），依法有署名、发表、出版、获得报酬等权利。"第118条规定："公民、法人的著作权（版权）……受到剽窃、篡改、假冒等侵害的，有权要求停止侵害，消除影响，赔偿损失。"这是中华人民共和国成立后首次将著作权保护写进国家民事法律中。《民法通则》中第一次明确规定公民、法人的著作权受法律保护，从而为我国的著作权立法奠定了坚实的基础。我国从1979年开始着手研究恢复建立著作权法律制度，经过长达11年的艰苦努力，1990年9月7日在第七届全国人民代表大会常务委员会第十五次会议上通过了《中华人民共和国著作权法》。该法于1991年6月1日起施行。同年5月30日颁布了《中华人民共和国著作权法实施条例》。在实施《著作权法》的第二年，我国于1992年决定同时加入《伯尔尼公约》和《世界版权公约》。按照《伯尔尼公约》和《世界版权公约》的规定，两个著作权国际公约分别于1992年10月15日和1992年10月30日对我国生效。从此，《伯尔尼公约》和《世界版权公约》成为我国著作权法律渊源的重要组成部分。2001年，我国加入了世界贸易组织（WTO），签订了包括《与贸易有关的知识产权协定》（TRIPS）在内的一系列协定。为了进一步完善我国的著作权保护制度，促进经济、科技和文化的发展繁荣，并适应我国加入世界贸易组织的进程，与TRIPS接轨，我国《著作权法》修改工作于2001年10月27日经第九届全国人民代表大会常务委员会第二十四次会议上通过完成。在2010年2月26日，为了履行世界贸易组织有关中美知识产权争端专家组裁定，我国对《著作权法》进行了第二次修改。2020年11月11日，我国对《著作权法》进行了第三次修改，并于2021年6月1日施行。自此，我国著作权法律制度向现代化迈出了重要的一步。目前，我国著作权法律依据主要见于我国《宪法》《民法典》《著作权法》《刑法》和诸如《著作权法实施条例》《计算机软件保护条例》《实施国际著作权条约的规定》等单行法规、行政条例以及最高人民法院的司法解释等文件中。我国参加的与著作权有关的知识产权国际条约和我国与其他国家签订的有关著作权保护的双边条约，也可以构成我国著作权法的法律渊源。由此可见，我国已建立基本完备的著作权法律保护制度。

第二节　著作权的主体

根据我国《著作权法》第9条的规定："著作权人包括：（一）作者；（二）其他依照本法享有著作权的自然人、法人或者非法人组织。"其他自然人、法人或其他非法人组织在一定条件下，基于特定的法律事实，如通过转让、继承、受赠等法律行为，也可以取得特定的发表权和财产权。此外，在特殊情况下，国家也可以享有著作权中的财产权，成为著作权的主体。著作权主体可以按照不同的方式进行分类，根据著作权的取得方式，可以分为原始主体与继受主体。

一、著作权主体的范围

根据我国《著作权法》第 11 条的规定，著作权属于作者，该法另有规定的除外。创作作品的自然人是作者。由法人或者非法人组织主持，代表法人或者非法人组织意志创作，并由法人或者非法人组织承担责任的作品，法人或者非法人组织视为作者。

（一）作者

1. 必须具有创作能力

作者需要掌握一定的知识和制作相应表现形式的技能和技巧。不同的作品，表现形式不同，不同的表现形式就需要不同的知识、技能和技巧。如果某一自然人缺乏一种作品的创作能力，就不会创作出作品来，著作权也就无从产生。

2. 必须从事创作活动

根据我国《著作权法实施条例》第 3 条的规定，著作权法所称创作，是指直接产生文学、艺术和科学作品的智力活动。只有具有创作能力，并把属于个人的思想、个性、理想、追求、情感融入了作品中的人，即参加了作品的全部创作过程并起主导作用的人，才成为作者。如果仅仅只是为他人创作进行组织工作，提供咨询意见、物质条件，或者进行其他辅助活动，均不视为创作。

3. 有作品产生

必须是通过创作活动形成了实实在在的具有著作权法意义上的作品。

4. 符合法律规定

创作的作品必须符合著作权法规定的范围和保护条件。从范围上看，创作的作品必须属于法律规定的文学、艺术和科学领域内的作品。从法律条件看，必须不是法律所禁止的。凡是违反宪法原则、有害于社会公德的反动、淫秽作品和其他法律、法规禁止出版、传播的作品，以及不属于文学、艺术和科学领域的作品均不受著作权法的保护。

（二）视为作者的法人、非法人组织

我国《著作权法》第 11 条第 3 款规定，由法人或者非法人组织主持，代表法人或者非法人组织意志创作，并由法人或者非法人组织承担责任的作品，法人或者非法人组织视为作者。根据这一规定，法人或者非法人组织被视为作者必须具备 3 个条件：

（1）作品必须由法人或非法人组织主持完成；

（2）创作成员创作的内容必须代表法人或非法人组织意志，整个作品的构思、框架、思想内容都应当是经过集体讨论研究，代表法人或非法人组织的意志；

（3）作品由法人或非法人组织承担相应的责任。

（三）其他原始著作权人

我国《著作权法》第 11 条第 1 款规定："著作权属于作者，本法另有规定的除外。"这种"另有规定的"指除了作者、视为作者的法人或者非法人组织之外的原始著作权人。

1. 电影、电视和录像作品的制作者

我国《著作权法》第 17 规定："视听作品中的电影作品、电视剧作品的著作权由制作者享有，但编剧、导演、摄影、作词、作曲等作者享有署名权，并有权按照与制作者签订的合同获得报酬。前款规定以外的视听作品的著作权归属由当事人约定；没有约定或者约定不明确的，由制作者享有，但作者享有署名权和获得报酬的权利。视听作品中的剧本、音乐等可以单独使用的作品的作者有权单独行使其著作权。"

2. 特定职务作品的法人或非法人组织

我国《著作权法》第 18 规定："自然人为完成法人或者非法人组织工作任务所创作的作品是职务作品，除本条第二款的规定以外，著作权由作者享有，但法人或者非法人组织有权在其业务范围内优先使用。作品完成两年内，未经单位同意，作者不得许可第三人以与单位使用的相同方式使用该作品。有下列情形之一的职务作品，作者享有署名权，著作权的其他权利由法人或者非法人组织享有，法人或者非法人组织可以给予作者奖励：（一）主要是利用法人或者非法人组织的物质技术条件创作，并由法人或者非法人组织承担责任的工程设计图、产品设计图、地图、示意图、计算机软件等职务作品；（二）报社、期刊社、通讯社、广播电台、电视台的工作人员创作的职务作品；（三）法律、行政法规规定或者合同约定著作权由法人或者非法人组织享有的职务作品。"

3. 委托作品按合同约定取得著作权的委托人

我国《著作权法》第19条规定："受委托创作的作品，著作权的归属由委托人和受托人通过合同约定。合同未作明确约定或者没有订立合同的，著作权属于受托人。"

4. 合作作品的权利主体

根据我国《著作权法》第14条的规定："两人以上合作创作的作品，著作权由合作作者共同享有。没有参加创作的人，不能成为合作作者。合作作品的著作权由合作作者通过协商一致行使；不能协商一致，又无正当理由的，任何一方不得阻止他方行使除转让、许可他人专有使用、出质以外的其他权利，但是所得收益应当合理分配给所有合作作者。合作作品可以分割使用的，作者对各自创作的部分可以单独享有著作权，但行使著作权时不得侵犯合作作品整体的著作权。"

5. 演绎作品的权利主体

根据我国《著作权法》第13条的规定，改编、翻译、注释、整理已有作品而产生的作品，其著作权由改编、翻译、注释、整理人享有。但演绎他人受著作权保护的作品时，应尊重原作品的著作权，行使著作权时不得侵犯原作品的著作权。

6. 汇编作品的权利主体

根据我国《著作权法》第15条的规定，汇编若干作品、作品的片段或者不构成作品的数据或者其他材料，对其内容的选择或者编排体现独创性的作品，为汇编作品，其著作权由汇编人享有，但行使著作权时，不得侵犯原作品的著作权。汇编作品的著作权由汇编人享有，但是汇编人在行使著作权时，不得侵犯原作品的著作权。

7. 美术等作品的权利主体

根据我国《著作权法》第20条的规定，美术等作品原件所有权的转移，不视为作品著作权的转移，美术等作品原件的展览权由原件所有人享有。

8. 计算机软件的权利主体

根据我国《计算机软件保护条例》第9条的规定，确定计算机软件的权利主体一般原则是"谁开发谁享有"。一般情况下，软件著作权属于软件开发者所有。除此之外，《计算机软件保护条例》第10~13条还规定了一些特殊情况。

（1）合作开发

根据我国《计算机软件保护条例》第10条的规定："由两个以上的自然人、法人或者其他组织合作开发的软件，其著作权的归属由合作开发者签订书面合同约定。无书面合同或者合同未作明确约定，合作开发的软件可以分割使用的，开发者对各自开发的部分可以单独享有著作权；但是，行使著作权时，不得扩展到合作开发的软件整体的著作权。合作开发的软件不能分割使用的，其著作权由各合作开发者共同享有，通过协商一致行使；不能协商一致，又无正当理由的，任何一方不得阻止他方行使除转让权以外的其他权利，但是所得收益应当合理分配给所有合作开发者。"

（2）委托开发

受他人委托开发的软件，由委托者与受委托者签订书面协议约定，如无书面协议或在协议中未明确约定的，其著作权属于受委托者。

（3）指令开发

为完成国家机关下达的任务而开发的软件，归属由项目任务书或合同规定；如未明确规定的，属于接受任务的单位。

（4）职务开发

自然人在法人或其他组织任职期间所开发的软件，是执行本职工作的结果，著作权属于该法人或其他组织。但可以对开发者予以奖励。

（四）国家作为著作权主体的情况

1. 因购买而成为著作权主体

即国家出于某种特殊的需要，从著作权人手中购买著作权，从而成为著作权法律关系的主体。

2. 接受赠送而成为著作权主体

即作者将其受保护的作品赠送给国家，国家接受其赠送而成为著作权主体。包括作者身前将作品原件及著作权中的财产权无偿转让给国家，或者将已发表的作品的著作权中的财产权无偿转让给国家。

3. 根据继承法的规定成为著作权主体

根据我国《民法典》继承编的规定，国家在以下几种情况下可以成为著作权主体。

（1）作者通过遗嘱方式将其全部或部分作品著作权中的财产权在他死后赠送给国家；

（2）作者死亡后，其作品著作权中的财产权无人继承又无人受赠，著作权中的财产权由国家享有；

（3）著作权属法人或非法人组织，法人或非法人组织变更、终止后，没有承受其权利与义务的法人或者非法人组织，著作权由国家享有。

（五）外国主体

依据我国《著作权法》的规定，外国人、无国籍人的作品根据其作者所属国或者经常居住地国同中国签订的协议或者共同参加的国际条约享有的著作权，受我国著作权法的保护。外国人、无国籍人的作品首先在中国境内出版的，依照我国著作权法享有著作权。未与中国签订协议或者共同参加国际条约的国家的作者以及无国籍人的作品首次在中国参加的国际条约的成员国出版的，或者在成员国和非成员国同时出版的，也受我国著作权法的保护。

二、著作权主体的类型

（一）原始主体

原始主体，是指在作品创作完成后，直接根据法律的规定或者合同的约定对文学、艺术和科学作品享有著作权的人，一般情况下为作者，特殊情况下作者以外的其他依照本法享有著作权的自然人、法人或者非法人组织也可能成为著作权的原始主体。

（二）继受主体

继受主体，是指通过受让、继承、受赠或法律规定的其他方式取得全部或一部分著作权的人。著作权中的财产权利可以通过继承、转让、赠与等方式发生转移，通过这些方式得到著作权的人称为著作权的继受主体。与原始主体相比较，继受主体不可能享有完整的著作权，而只是享有部分或全部的著作财产权。继受主体主要是通过以下方式取得著作权。

1. 通过转让而取得著作权

我国2020年修改后的《著作权法》规定，允许著作权中的财产权利通过许可或者转让的方式发生转移，著作权人既可转让全部的财产权利，也可转让部分的财产权利。文学、美术、照片等常见著作权作品，通常在商业领域进行转让的主要有使用权、展示权、复制权和发行权等。这些权利应当是相互独立的，尤其是使用权、复制权和发行权，获得了复制权并不一定就取得了发行权，获得了使用权也不一定取得了复制权和发行权。取得复制权、发行权等均需要明确的授权。总之，没有明确的授权不能认定为当然取得了某项权利。

2. 通过继承而取得著作权

著作权为自然人所享有时，著作权中的财产权可以根据继承的相关规定发生转移。我国《民法典》第 1122 条规定："遗产是自然人死亡时遗留的个人合法财产。依照法律规定或者根据其性质不得继承的遗产，不得继承。"其第 1133 规定："自然人可以立遗嘱将个人财产赠与国家、集体或者法定继承人以外的组织、个人。"我国《著作权法》第 21 条规定："著作权属于自然人的，自然人死亡后，其本法第十条第一款第五项至第十七项规定的权利在本法规定的保护期内，依法转移。著作权属于法人或者非法人组织的，法人或者非法人组织变更、终止后，其本法第十条第一款第五项至第十七项规定的权利在本法规定的保护期内，由承受其权利义务的法人或者非法人组织享有；没有承受其权利义务的法人或者非法人组织的，由国家享有。"

3. 通过接受赠与取得著作权

著作权的原始主体可以通过赠与的方式，将其著作权中的财产权赠与他人，其他人则可以通过受赠的方式获得部分著作权。

第三节　著作权的客体

一、著作权客体概述

（一）作品的概念

著作权的客体指的是作品。根据我国《著作权法》第 3 条的规定，本法所称的作品，是指文学、艺术和科学领域内具有独创性并能以一定形式表现的智力成果。

（二）作品成为著作权客体必备的条件

受著作权法保护的作品应当具备以下 5 个条件。

1. 独创性

独创性又称原创性或者初创性，指作品必须是作者独立构思，由作者创造性完成，不是抄袭、剽窃、篡改他人作品的创造性智力成果。

2. 属于文学、艺术和科学领域内的创作

只有文学、艺术和科学领域的创作作品才属于著作权的客体。

3. 有一定的表现形式

作者必须以一定的形式,如文字、言语、符号、声音、动作、色彩等表现形式将其思想表达出来,使他人能够感觉其思想的存在。否则,由于著作权保护表达,不保护思想,如果作者的思想不通过一定的表现形式反映出来,仅存在于内心世界中,他人无法感知,就不能称为作品。

4. 具有可复制性

根据我国《著作权法》第10条第1款第（5）项的规定："复制权,即以印刷、复印、拓印、录音、录像、翻录、数字化等方式将作品制作一份或者多份的权利。"

5. 不属于依法禁止出版、传播的作品

我国《著作权法》第4条规定："著作权人和与著作权有关的权利人行使权利,不得违反宪法和法律,不得损害公共利益"。违反宪法和法律及损害公共利益的作品属于依法禁止出版和传播的作品,不能成为著作权保护的客体。

（三）作品的分类

1. 文字作品

文字作品是指以语言文字的形式,数字或书写符号等相当于语言文字的符号来表达作者感情、思想的作品。如诗词、小说、散文、科学论文、科普读物、技术说明书等,是不是文字作品首先要看它是否具有独创性,有独创性才受著作权法保护。

2. 口述作品

口述作品是指以口头语言即席创作未以任何物质载体固定的作品,如演说、讲课、辩论等。

3. 音乐作品

音乐作品是指以符号、数字或其他记号创作的乐谱形式或未以乐谱形式出现的能演奏或配调演唱的作品,其基本表现手段为旋律节奏等和声进行组合,以乐谱或歌词表达作者思想的作品,如进行曲、爵士乐、吹打乐、摇滚乐、交响乐、民乐等各种乐谱,通俗歌曲、流行歌曲等。

4. 戏剧作品

戏剧作品是指以剧本等形式表现的作品,如话剧、京剧、广播剧等供舞台演出的作品。

5. 曲艺作品

曲艺作品是指以连续动作、姿态、表情为表现形式,可供说唱演出的作品,如相声、小品、魔术、杂技、琴书、大鼓、弹调、评话等。

6. 舞蹈作品

舞蹈作品是指将赋予美感的一连串动作、姿势、表情编织组合在一起，通过人体动作、姿态、节奏、表情来表达思想感情的作品。

7. 美术、建筑作品

美术、建筑作品是指以线条、颜色等创作，通过视觉给人以富有美感形象的作品。如绘画、书法、雕塑、工艺美术、建筑艺术等。

8. 摄影作品

摄影作品是指借助摄影器械，通过合理利用光学、化学原理，在感光材料上记录客观物体形象的艺术作品，如人物照、风景照、艺术摄影等。

9. 视听作品

视听作品是指通过机械装置能直接为人的视觉和听觉所感知的作品。视听作品包括有声电影、电视、录像作品和其他录制在磁带、唱片或类似这一方面的配音图像作品等。

10. 工程设计图、产品设计图、地图、示意图等图形作品和模型作品

11. 计算机软件

计算机软件是指计算机系统中的程序及其文档。

12. 民间文学艺术作品

民间文学艺术作品是指在一定地域上的民族或种族集体创作，经世代相传，不断发展而构成的作品。

13. 法律、行政法规规定的符合作品特征的其他智力成果

随着社会的进步，科技、文化事业的不断发展，将来有可能出现一些新的而现有法律暂时没有规定的作品形式。因此，著作权作品的种类不是一成不变的，随着社会文明进程的加快发展，一些新的作品形式可能产生。

（四）著作权客体的例外

在所有作品中，并不是任何作品都可以得到著作权法保护。其中有的是因为不具备合法条件，不能得到保护；有的虽然具有合法性，但是已经进入公有领域或者不具有独创性，因此，也不属于著作权保护客体范围。具体包括以下两种情况。

1. 不受著作权法保护的作品

受法律保护的前提是该受保护对象及客体具有合法性，如果内容违反了有关法律、法规的规定，不具备合法性，当然就不能得到法律的保护。我国《著作权法》第4条规定："著作权人和与著作权有关的权利人行使权利，不得违反宪法和法律，

不得损害公共利益。"不受著作权法保护的作品具体包括3种情况：

（1）违背一般法律原则的作品；

（2）违背社会公德和社会伦理的作品；

（3）故意妨害公共秩序的作品。

2. 不适用著作权法保护的作品

有的作品虽然具有合法性，但是不具有独创性，因此，也不属于著作权保护客体范围。根据我国《著作权法》第5条的规定，以下3类作品不在著作权法保护范围之内。

（1）法律、法规，国家机关的决议、决定、命令和其他具有立法、行政、司法性质的文件，及其官方正式译文；

（2）单纯事实消息；

（3）历法、通用数表、通用表格和公式。

二、民间文学艺术作品的法律保护

（一）民间文学艺术作品的概念和特征

1. 概念

民间文学艺术作品是指一定地域上的民族或种族集体创作，经世代相传，不断发展而构成的作品。民间文学艺术作品的形式非常丰富，可以是语言形式如民间故事、民间诗歌等，可以是音乐形式如民歌、民间器乐等，可以表现为动作形式如民间舞蹈、戏剧等，也可以表现为用物资材料创作的形式如绘画、雕塑、工艺品、编织品等，还可以是通过以上各种形式的综合表现形式反映出来的民间祭祀活动、宗教仪式、节日庆典活动、民间游艺活动等。这些民间艺术形式集言语、声音、动作、艺术造型于一体，具有浓厚的民间艺术特征。

2. 特征

民间文学艺术作品具有著作权一般客体的特点，但是，作为一种特殊的著作权保护客体，它有其特殊性，具有集体性、长期性、变异性、继承性等特点。

（1）集体性

民间文学艺术作品是集体创作、集体流传的特殊的文学艺术形式，是由一定区域内特定的种族、民族、特定社会群体经过不间断的创新、探索而完成的，这个社会群体可以是一个民族，也可以是一个民族的某个村落或多个民族。因此，它不属于某个个体所有，其主体具有不确定性和集体性特点。集体性特点决定了民间文学艺术作品的权利应当由创作、保存该作品的社会群体集体行使，具体多表现为由当地民间文学艺术的主管部门行使。

（2）长期性

民间文学艺术作品是一种通过某个社会群体几代人长期不断创新、探索完成的，民间文学艺术作品的形成需要经历一个长期的、不间断的积累、创新，是一个连续的、缓慢的创作活动过程，具有较长的创作期。

（3）继承性

由于民间文学艺术作品具有长期性，是经过若干年代长时间世代相承流传下来的，因此，它具有继承性。无论是在内容或者形式上，其核心特色要素都不会发生实质性的变化。它是在不断继承和总结前人的内容和形式的基础上发展形成的。

（4）变异性

民间文学艺术作品在长期流传的过程中并不是固定一成不变的，其作品创作始终没有停止。在不断继承和流传的过程中，人们在模仿、继承的同时，也会在保持其核心特色要素的基础上不断进行创新。因此，民间文学艺术作品具有变异性和发展性。

（5）保护的长期性

根据各国版权法及我国《著作权法》的规定，著作权都有时间性，在一定期限内才能受到保护。但是，民间文学艺术作品权利的保护却不受时效的限制。

（6）表现形式多样性

民间文学艺术作品表现形式丰富。民间文学艺术作品可以采用口头表达形式，如民间故事、民间诗歌及民间谜语；可以采用音乐表达形式，既可以体现为活动表达形式，如民间舞蹈、民间游戏，也可以体现为有形的表达形式，如民间艺术品、乐器及建筑艺术等形式，还可以体现为集语言、音乐、活动和有形形式为一体的综合表达形式。

（7）不可转让性

民间文学艺术作品具有非常浓厚的民族地域特色，它根植于特定的某个民族地域之中，它的产生、流传需要特定的民族、自然和社会人文环境。脱离了这种特定的地域环境，也就无所谓民间文学艺术。如果转让，其中固有的民族传统特色就会变调。因此，民间文学艺术作品不能转让，具有不可转让性特点。但是，可以允许授权使用。

3. 民间文学艺术作品的法律保护

在保护民间文学艺术作品的国际法律中,《伯尔尼公约》(1971年文本)将民间文学艺术作品作为"不知作者的作品"的一种特例来处理。1976年,联合国教科文组织和世界知识产权组织为发展中国家制定了《突尼斯样板版权法》,其中专门规定了关于"本国民间创作的作品"的保护条款。1982年,又正式通过了《保护民间文学表现形式,防止不正当利用及其他行为的国内法示范条例》。我国《著作权法》第6条规定:"民间文学艺术作品的著作权保护办法由国务院另行规定。"

三、计算机软件的法律保护

根据我国《著作权法》第3条第(8)项的规定,计算机软件属于著作权法所保护的作品之一,属于著作权客体。2001年12月20日,国务院公布的现行《计算机软件保护条例》(该条例于2002年1月1日起施行,并于2011年第一次修正,2013年第二次修正)对计算机软件的保护进行了比较明确的规定。

(一)计算机软件的概念及特征

1. 概念

我国《计算机软件保护条例》第2条规定:"本条例所称计算机软件(以下简称软件),是指计算机程序及其有关文档。"计算机程序,是指为了得到某种结果而可以由计算机等具有信息处理能力的装置执行的代码化指令序列,或者可以被自动转换成代码化指令序列的符号化指令序列或者符号化语句序列。文档是指用来描述程序的内容、组成、设计、功能规格、开发情况、测试结果及使用方法的文字资料和图表等,如程序设计说明书、流程图、用户手册等。

2. 特征

虽然计算机软件属于著作权法保护的范畴,与作品具有许多相似性,但是,作为一种特殊的著作权保护对象,它有其自身的特点。

(1)作品与工具的两重性

计算机软件不同于一般文学艺术作品,首先表现为其具有作品与工具的两重性。计算机软件包括程序和文档两个部分,文档具有一般文字作品的特征;计算机程序具有作品和工具双重特征,是一种作品性与工具性相统一的智力成果。

(2)开发难度大、成本高、复制易

计算机软件的开发与产生,往往会耗费开发者的大量时间与精力,是创造性劳动的产物，是开发者智力劳动的结晶，开发难度非常大。相比于其开发难度大，复制、改编却非常容易。

（3）无形、利用率高、商业寿命短

计算机软件属于智力劳动成果，与其他知识产权成果一样具有无形性。计算机软件的无形性特点决定它可以被反复多次利用，具有极高的利用率。但是，由于计算机软件具有工具性特点，在科学技术飞速发展的今天，它更新换代非常快，开发出来的软件往往很快被新开发的产品所淘汰，其实际商业寿命比较短暂。因此，计算机软件具有无形、利用率高、商业寿命短的特点。

（二）计算机软件的保护条件

我国《计算机软件保护条例》第4条规定："受本条例保护的软件必须由开发者独立开发，并已固定在某种有形物体上。"根据该规定，计算机软件受保护必须具备以下条件：

1. 原创性

软件应该是开发者独立设计、独立开发的，凡是抄袭、复制他人的软件均不能受法律保护。抄袭、复制他人软件构成侵权时，行为人还应当承担相应的法律责任。

2. 固定性

著作权法保护的作品必须以一定的形式表达出来，使他人能够感觉到其存在。受保护的计算机软件必须经过一定的载体反映出来并固定在一定的存储介质，如磁盘、磁带、纸带、卡片、图表、手册等有形物体上，并为人所感知后，才能体现为作品，成为著作权法保护的对象，受到法律保护。

（三）计算机软件的保护方式

我国《著作权法》第3条将计算机软件作为著作权法所保护的一类作品，但鉴于其特殊性，第64条规定其保护办法由国务院另行规定。由此可见，我国对计算机软件也主要采取著作权保护模式。

第四节　著作权的取得

著作权的取得是指依据著作权法的规定，著作权人获得对自己创作的作品的专有权利。

一、著作权取得制度概述

由于各国法律制度的差异，不同国家对著作权的取得进行了不同的制度规定。目前，著作权的取得制度主要有自动取得制度和登记取得制度两大类。

（一）自动取得制度

自动取得制度是指作者在完成其作品创作之时即依法享有著作权，受到著作权法律保护，而无须进行任何登记或者事先获得批准。目前，世界上绝大多数国家采取自动取得制度，《伯尔尼公约》也确立了著作权的自动取得制度，《伯尔尼公约》第3条第1款规定，作者为本联盟任何成员国国民的，其作品无论是否发表，都应受到保护。公约第5条第2款明确规定，享有和行使著作权不需要履行任何手续，也不论作品起源国是否存在保护。《世界版权公约》也不以登记作为取得著作权的条件。我国《著作权法》也是规定了自动取得制度，根据我国《著作权法》第2条的规定，中国公民、法人或者非法人组织的作品，不论是否发表，依照本法享有著作权。

（二）登记取得制度

登记取得制度是指著作权的取得以著作权人向相关政府著作权管理机构办理登记手续为前提条件。作品只有登记或批准后才能产生著作权，而不是自动产生。由于登记取得制度不能充分有效地保护已经创作完成但未及时登记的作品，因此，绝大多数国家不采用该制度。目前只有少数拉丁美洲和非洲国家实行著作权登记制度，要求将作品提交著作权管理部门登记，否则不受著作权法保护。

尽管著作权的登记取得制度有其缺点和不足，但是，它也有其合理的内容，例如实行登记取得，可以明确、有效地证明著作权人的身份，减少著作权权属之争，有利于著作权纠纷的处理，有利于保护著作权人的合法权益。我国国家版权局于1994年12月31日发布了《作品自愿登记试行办法》，该办法于1995年1月1日开始执行。根据该办法的规定，著作权人可以自愿向国家版权局登记自己的著作权，并获得著作权证书。根据我国《著作权法》第12条第2款的规定："作者等著作权人可以向国家著作权主管部门认定的登记机构办理作品登记。"当然，这种登记是建立在当事人自愿的基础上的，它并不是强制性规定，获得登记证书只是对事实行为的认定和证明，与著作权的取得没有任何关系，不能据此否定我国采取著作权自动取得制度。著作权登记制度的优点是,如果涉及著作权纠纷,它可以作为原创证据使用。

(三) 其他取得制度

有的国家虽然不以登记为取得著作权的条件,但是仍然附加一些其他的条件,被称为有条件的自动保护原则。如美国著作权法规定,作品必须以有形物固定下来,才能获得著作权;美国著作权法一直要求著作权登记,但著作权登记并不是取得著作权的条件,而只是作为提起著作权侵权诉讼的前提条件,目前美国关于著作权登记的规定也较为宽松。此外,美国法律还要求本国作者在作品的复制件上加注著作权标记。《世界版权公约》第3条规定,一切作品自首次出版之日起,在所有各册的著作权栏内,标有的C符号,注明著作权所有者之姓名、首次出版年份等。根据该规定,著作权标记应当包括:(1)刊载"享有著作权"(Copyright)等一类的声明,或将这种声明的英文缩略字母C的外面加上一个正圆;(2)著作权人的姓名或名称及其缩写;(3)作品的出版发行日期。

二、著作权取得的条件和途径

(一) 著作权取得的条件

著作权取得的条件是指法律以文学、艺术作品的产生作为取得著作权的唯一法律事实条件。根据《著作权法》的规定,一项文学、艺术作品要符合著作权法保护作品的条件,在实质内容方面需要具备两个要求:一是要求特定的思想或情感被赋予一定的文学、艺术形式;二是要求除具备作为作品的一般条件,即表现为某种文学、艺术形式外,还要求这种形式通过物质载体被固定下来,才可以获得著作权法保护。

(二) 著作权取得的途径

著作权人的作品一经取得著作权,即受到国家法律的保护,除原始取得外,著作权取得还可以通过接受赠予、继承、转让等方式进行继受取得。

1. 原始取得

原始取得是指著作权的取得不是以他人已存在的著作权为取得的前提和基础,而主要是通过创作或者法律的规定或者推定初始性取得著作权的情况。一般而言,通过原始取得所获得的著作权是比较完整的著作权,既包括著作人身权也包括著作财产权。根据我国《著作权法》第 11 条的规定,创作作品的自然人是作者。由法人或者非法人组织主持,代表法人或者非法人组织意志创作,并由法人或者非法人组织承担责任的作品,法人或者非法人组织视为作者。《著作权法》第 12 条第 1 款规定,在作品上署名的自然人、法人或者非法人组织为作者,且该作品上存在相应的权利,但有相反证明的除外。据此规定,我国著作权的原始取得主要指以下 3 种情况。

(1) 自然人因创作行为取得著作权。

(2) 法人或者非法人组织因法律规定取得著作权。就法人或者非法人组织而言,由法人或者非法人组织主持,代表法人或者非法人组织意志创作,并由法人或者非法人组织承担责任的作品,法人或者非法人组织视为作者,可以根据法律的直接规定原始性获得著作权。

(3) 自然人、法人或者非法人组织因法律推定取得著作权。根据我国《著作权法》第 12 条第 1 款的规定,在没有充分证据否定作品上署名的自然人、法人或者非法人组织是作者的情况下,根据法律规定,直接推定在作品上署名的自然人、法人或者非法人组织是作者。

2. 继受取得

继受取得是指著作权的取得是以他人已经存在的著作权为前提条件,在他人拥有的著作权基础上派生性地取得著作权的相关权利的情形。通过继受取得的著作权一般是不完整的著作权,往往只涉及著作权中的财产权。著作权的继受取得主要有以下 3 种情况。

(1) 因继承、遗赠、遗赠抚养协议、继受而取得著作权中的财产权。根据我国《著作权法》第 21 条的规定:"著作权属于自然人的,自然人死亡后,其本法第十条第一款第(五)项至第(十七)项规定的权利在本法规定的保护期内,依法转移。著作权属于法人或者非法人组织的,法人或者非法人组织变更、终止后,其本法第十条第一款第(五)项至第(十七)项规定的权利在本法规定的保护期内,由承受其权利义务的法人或者非法人组织享有;没有承受其权利义务的法人或者非法人组织的,由国家享有。"

(2) 因合同约定取得著作权。一是依委托合同取得著作权。根据我国《著作权法》第 19 条的规定:"受委托创作的作品,著作权的归属由委托人和受托人通过合同约定。合同未作明确约定或者没有订立合同的,著作权属于受托人。"如合同约定著作权由委托人享有,委托人即成为作者之外的"其他著作权人"。二是根据著作权转让合同取得著作权。我国《著作权法》第10条第3款规定："著作权人可以全部或者部分转让本条第一款第（五）项至第（十七）项规定的权利，并依照约定或者本法有关规定获得报酬。"著作财产权的受让人可以通过合同转让取得部分著作权。

（3）通过接受赠与获得部分著作权。

除此之外，国家作为特殊主体，还可以通过法律特别规定成为著作权的继受主体。我国《著作权法》第21条第2款规定："著作权属于法人或者非法人组织的，法人或者非法人组织变更、终止后，其本法第十条第一款第（五）项至第（十七）项规定的权利在本法规定的保护期内，由承受其权利义务的法人或者非法人组织享有；没有承受其权利义务的法人或者非法人组织的，由国家享有。"

3. 外国人在中国取得著作权的条件

著作权的自动取得是需要一定条件的，就主体方面而言，本国自然人只要创作完成，符合著作权保护作品的条件，就自动取得保护。但是，对于外国人（包括无国籍人）则需要符合一些特定的条件才能够在我国取得著作权。《伯尔尼公约》第3条和第4条对此有专门的规定，我国《著作权法》第2条第2款和第3款规定，"外国人、无国籍人的作品根据其作者所属国或者经常居住地国同中国签订的协议或者共同参加的国际条约享有的著作权，受本法保护。外国人、无国籍人的作品首先在中国境内出版的，依照本法享有著作权。未与中国签订协议或者共同参加国际条约的国家的作者以及无国籍人的作品首次在中国参加的国际条约的成员国出版的，或者在成员国和非成员国同时出版的，受本法保护。"因此，外国人在中国取得著作权，除必须满足著作权取得的一般条件外，还必须符合以下方面条件。

（1）非公约成员国的国民，只要在中国有惯常住所，其作品在中国享有著作权。即在中国长期居住的外国人的作品享有在中国取得著作权的当然权利；

（2）非公约成员国国民的作品，作品第一次在与中国签定著作权保护双边协定的国家或者与中国参加了同一个国际著作权公约的国家出版的，在中国享有著作权。

（3）非公约成员国国民的作品，作品第一次在中国出版，或者在一个非公约成员国和公约成员国同时出版的，在中国享有著作权；

（4）公约成员国国民的作品，无论是否发表，在中国都享有著作权。

第五节　著作权的内容

著作权的内容是指著作权具体包括哪些权利。著作权包括人身权（又称"精神权利、非财产权利"）和财产权（又称"经济权利"）两大部分。

一、著作人身权

著作人身权是文学、艺术和科学作品的作者基于创作表现其个人某种思想感情、个性特点的作品而依法享有获得名誉、人格等人身利益为内容的权利。

（一）著作人身权的特征

著作人身权有如下法律特征。

1. 不可让与性

著作人身权不可转让、继承、赠与。著作人身权专属于特定的作者，故通常不得通过转让、继承、赠与等方式进行让与，这是由著作人身权的性质所决定的。根据我国《著作权法实施条例》第15条规定："作者死亡后，其著作权中的署名权、修改权和保护作品完整权由作者的继承人或者受遗赠人保护。著作权无人继承又无人受遗赠的，其署名权、修改权和保护作品完整权由著作权行政管理部门保护。"著作人身权的绝大部分权利是不可让与的，但是，也有例外，如修改权。

2. 内容的广泛性

著作人身权的内容比较广泛，主要包括发表权、署名权、修改权、保护作品完整权等。

3. 永久性

著作人身权具有永久性。知识产权具有时间性特点，著作财产权也具有时间限制，但是，著作人身权却具有永久性。我国《著作权法》第22条规定，作者的署名权、修改权、保护作品完整权的保护期不受限制。

（二）著作人身权的内容

1. 发表权

发表权，即决定作品是否公之于众的权利。所谓公之于众，是指披露作品并使作品处于为公众所知的状态。发表权具体包括三个方面内容：（1）何时发表；（2）以何方式发表，比如以杂志连载、书籍形式或者广播形式等；（3）何地发表。

2. 署名权

我国《著作权法》规定，署名权系表明作者身份，在作品上署名的权利。如无相反证明，在作品上署名的公民、法人、非法人组织为作者。

3. 修改权

我国《著作权法》第36条规定："图书出版者经作者许可，可以对作品修改、删节。报社、期刊社可以对作品作文字性修改、删节。对内容的修改，应当经作者许可。"

4. 保护作品完整权

保护作品完整权，即保护作品不受歪曲、篡改的权利。

二、著作财产权

著作财产权又称著作的经济权利，是指能够给著作权人带来经济利益的权利。

（一）著作财产权的特征

著作财产权与著作人身权或者其他民事财产权利相比，具有其自己的特征。

1. 可让与性

与著作人身权相比较，著作财产权具有可让与性。根据我国《著作权法》第三章的规定，财产权中的各项财产权利可以单项或者多项向他人进行许可或转让。

2. 时间性

著作财产权具有时间限制。根据我国《著作权法》第23条的规定："法人或者非法人组织的作品、著作权（署名权除外）由法人或者非法人组织享有的职务作品，其发表权的保护期为五十年，截止于作品创作完成后第五十年的12月31日；本法第十条第一款第五项至第十七项规定的权利的保护期为五十年，截止于作品首次发表后第五十年的12月31日，但作品自创作完成后五十年内未发表的，本法不再保护。视听作品，其发表权的保护期为五十年，截止于作品创作完成后第五十年的12月31日；本法第十条第一款第五项至第十七项规定的权利的保护期为五十年，截止于作品首次发表后第五十年的12月31日，但作品自创作完成后五十年内未发表的，本法不再保护。"

3. 有限性

我国《著作权法》第 24 条规定："在下列情况下使用作品，可以不经著作权人许可，不向其支付报酬，但应当指明作者姓名或者名称、作品名称，并且不得影响该作品的正常使用，也不得不合理地损害著作权人的合法权益：（一）为个人学习、研究或者欣赏，使用他人已经发表的作品；（二）为介绍、评论某一作品或者说明某一问题，在作品中适当引用他人已经发表的作品；（三）为报道新闻，在报纸、期刊、广播电台、电视台等媒体中不可避免地再现或者引用已经发表的作品；（四）报纸、期刊、广播电台、电视台等媒体刊登或者播放其他报纸、期刊、广播电台、电视台等媒体已经发表的关于政治、经济、宗教问题的时事性文章，但著作权人声明不许刊登、播放的除外；（五）报纸、期刊、广播电台、电视台等媒体刊登或者播放在公众集会上发表的讲话，但作者声明不许刊登、播放的除外；（六）为学校课堂教学或者科学研究，翻译、改编、汇编、播放或者少量复制已经发表的作品，供教学或者科研人员使用，但不得出版发行；（七）国家机关为执行公务在合理范围内使用已经发表的作品；（八）图书馆、档案馆、纪念馆、博物馆、美术馆、文化馆等为陈列或者保存版本的需要，复制本馆收藏的作品；（九）免费表演已经发表的作品，该表演未向公众收取费用，也未向表演者支付报酬，且不以营利为目的；（十）对设置或者陈列在公共场所的艺术作品进行临摹、绘画、摄影、录像；（十一）将中国公民、法人或者非法人组织已经发表的以国家通用语言文字创作的作品翻译成少数民族语言文字作品在国内出版发行；（十二）以阅读障碍者能够感知的无障碍方式向其提供已经发表的作品；（十三）法律、行政法规规定的其他情形。"其第 25 条规定："为实施义务教育和国家教育规划而编写出版教科书，可以不经著作权人许可，在教科书中汇编已经发表的作品片段或者短小的文字作品、音乐作品或者单幅的美术作品、摄影作品、图形作品，但应当按照规定向著作权人支付报酬，指明作者姓名或者名称、作品名称，并且不得侵犯著作权人依照本法享有的其他权利。"

（二）著作财产权的内容

根据我国《著作权法》第 10 条的规定，著作财产权包括复制、发行、出租、展览、表演、放映、广播、信息网络传播、摄制、改编、翻译、汇编及应当由著作权人享有的其他权利。我国《著作权法》以列举的方式规定了著作财产权最常见的使用方式。著作权利人主要通过行使各种使用权、许可他人使用作品或者向他人转让其著作财产权而获得报酬以体现其经济或者财产权利。

1. 复制权

复制权，即以印刷、复印、拓印、录音、录像、翻录、翻拍等方式将作品制作一份或者多份的权利。

2. 发行权

发行权，即以出售或者赠与方式向公众提供作品原件或者复制件的权利。

3. 出租权

出租权，即有偿许可他人临时使用视听作品、计算机软件的原件或者复制件的权利，计算机软件不是出租的主要标的的除外。

4. 展览权

展览权，即公开陈列美术作品、摄影作品的原件或者复制件的权利。

5. 表演权

表演权，即公开表演作品，以及用各种手段公开播送作品的表演的权利。

6. 放映权

放映权，即通过放映机、幻灯机等技术设备公开再现美术、摄影、视听作品等的权利。

7. 广播权

广播权，即以有线或者无线方式公开传播或者转播作品，以及通过扩音器或者其他传送符号、声音、图像的类似工具向公众传播广播的作品的权利，但不包括信息网络传播权。

8. 信息网络传播权

信息网络传播权，即以有线或者无线方式向公众提供，使公众可以在其选定的时间和地点获得作品的权利。

9. 摄制权

摄制权，即以摄制视听作品的方法将作品固定在载体上的权利。

10. 改编权

改编权，即改变作品，创作出具有独创性的新作品的权利。

11. 翻译权

翻译权，即将作品从一种语言文字转换成另一种语言文字的权利。

12. 汇编权

汇编权，即将作品或者作品的片段通过选择或者编排，汇集成新作品的权利。

13. 许可权

我国《著作权法》第 10 条第 2 款规定，著作权人可以许可他人行使前款第

(5)项至第(17)项规定的权利,并依照约定或者本法有关规定获得报酬。

14. 转让权

我国《著作权法》第10条第3款规定,著作权人可以全部或者部分转让本条第1款第(5)项至第(17)项规定的权利,并依照约定或者本法有关规定获得报酬。

15. 应当由著作权人享有的其他权利

由于著作权的使用方式有可能随着社会的进步而发展,因此,从立法技术上考虑,除了上述列举的著作财产权利外,为避免立法的滞后,我国《著作权法》还规定了一个兜底条款,即"应当由著作权人享有的其他权利"。

第六节 邻接权

一、什么是邻接权

邻接权又称作品传播者权,是指与著作权相邻近的权利,指作品的传播者在传播作品的过程中,对其付出的创造性劳动成果依法享有特定的专有权利的统称。作品创作出来后,需在公众中传播,传播者在传播作品中有创造性劳动,这种劳动应当受到法律保护。邻接权与著作权密切相关,但又是独立于著作权之外的一种权利。邻接权有狭义和广义两种。狭义的邻接权,通常包括表演者权、录音录像制作者权及广播电视组织权三类。广义的邻接权,是把一切传播作品的媒介所享有的专有权一律归入其中,其基本内容除了表演者对其表演享有的权利、录音录像制作者对其制作的录音录像制品享有的权利和广播电台、电视台对其制作的广播、电视节目享有的权利外,还包括出版者对其出版的图书和报刊享有的权利。我国《著作权法》第四章将出版者的权利与表演者权、录音录像制作者权、广播电视组织者权等传统上称为邻接权的权利规定在一起,并单独作为一章,统称为"与著作权有关的权利"。

二、邻接权与著作权的关系

邻接权与著作权既有联系又有区别。邻接权与著作权关系密切,它是由著作权衍变转化而来的,是从属于著作权的一种权利。但是,二者有明显的不同。

（一）主体不同

著作权的主体是智力作品的创作者和依法取得著作权的人，包括自然人、法人和非法人组织；邻接权的主体是表演者、录音录像制作者、广播电视组织、出版者等，除表演者外，法人和非法人组织作为主体具有一定的普遍性。

（二）保护对象不同

著作权保护的对象是文学、艺术和科学作品；邻接权保护的对象是经过传播者加工后的作品。著作权主要体现的是作者的创造性劳动，邻接权主要体现的是传播者的创造性劳动。

（三）内容不同

著作权主要指作者对其作品享有发表、署名等人身权和复制、发行等财产权；邻接权的内容主要是出版者对其出版的书刊的权利、表演者对表演的权利、录音录像制作者对其音像制品的权利、广播电视组织对其广播、电视节目的权利等。

（四）受保护的前提不同

作品只要符合法定条件，一经产生就可获得著作权保护；邻接权的取得须以著作权人的授权及对作品的再利用为前提。

三、邻接权的具体内容

（一）出版者权

1. 出版者的权利

出版者权，是指书刊出版者与著作权人通过合同的约定或者经著作权人许可，在一定期限内对其出版的作品所享有的专有权。

（1）专有出版权

专有出版权是指图书出版者对著作权人交付的作品，在合同约定的有效期和地域范围内，享有的以同一种文字的原版、修订版和缩印本的方式出版图书的独占专有权利。如果著作权人与出版者订立的图书出版合同中对专有出版权的具体内容另有特别约定，则应以合同特别约定内容为准。

(2) 版式设计权

版式设计权是著作权法修改后新增加的一项权利,是指出版者有权许可或禁止他人使用其出版的图书、期刊所使用的版式设计。所谓版式设计是指出版者出版图书、刊登文章所使用的排版格式和版面布局造型,如出版所用的字体、字形、开本、篇章结构安排等。出版者在复制作品的工作中进行版式设计时,往往要经过编辑工作的独创性劳动,设计成果具有一定的独创性,因此出版者对该智力成果依法拥有专有权。

根据我国《著作权法》的规定,对出版者享有的版式设计权给予 10 年的法定保护期,计算方法截止于该版式设计的图书、期刊首次出版后第 10 年的 12 月 31 日。

(3) 作品文字修改权

出版者可以对其出版的作品作文字性修改、删节,包括语句通顺的调整、标点符号使用的修正、文字润色等,在不改动作品基本内容的基础上进行适当的文字变动和处理。我国《著作权法》第 36 条规定,图书出版者经作者许可,可以对作品修改、删节。报社、期刊社可以对作品作文字性修改、删节。对内容的修改,应当经作者许可。

(4) 报刊出版者的投稿选登权

我国《著作权法》第 35 条规定,著作权人向报社、期刊社投稿的,自稿件发出之日起 15 日内未收到报社通知决定刊登的,或者自稿件发出之日起 30 日内未收到期刊社通知决定刊登的,可以将同一作品向其他报社、期刊社投稿。双方另有约定的除外。

(5) 报刊出版者的作品转载、摘编权

依据我国《著作权法》第 35 条第 2 款的规定,作品刊登后,除著作权人声明不得转载、摘编的外,其他报刊可以转载或者作为文摘、资料刊登,但应当按照规定向著作权人支付报酬。

(6) 图书出版者的重印、再版作品权

根据我国《著作权法》的规定,图书出版者重印、再版作品的,应当通知著作权人,并支付报酬。图书脱销后,图书出版者拒绝重印、再版的,著作权人有权终止合同。当市场脱销等情况发生时,图书出版者无需征得作品著作权人的许可同意,即可行使图书重印或再版的权利,但其应当通知著作权人,并应依法定或约定向著作权人支付报酬。

2. 出版者的义务

出版者应履行以下义务。

（1）与著作权人订立图书出版合同

我国《著作权法》第 32 条规定，图书出版者出版图书应当和著作权人订立出版合同，并支付报酬。图书出版者出版图书，无论是否需要约定专有出版权，均要与作品著作权人签订图书出版合同，并且必须依据合同约定的标准，或者依照相关的法定标准，向作品著作权人支付使用作品的报酬。图书出版合同一般以书面的形式订立，国家版权局还制定了图书出版合同的标准样式，供当事人订立合同时参考。

（2）按期、按质出版作品

我国《著作权法》第 34 条规定，著作权人应当按照合同约定期限交付作品。图书出版者应当按照合同约定的出版质量、期限出版图书。图书出版者不按照合同约定期限出版，应依照《民法典》《著作权法》的相关规定承担民事责任。

（3）重印、再版义务

图书出版者对其出版物的重印和再版，既是一项法定权利，也是一项法定义务。当图书市场上发生图书脱销现象时，脱销图书的出版者应当通知作品著作权人，并组织重印或再版作品。图书出版者重印、再版作品时，应当通知著作权人，并支付报酬。如果作品著作权人主动请求，出版者拒绝重印或再版脱销图书的，著作权人将有权以出版者违背出版合同义务为由终止合同。

（4）向著作权人支付报酬

图书、报刊的出版者，无论是依出版合同出版图书，还是在报纸、期刊或杂志上刊登作品，均应依著作权法的规定向被使用作品的著作权人支付相应的报酬。出版改编、翻译、注释、整理、汇编已有作品而产生的演绎作品时，除应向演绎作者支付报酬外，还应当取得改编、翻译、注释、整理、汇编作品的著作权人和原作品的著作权人许可，并向被演绎之原始作品的著作权人支付报酬。

（二）表演者权

表演者权，是指表演者依法对其表演所享有的权利。

1. 表演权与表演者权

表演权与表演者权都属于我国《著作权法》的保护范畴，二者既有联系也有区别。

（1）法律性质不同

表演权属于著作权，表演者权属于邻接权。

（2）保护客体不同

表演权保护的客体为作品，表演者权保护的客体为表演。

（3）权利主体不同

表演权的权利主体是作者，而表演者权的权利主体是表演作品的表演者。

（4）权利内容不同

表演权属于著作权中的财产权，其权利内容只包含财产权内容。而表演者权不仅包含财产权内容，也包含人身权内容。

（5）保护期限不同

自然人表演权的保护期为作者终生及其死亡后50年，截止于作者死亡后第50年的12月31日。表演者权利的保护期限因权利的内容不同而有所差别，表演者署名权和保护表演完整权的保护期不受限制，其他权利的保护期为50年，截止于该表演发生后第50年的12月31日。

2. 表演者的权利

我国《著作权法》第39条规定，表演者对其表演享有下列权利：

（1）表明表演者身份；

（2）保护表演形象不受歪曲；

（3）许可他人从现场直播和公开传送其现场表演，并获得报酬；

（4）许可他人录音录像，并获得报酬；

（5）许可他人复制、发行、出租录有其表演的录音录像制品，并获得报酬；

（6）许可他人通过信息网络向公众传播其表演，并获得报酬。

被许可人以前款第（3）项至第（6）项规定的方式使用作品，还应当取得著作权人许可，并支付报酬。

3. 表演者的义务

根据我国《著作权法》第38条的规定，表演者承担的义务主要有2项：

（1）取得许可的义务；

（2）支付报酬的义务。

（三）录音录像制作者权

录音录像制作者权是指录音录像制作者对其制作的录音制品、录像制品依法所享有的专有性权利。

1. 录音录像制作者的权利

（1）署名权

署名权即注明录音录像制作者姓名或者名称的权利，录音录像制作者有权在其制作的录音制品、录像制品上注明自己的姓名或名称。

（2）复制、发行、出租、通过信息网络向公众传播并获得报酬权

根据我国《著作权法》第44条的规定："录音录像制作者对其制作的录音录像制品，享有许可他人复制、发行、出租、通过信息网络向公众传播并获得报酬的权利；权利的保护期为五十年，截止于该制品首次制作完成后第五十年的12月31日。被许可人复制、发行、通过信息网络向公众传播录音录像制品，应当同时取得著作权人、表演者许可，并支付报酬；被许可人出租录音录像制品，还应当取得表演者许可，并支付报酬。"

2. 录音录像制作者的义务

录音录像制作者的义务包括对著作权人的义务和对表演者的义务两大部分。

（1）对著作权人的义务

根据我国《著作权法》第42条的规定，录音录像制作者对著作权人的义务主要包括以下内容：

录音录像制作者使用他人作品制作录音制品时，应当取得著作权人的许可，并支付报酬；

录音录像制作者使用他人已经合法录制为录音制品的音乐作品制作录音制品，可以不经著作权人许可，但应当按照规定支付报酬；著作权人声明不许使用的不得使用。

（2）对表演者的义务

根据我国《著作权法》第43条的规定："录音录像制作者制作录音录像制品，应当同表演者订立合同，并支付报酬。"因此，对表演者的义务主要包括：

录音录像制作者制作录音录像制品时，必须同表演者订立合同，取得表演者的录制许可证；

录音录像制作者应按有关规定或者合同约定向表演者支付报酬。

（四）广播电视组织权

广播电视组织权是指电台、电视台等广播组织对其编制的广播电视节目依法享有的权利，包括有权禁止未经许可而将其广播、电视节目进行转播或对其录制在音像载体上的音像制品进行播放及复制的权利。广播电视组织权是邻接权的

一种。

1. 广播电视组织的权利

（1）播放权

广播电台、电视台对其制作的广播、电视节目享有自己播放或者许可他人播放的权利。

（2）复制发行权

广播电台、电视台对自己制作的节目享有复制、发行或者许可他人复制、发行的权利。

（3）禁止权

我国《著作权法》第47条规定："广播电台、电视台有权禁止未经其许可的下列行为：（一）将其播放的广播、电视以有线或者无线方式转播；（二）将其播放的广播、电视录制以及复制；（三）将其播放的广播、电视通过信息网络向公众传播。广播电台、电视台行使前款规定的权利，不得影响、限制或者侵害他人行使著作权或者与著作权有关的权利。本条第一款规定的权利的保护期为五十年，截止于该广播、电视首次播放后第五十年的12月31日。"

2. 广播电视组织的义务

广播电视组织的义务包括三大方面的内容，即对著作权人的义务、对表演者的义务和对录音录像制作者的义务。

（1）对著作权人的义务

广播电视组织对著作权人的义务主要包括：

广播电台、电视台使用他人尚未发表的作品制作广播、电视节目，应当取得著作权人的许可，并且按照规定或约定支付报酬；

广播电台、电视台播放他人已发表的作品，可以不经著作权人许可，但应当按照规定支付报酬。

（2）对表演者的义务

广播电台、电视台制作广播、电视节目时应当同表演者订立合同，并按照规定或者合同约定向表演者支付报酬。

（3）对录音录像制作者的义务

根据我国《著作权法》第48条的规定："电视台播放他人的视听作品、录像制品，应当取得视听作品著作权人或者录像制作者许可，并支付报酬；播放他人的录像制品，还应当取得著作权人许可，并支付报酬。"

第七节　著作权的保护与限制

一、著作权的保护期

我国《著作权法》第 23 条专门规定了著作权的保护期限。其中作者的署名权、修改权、保护作品完整权等精神权利的保护期不受限制。但是，其他涉及著作财产权的权项有时间期限要求。

（一）自然人作品的保护期

我国《著作权法》第 23 条第 1 款规定："自然人的作品，其发表权、本法第十条第一款第五项至第十七项规定的权利的保护期为作者终生及其死亡后五十年，截止于作者死亡后第五十年的 12 月 31 日；如果是合作作品，截止于最后死亡的作者死亡后第五十年的 12 月 31 日。"

（二）法人或者非法人组织作品的保护期

我国《著作权法》第 23 条第 2 款规定："法人或者非法人组织的作品、著作权（署名权除外）由法人或者非法人组织享有的职务作品，其发表权的保护期为五十年，截止于作品创作完成后第五十年的 12 月 31 日；本法第十条第一款第五项至第十七项规定的权利的保护期为五十年，截止于作品首次发表后第五十年的 12 月 31 日，但作品自创作完成后五十年内未发表的，本法不再保护。"

（三）视听作品的保护期

我国《著作权法》第 23 条第 3 款规定："视听作品，其发表权的保护期为五十年，截止于作品创作完成后第五十年的 12 月 31 日；本法第十条第一款第五项至第十七项规定的权利的保护期为五十年，截止于作品首次发表后第五十年的 12 月 31 日，但作品自创作完成后五十年内未发表的，本法不再保护。"

二、著作权的保护

我国《宪法》第 47 条规定："中华人民共和国公民有进行科学研究、文学创作和其他文化活动的自由。国家对于从事教育、科学、技术、文学、艺术和其他文化事业的公民的有益于人民的创造性工作,给以鼓励和帮助。"我国《民法典》第123条规定,民事主体依法享有知识产权。为了加强对著作权的保护,我国已建立了一系列著作权保护法律体系。目前,我国关于著作权的立法已经基本齐备,建立了著作权的民法保护、行政法保护和刑法保护体系。

(一) 著作权的民事保护

我国《民法典》第123条明确规定,民事主体依法享有知识产权。

1. 侵犯著作权的主要表现形式

根据我国《著作权法》第52条的规定,有下列侵权行为的,应当根据情况,承担停止侵害、消除影响、赔礼道歉、赔偿损失等民事责任:

(1) 未经著作权人许可,发表其作品的;

(2) 未经合作作者许可,将与他人合作创作的作品当作自己单独创作的作品发表的;

(3) 没有参加创作,为谋取个人名利,在他人作品上署名的;

(4) 歪曲、篡改他人作品的;

(5) 剽窃他人作品的;

(6) 未经著作权人许可,以展览、摄制视听作品的方法使用作品,或者以改编、翻译、注释等方式使用作品的,本法另有规定的除外;

(7) 使用他人作品,应当支付报酬而未支付的;

(8) 未经视听作品、计算机软件、录音录像制品的著作权人、表演者或者录音录像制作者许可,出租其作品或者录音录像制品的原件或者复制件的,本法另有规定的除外;

(9) 未经出版者许可,使用其出版的图书、期刊的版式设计的;

(10) 未经表演者许可,从现场直播或者公开传送其现场表演,或者录制其表演的;

(11) 其他侵犯著作权以及与著作权有关的权利的行为。

根据我国《著作权法》第53条的规定,有下列侵权行为的,应当根据情况,承担本法第52条规定的民事责任;侵权行为同时损害公共利益的,由主管著作权的部门责令停止侵权行为,予以警告,没收违法所得,没收、无害化销毁处理侵权复制品以及主要用于制作侵权复制品的材料、工具、设备等,违法经营额5万元以上的,可以并处违法经营额1倍以上5倍以下的罚款;没有违法经营额、违法经营额难以计算或者不足 5 万元的，可以并处 25 万元以下的罚款；构成犯罪的，依法追究刑事责任：

（1）未经著作权人许可，复制、发行、表演、放映、广播、汇编、通过信息网络向公众传播其作品的，本法另有规定的除外；

（2）出版他人享有专有出版权的图书的；

（3）未经表演者许可，复制、发行录有其表演的录音录像制品，或者通过信息网络向公众传播其表演的，本法另有规定的除外；

（4）未经录音录像制作者许可，复制、发行、通过信息网络向公众传播其制作的录音录像制品的，本法另有规定的除外；

（5）未经许可，播放、复制或者通过信息网络向公众传播广播、电视的，本法另有规定的除外；

（6）未经著作权人或者与著作权有关的权利人许可，故意避开或者破坏技术措施的，故意制造、进口或者向他人提供主要用于避开、破坏技术措施的装置或者部件的，或者故意为他人避开或者破坏技术措施提供技术服务的，法律、行政法规另有规定的除外；

（7）未经著作权人或者与著作权有关的权利人许可，故意删除或者改变作品、版式设计、表演、录音录像制品或者广播、电视上的权利管理信息的，知道或者应当知道作品、版式设计、表演、录音录像制品或者广播、电视上的权利管理信息未经许可被删除或者改变，仍然向公众提供的，法律、行政法规另有规定的除外；

（8）制作、出售假冒他人署名的作品的。

典型案例

全某某与甘肃某公司侵害作品信息网络传播权纠纷[1]

原告全某某系摄影作品《重庆之夜》《光照重庆》的著作权人。2017 年 5 月 10 日，原告发现被告甘肃某公司未经其同意在其微信公众号发布的文章中擅自使用原告的前述两幅作品，并认为该行为侵犯了自己的著作权，因此将被告起诉至重庆自由贸易试验区人民法院。被告未到庭应诉，亦未提交书面答辩意见。

重庆自由贸易试验区人民法院经过审理后认为该案中原告提交的著作权登记证书、公开出版物足以证明其系涉案摄影作品《重庆之夜》《光照重庆》的作者，享

---

[1] 重庆自由贸易试验区人民法院（2020）渝 0192 民初 9905 号民事判决书。

有该作品的全部著作权。同时该案中，被告未经权利人允许，擅自在其运营的微信公众号上向公众传播了摄影作品《重庆之夜》《光照重庆》，且未为原告署名，根据我国当时适用的2010年《著作权法》第48条的规定，被告的行为侵犯了原告著作权，应当承担停止侵害、赔偿损失、赔礼道歉的民事责任。

综上所述，重庆自由贸易试验区人民法院判决被告于判决生效之日起立即停止侵权行为，删除已使用的侵权作品。

案例点评

该案中，被告甘肃某公司未经著作权人同意，在其微信公众号上擅自发布原告所拍摄的两幅摄影作品。由于微信公众号属于信息网络传播范畴，且原告对其两幅摄影作品依法享有著作权，因此被告的行为实质为未经著作权人许可，而通过信息网络方式向公众传播他人作品，侵犯了著作权人的信息网络传播权，违反了我国2010年《著作权法》第48条和2020年修改的《著作权法》第53条第1款第（1）项的规定。

2. 民事著作权纠纷解决的主要方式

我国《著作权法》第60条规定，著作权纠纷可以调解，也可以根据当事人达成的书面仲裁协议或者著作权合同中的仲裁条款，向仲裁机构申请仲裁。当事人没有书面仲裁协议，也没有在著作权合同中订立仲裁条款的，可以直接向人民法院起诉。解决著作权纠纷有和解、调解、仲裁和诉讼4种方式。

（1）和解

当事人有自行解决意向的，可以协商处理著作权纠纷，自行达成和解协议。

（2）调解

著作权纠纷的当事人在第三者（著作权的集体管理机构、律师事务所、行业协会等人员以及其他第三者等）的组织下调解著作权纠纷，达成调解协议。此类调解，属于非权力、行政、司法机关所进行的带有民间性质的调解，不包括仲裁机关和人民法院进行的调解。调解结果由双方自愿遵守执行。不愿以调解方式解决，或调解已达成协议又反悔的，当事人可以向人民法院提起诉讼。需要注意的是，除民间调解外，还有仲裁调解和法庭调解。仲裁调解是指当事人为解决争议，先启动仲裁程序，并在仲裁过程中由仲裁员适时进行调解。如果调解成功，调解达成协议的，仲裁庭应当制作调解书或者根据协议的结果制作裁决书。调解书与裁决书具有同等法律效力。如果调解不成，则恢复仲裁审理，由仲裁员作出裁决。此外，当事人在法庭主持下达成的调解协议,具有与判决同等的效力,当事人必须履行。

(3)仲裁

当事人可以根据达成的书面仲裁协议或者著作权合同中的仲裁条款,向仲裁机构申请仲裁。

(4)诉讼

当事人没有书面仲裁协议,也没有在著作权合同中订立仲裁条款的,可以直接向人民法院起诉。通过诉讼解决著作权纠纷是保护著作权的主要途径,也是最有效的方法。

3. 著作权侵权民事责任的承担方式

根据我国《著作权法》第52条和第53条的规定,著作权侵权行为应当根据情况,承担停止侵害、消除影响、赔礼道歉、赔偿损失等民事责任。其中最重要和最实质的责任承担方式是赔偿损失。

(1)侵犯著作权损失赔偿的原则

我国《著作权法》第54条规定:"侵犯著作权或者与著作权有关的权利的,侵权人应当按照权利人因此受到的实际损失或者侵权人的违法所得给予赔偿;权利人的实际损失或者侵权人的违法所得难以计算的,可以参照该权利使用费给予赔偿。对故意侵犯著作权或者与著作权有关的权利,情节严重的,可以在按照上述方法确定数额的一倍以上五倍以下给予赔偿。权利人的实际损失、侵权人的违法所得、权利使用费难以计算的,由人民法院根据侵权行为的情节,判决给予五百元以上五百万元以下的赔偿。赔偿数额还应当包括权利人为制止侵权行为所支付的合理开支。"

(2)侵犯著作权损失赔偿的计算方法

我国《著作权法》第54条规定,侵犯著作权的赔偿方法按照赔偿顺序的适用具体有3种,一是按照权利人的实际损失给予赔偿,二是按照侵权人的违法所得给予赔偿,三是法定赔偿。被侵权人在主张权利时,应当首先考虑以被侵权的实际损失为依据;如果不能,其次考虑以侵权人侵权所得为依据;在前两者都无法举证进行证明的情况下,最后才考虑请求在法定赔偿的范围内承担赔偿责任。

我国《著作权法》第54条确定的法定赔偿标准为500元以上500万元以下。

典型案例

上海某电动车技术公司计算机软件著作权侵权案[1]

原告达索系统股份有限公司系产品生命周期管理软件的提供商，对涉案软件 CATIA V5 R20 依法享有著作权。2016 年，原告发现被告上海某电动车技术公司未经许可，擅自在其经营场所内的相关计算机上，非法复制、安装并使用了原告依法享有著作权的 CATIA V5 R20 软件。2017 年 2 月，原告就被告侵权行为向上海市文化市场行政执法总队投诉，同年 2 月 22 日上海市文化市场行政执法总队对被告经营场所的计算机进行现场检查，发现 8 台计算机中安装了涉案 CATIA V5 R20 软件。

此后原告与被告进行协商，签订了和解协议，并由原告授权的销售代理商与被告签订软件销售合同，但被告并未按约履行。原告为此向上海知识产权法院申请诉前证据保全，法院根据原告的申请对被告经营场所内的计算机进行清点。经清点，被告经营场所内共有计算机 73 台，保全结果为抽查的 15 台计算机中 100% 安装了涉案软件。

原告遂将被告诉至上海知识产权法院，请求法院判令被告立即停止侵权、赔偿原告经济损失 1845 万余元并承担原告为该案支出的律师费 15 万元。

被告在庭前会议时辩称，其安装的软件中 8 套具有合法来源；上海市文化市场行政执法总队现场执法后，原告和被告达成了和解协议，也签订了软件销售合同，被告未能按约履行的原因不是不愿意付款，而是内部管理不善所致；被告经营场所内的 73 台计算机并非都实际安装了涉案软件。

但正式庭审时，被告经法院传票传唤，无正当理由拒不到庭参加庭审。

上海知识产权法院审理后认为，原告对涉案软件依法享有的著作权应受中国法律保护。该案中，被告未经原告许可，在其经营场所内的计算机上安装了涉案软件，侵害了原告对涉案软件享有的复制权，依法应当承担停止侵权、赔偿损失等民事责任。该案中，虽然原告的实际损失和被告的违法所得均难以确定，但结合原告提供的现有证据已经可以证明原告因侵权所受到的损失超过了著作权法规定的法定赔偿数额的上限 50 万元。

综上所述，上海知识产权法院判决被告应于判决生效之日起立即停止侵害原告

---

[1] 上海知产法院宣判一起著作权纠纷案　判令侵权者赔偿 900 万元 [EB/OL]. (2018-06-01) [2021-01-30]. http://www.yangzhou.gov.cn/djzt/dxal/201806/8fb6846553444114abc60b14185fba65.shtml.

CATIA V5 R20 计算机软件著作权的行为,并赔偿原告经济损失及律师费共计 900 万元。

案例点评

该案系一起计算机软件著作权侵权案件,被告上海某电动车技术公司未经原告许可,擅自在其经营场所内的计算机上安装涉案软件,侵害了原告对涉案软件享有的复制权。在此案中原告的实际损失和被告的违法所得虽然均难以确定,但结合原告提供的现有证据已经可以证明原告因侵权所受到的损失超过了我国《著作权法》规定的法定赔偿数额上限 50 万元(2020 年修改前的《著作权法》第 49 条规定的法定赔偿数额上限)。最终法院结合原告所受损失以及原告为制止侵权行为所支付的合理开支,判决赔偿原告经济损失及律师费共计 900 万元。实际上这仍旧是采用了以被侵权人的实际损失为依据来确定损害赔偿的数额这一方式。

(3)诉前临时禁令和保全制度

"即发侵权"是指权利人以外的人正在实施或准备实施侵犯著作权的行为,该行为即将发生,若不予制止,任其发展,则必然发生侵权结果。根据 TRIPS 第 50 条规定的精神,"司法当局有权采取有效的临时措施防止任何延误给权利人造成不可弥补的损害或证据灭失"。根据该规定,我国著作权法确立了诉前禁令、诉前证据和财产保全措施。人民法院采取责令停止有关行为和财产保全的措施,适用我国《民事诉讼法》第 100~105 条和第 108 条的规定。

1)诉前临时禁令

诉前禁令指提起诉讼前责令侵权人停止有关行为的措施。根据我国《著作权法》第 56 条的规定:"著作权人或者与著作权有关的权利人有证据证明他人正在实施或者即将实施侵犯其权利、妨碍其实现权利的行为,如不及时制止将会使其合法权益受到难以弥补的损害的,可以在起诉前依法向人民法院申请采取财产保全、责令作出一定行为或者禁止作出一定行为等措施。"这种措施是一种涉及诉讼的临时性措施,在于及时制止涉嫌侵权的不法行为,其表现形式是人民法院代表国家发出裁定禁止被申请人正在实施或者即将实施的某种行为;申请人在法院采取措施后 15 天内不提出起诉的,人民法院将撤销该措施。被申请人因错误申请实施措施所造成的损失,由申请人负责赔偿。

2)诉前保全

根据我国《著作权法》及其实施条例的有关规定,著作权侵权案件中的诉前保全措施有财产保全与证据保全两种方式。

① 诉前财产保全

我国《民事诉讼法》第 101 条规定民事诉讼的诉前财产保全制度，鉴于诉前财产保全对于著作权人的权利保护具有重要意义，我国《著作权法》第 56 条规定了在审判著作权纠纷案件中，人民法院可以采取诉前的财产保全措施。

② 诉前证据保全

根据我国《著作权法》第 57 规定："为制止侵权行为，在证据可能灭失或者以后难以取得的情况下，著作权人或者与著作权有关的权利人可以在起诉前依法向人民法院申请保全证据。"诉前证据保全对于客观、公正、正确解决著作权纠纷，维护著作权人的合法权益具有重要意义。

> 典型案例

广州酷狗计算机科技有限公司、杭州某文化创意公司申请诉前停止侵害知识产权案[1]

申请人广州酷狗计算机科技有限公司（以下简称"酷狗公司"）与被申请人杭州某文化创意公司发生著作权争议。申请人酷狗公司诉称对"爱最大""失恋秘籍"等 456 首歌曲的涉案录音制品依法享有信息网络传播权，而被申请人杭州某文化创意公司通过"虾米音乐 PC 端（for Windows）"向公众大量提供涉案录音制品。申请人认为该行为涉嫌侵犯其公司对涉案录音制品依法享有的信息网络传播权，且被申请人杭州某文化创意公司向公众提供的录音制品所含歌曲数量较大，造成了申请人酷狗公司的巨大经济损失。因此，酷狗公司向杭州市余杭区人民法院申请对杭州某文化创意公司发出诉前禁令。

杭州市余杭区人民法院认为，在网络环境下，该行为如不及时予以禁止，将会使被申请人杭州某文化创意公司不当利用他人权利获得的市场份额进一步快速增长，损害申请人的利益，且这种损害将难以弥补。故对被申请人通过网络传播含有该裁定附件所列 456 首歌曲的涉案录音制品涉嫌侵权部分的行为理应禁止。且申请人提供的担保资金经法院查证属实，禁令申请的担保程序合法。故法院依法准许申请人对该案提起的诉前禁令申请。

---

[1] 杭州市余杭区人民法院（2015）杭余知禁字第 2 号诉前禁令裁定书。

> **案例点评**

在该案中，申请人酷狗公司作为著作权人，有证据证明被申请人杭州某文化创意公司正在实施侵犯其权利的行为，并且由于在网络环境下，不及时制止将导致被申请人的市场份额进一步快速增长，使得自身的合法权益受到难以弥补的损害，符合有关申请诉前禁令的构成要件。因此申请人根据我国《著作权法》第56条的规定，依法向杭州市余杭区人民法院提出申请，申请法院责令被申请人停止提供涉案音乐的行为，这是一种典型的诉前行为保全。

（二）著作权的行政法保护

为了加强著作权行政管理，我国逐步建立、健全了国家和地方著作权行政管理部门。著作权行政管理部门依职权贯彻实施著作权法律、法规，制定与著作权行政管理有关的办法，查处在全国有重大影响的著作权侵权案件。同时，根据《著作权法》和《著作权行政处罚实施办法》等有关法律、法规，各级著作权行政管理部门加强了著作权行政管理，制定了一系列著作权法的配套规章，使我国著作权行政管理和追究行政责任有法可依。

1. 著作权行政违法的表现形式

行政违法的具体表现形式主要体现在我国《著作权法》第53条规定的8个方面。

（1）未经著作权人许可，复制、发行、表演、放映、广播、汇编、通过信息网络向公众传播其作品的，本法另有规定的除外；

（2）出版他人享有专有出版权的图书的；

（3）未经表演者许可，复制、发行录有其表演的录音录像制品，或者通过信息网络向公众传播其表演的，本法另有规定的除外；

（4）未经录音录像制作者许可，复制、发行、通过信息网络向公众传播其制作的录音录像制品的，本法另有规定的除外；

（5）未经许可，播放、复制或者通过信息网络向公众传播广播、电视的，本法另有规定的除外；

（6）未经著作权人或者与著作权有关的权利人许可，故意避开或者破坏技术措施的，故意制造、进口或者向他人提供主要用于避开、破坏技术措施的装置或者部件的，或者故意为他人避开或者破坏技术措施提供技术服务的，法律、行政法规另有规定的除外；

（7）未经著作权人或者与著作权有关的权利人许可，故意删除或者改变作品、版式设计、表演、录音录像制品或者广播、电视上的权利管理信息的，知道或者应当知道作品、版式设计、表演、录音录像制品或者广播、电视上的权利管理信息未经许可被删除或者改变，仍然向公众提供的，法律、行政法规另有规定的除外；

（8）制作、出售假冒他人署名的作品的。

2. 行政责任的承担方式

侵犯著作权的行政责任，主要指由行政主管机关对侵权人作出的行政处罚。根据我国《著作权法》及其实施条例、《著作权行政处罚实施办法》的相关规定，著作权行政管理部门责令停止侵权行为，没收违法所得，没收、销毁侵权复制品，并可处以罚款；情节严重的，著作权行政管理部门还可以没收主要用于制作侵权复制品的材料、工具、设备等。

3. 行政处罚的救济

当事人对国家版权局的行政处罚不服的，可以向国家版权局申请行政复议；当事人对地方著作权行政管理部门的行政处罚不服的，可以向该部门的本级人民政府或者其上一级著作权行政管理部门申请行政复议。行政处罚的决定一经作出就具有一定的强制力。若当事人对行政处罚或者行政复议决定不服，可以依法提起行政诉讼。

典型案例

上海某文化传播有限公司侵犯著作权案[1]

上海某文化传播有限公司开设点播影院，通过点播系统和投影仪等放映设备向消费者提供《绿皮书》《蜘蛛侠：平行宇宙》《阿丽塔：战斗天使》等电影作品的点播放映服务。经美国电影协会北京代表处确认，共计22部涉案电影作品的著作权为其协会成员单位享有，且均未授权当事人商业性放映使用。

当事人的上述行为，侵犯了著作权人享有的权利，破坏了电影市场的正常经营秩序，同时损害了社会公共利益，构成了未经著作权人许可放映其作品的侵权行为。2019年5月，上海市文化和旅游局执法总队依据当时适用的2010年《著作权法》

---

[1] 2019年度上海十大版权典型案件发布［EB/OL］.（2020-04-30）［2021-01-30］. http://www.ncac.gov.cn/chinacopyright/contents/518/415711.html.

第 48 条第（1）项和《著作权法实施条例》第 36 条的规定，责令当事人停止侵权行为，并依法作出罚款人民币 22000 元的行政处罚。

> **案例点评**

　　该案涉及对于侵犯著作权行为的行政处罚问题。上海某文化传播有限公司开设点播影院，通过点播系统和投影仪等放映设备向消费者提供电影作品的点播放映服务这一商业行为并未得到这些电影的著作权人的许可，明显侵犯了著作权人的放映权。该案中，上海市文化和旅游局执法总队作为执法机关，根据我国《著作权法》及《著作权法实施条例》第 36 条、《著作权行政处罚实施办法》第 4 条的相关规定，依法责令该当事人停止放映这一侵权行为，并对其作出罚款处罚是必要的。

（三）著作权的刑法保护

　　我国侵犯著作权罪主要体现在《著作权法》第 53 条、《刑法》第 217 条和第 218 条的规定方面。

1. 侵犯著作权罪

　　侵犯著作权罪，是指以营利为目的，违反著作权管理法规，未经著作权人许可，侵犯他人的著作权，违法所得数额较大或者有其他严重情节的行为。侵犯著作权罪在主观方面表现为故意，并且具有营利的目的。本罪侵犯的客体既包括国家的著作权管理制度，也包括著作权人对其作品依法享有的著作权。

（1）侵犯著作权罪的主观要件

　　侵犯著作权罪在主观方面表现为故意，并且具有营利的目的。如果行为人出于过失，如误认为他人作品已过保护期而复制发行，或虽系故意，但由于追求名誉等非营利目的的，则不能构成侵犯著作权罪。犯罪的故意是指行为人明知该行为侵犯了他人的权益，仍故意为之，并且希望损害他人权益的结果发生。在侵犯著作权罪中，我国法律要求行为人不仅要具备故意的主观要件，而且必须是以营利为目的。

（2）侵犯著作权罪的主体

　　侵犯著作权罪的主体为一般主体，既包括达到刑事责任年龄，并具有刑事责任能力的自然人，也包括经国家批准和未经国家批准从事出版、发行活动的单位。依照我国《刑法》第 220 条的规定，单位犯侵犯著作权罪的，实行两罚制，即对单位判处罚金，对其直接负责的主管人员和其他直接责任人员依本条规定追究刑事责任。

(3) 侵犯著作权罪的客体

根据我国《著作权法》的规定，著作权包括人身权和财产权，侵犯著作权罪首先是对私权的直接侵犯；其次，侵犯了国家对著作权的管理制度。为了加强对著作权的管理，我国《著作权法》对作品范围、著作权内容、归属及保护期限、侵犯著作权和与著作权有关权益的行为及法律责任等均作了明确规定。对著作权的管理，是为了鼓励人们创作和推广智力成果，促进我国科学文化事业的发展繁荣。对著作权的侵犯，实际上也侵犯了国家和社会利益。

(4) 侵犯著作权罪的客观要件

我国《著作权法》第53条规定所列举的八种侵权行为方式如果严重，构成犯罪的，应当承担相应的刑事责任。

> 典型案例

刘某某等人侵犯完美公司著作权案[1]

2014年起，刘某某、覃某某、唐某某以营利为目的，未经著作权人完美世界（背景）软件科技发展有限公司、成都完美时空网络技术有限公司同意，从公开网络下载《诛仙》《笑傲江湖OL》游戏服务器端程序，架设私服运营"嘟嘟诛仙""嘟嘟笑傲江湖"网络游戏。经百度贴吧、QQ群等进行推广宣传后，大量玩家充值、使用其私服进行网络游戏。截至2018年7月，刘某某等三人架设私服的非法经营额为2000余万元。认定被告人刘某某违法所得为1000余万元，被告人覃某某违法所得140余万元，被告人唐某某违法所得130余万元。

法院审理认为，两款游戏的客户端程序运行后分别与《诛仙》《笑傲江湖OL》游戏客户端程序结构构成实质性相似，且相应客户端连接服务器后运行投射的登录界面与操作模式选择界面相同、运行内容一致，结合客户端程序与服务端程序的对应关系，足以认定三被告人使用的服务端程序、客户端程序均为权利人享有著作权的计算机软件作品，三被告架设私服的行为符合侵犯著作权罪所规定的复制、发行的要求。

2020年2月26日，成都市高新区人民法院经判决：以侵犯著作权罪判处被告

---

[1] 2019年四川省知识产权保护典型案例之一：成都市依托"双报制"办理刘某某等人侵犯完美公司著作权案 [EB/OL]. (2020-04-21) [2021-01-30]. http://scjgj.sc.gov.cn/scjgj/c101463/2020/4/21/f966df5f6f8f4b9d8f3df1662bb8c5f0.shtml.

人刘某某有期徒刑4年，并处罚金1000万元，判处被告人唐某某有期徒刑2年6个月，并处罚金130万元，判处被告人覃某某有期徒刑2年4个月，并处罚金140万元。

> **案例点评**

该案涉及关于著作权侵权行为的刑事处罚问题。刘某某、覃某某、唐某某三人以营利为目的，未经著作权人完美世界（背景）软件科技发展有限公司、成都完美时空网络技术有限公司同意，架设私服运营"嘟嘟诛仙""嘟嘟笑傲江湖"网络游戏，该行为明显侵犯了著作权人对于计算机软件的复制、发行的权利。刘某某、覃某某、唐某某主观上为故意，并具有营利目的，客观上实施了未经著作权人许可，复制、发行计算机软件的行为，并已达到刑事责任年龄，具有刑事责任能力，同时三人违法所得均在15万元以上，属于违法所得数额巨大，根据我国《著作权法》第53条（2010年《著作权法》第48条）、《刑法》第217条以及《最高人民法院、最高人民检察院关于办理侵犯知识产权刑事案件具体应用法律若干问题的解释》第5条的规定，三人构成侵犯著作权罪。

2. 销售侵权复制品罪

销售侵权复制品罪，是指以营利为目的，销售明知是侵犯他人著作权、专有出版权的文字作品、音乐、电影、电视、录像、计算机软件、图书及其他作品以及假冒他人署名的美术作品，违法所得数额巨大的行为。我国《刑法》第218条规定："以营利为目的，销售明知是本法第二百一十七条规定的侵权复制品，违法所得数额巨大或者有其他严重情节的，处五年以下有期徒刑，并处或者单处罚金"。

（1）销售侵权复制品罪的主观要件

销售侵权复制品罪在主观方面表现为故意，并且具有营利目的。在主观上要求行为人必须明知是侵权复制品而且仍然进行销售的才能构成本罪。如果行为人主观上确实不知道其销售的物品属于侵权复制品而予以销售的，不构成本罪。

（2）销售侵权复制品罪的主体

根据我国《刑法》第220条的规定，单位亦能成为本罪主体，单位犯本罪的，实行两罚制，既对单位判处罚金，又对其直接负责的主管人员和其他直接责任人员追究刑事责任。

（3）销售侵权复制品罪的客体

销售侵权复制品罪侵犯的客体是国家的著作权管理制度以及他人的著作权及与

著作权有关的权益，这与侵犯著作权罪侵犯的客体是相同的。

（4）销售侵权复制品罪的客观要件

根据《最高人民法院关于审理非法出版物刑事案件具体应用法律若干问题的解释》第 4 条的规定，以营利为目的，实施《刑法》第 218 条规定的行为，个人违法所得数额在 10 万元以上，单位违法所得数额在 50 万元以上的，依照《刑法》第 218 条的规定，以销售侵权复制品罪定罪处罚。

根据《最高人民法院关于审理非法出版物刑事案件具体应用法律若干问题的解释》第 5 条的规定，实施《刑法》第 217 条规定的侵犯著作权行为，又销售该侵权复制品，违法所得数额巨大的，只定侵犯著作权罪，不实行数罪并罚。实施《刑法》第 217 条规定的侵犯著作权的犯罪行为，又明知是他人的侵权复制品而予以销售，构成犯罪的，应当实行数罪并罚。

典型案例

山东菏泽"3·12"侵犯著作权案[1]

2018 年 3 月，根据群众举报，山东省菏泽市、定陶区两级版权、公安部门对该案进行调查。经查，闫某某等委托菏泽某贸易公司和菏泽某印刷厂承印，通过网络平台注册账号，非法印刷、销售盗版雅思系列图书。执法部门共查处印刷、销售窝点 10 个，查获盗版书籍 25 万余册，盗版配套光盘 1.5 万余张，涉案金额达 1500 万元，抓获犯罪嫌疑人 13 人。2019 年 6 月和 7 月，菏泽市定陶区人民法院以侵犯著作权罪，分别判处闫某某等 9 人 4 年至 1 年 6 个月有期徒刑不等，并处罚金 6 万元至 1 万元不等，没收违法所得共计 117 万元。

案例点评

该案涉及对于著作权侵权行为的刑事处罚问题。闫某某等人委托菏泽某贸易公司和菏泽某印刷厂承印，通过网络平台注册账号，非法印刷、销售盗版雅思系列图书的行为明显侵犯了著作权人对涉案书籍和光盘的复制、发行的权利。闫某某等人在主观上表现为故意，并具有营利目的，在客观上实施了未经著作权人许可，复制发行其文字作品（书籍）和视听作品（光盘）的行为，并且涉案人员为达到刑事责

---

[1] 国家版权局发布 2019 年全国打击侵权盗版十大案件 [EB/OL]. (2020-04-24) [2021-01-30]. https：//baijiahao. baidu. com/s? id =1664856206127484968&wfr = spider&for = pc.

任年龄并具备刑事责任能力的自然人，涉案金额达 1500 万元，违法所得数额巨大。因此，根据我国《著作权法》第 53 条（2010 年《著作权法》第 48 条）、《刑法》第 217 条、第 218 条和《最高人民法院关于审理非法出版物刑事案件具体应用法律若干问题的解释》第 5 条的规定，被告实施侵犯著作权行为，又销售该侵权复制品，违法所得数额巨大，因此，闫某某等人依法构成侵犯著作权罪。

三、著作权的限制

著作权的限制，是指国家在建立著作权保护制度的同时，出于国家的经济、文化和科技事业的发展及社会公共利益的需要，在法律上对著作权作者及其他权利人所享有的著作权作出的某些限制性规定。著作权限制包括对著作权作者行使著作权进行的限制和其他权利人行使著作权人享有的著作权的限制。

我国著作权法主要规定了合理使用和法定许可两种限制情形。

1. 合理使用制度

所谓合理使用，是指在一定条件下，为了个人学习和科研，为了教学活动、学术研究、科学探讨、公共借阅、执行公务活动等社会利益，使用他人受保护的作品，可以不经著作权人同意，也不向其支付报酬，但应注明作者的姓名、作品名称和出处，并且不得影响作品的正常使用，也不得不合理地损害著作权人的合法权利。具体包括如下内容：

（1）为个人学习、研究或者欣赏的目的而使用。为个人学习、研究或者欣赏的目的而使用他人已经发表的作品，使用的方式可以是著作权法规定的复制、改编、翻译等，但这种使用必须是以个人学习、研究或欣赏为目的，而不能用于商业目的，如用来出版、出租、出借和其他营业性使用。不能超出个人范围扩展至第三人或者家庭其他成员，同时，他人未发表的作品不在合理使用范围内。

（2）为介绍、评论某一作品或者说明某一问题而使用。在介绍、评论某一作品或者为了说明某一问题时，可以在自己的作品中适当引用他人已经发表的作品。但是，引用必须适当，在引用他人的作品时，应当说明作品出处和作者姓名，并且所引用的部分不能构成引用人作品的主要部分或者实质部分，引用比例应当适当，否则就有可能构成抄袭侵权。

（3）为报道新闻，在报纸、期刊、广播电台、电视台等媒体中不可避免地再现或者引用已经发表的作品。为了报道时事新闻，传播媒介在报纸、期刊、广播电台、电视台向公众提供作品的片段，可以引用再现已发表的作品。引用再现他人已经发表的作品需注意，引用的目的仅限于报道时事新闻，被使用的作品必须是已经发表的，引用的数量应当符合一定的限度，并且应当注明被引用作品的出处。

（4）报纸、期刊、广播电台、电视台等媒体刊登或者播放其他报纸、期刊、广播电台、电视台等媒体已经发表的关于政治、经济、宗教问题的时事性文章，但著作权人声明不许刊登、播放的除外。

（5）报纸、期刊、广播电台、电视台等媒体刊登或者播放在公众集会上发表的讲话，但作者声明不许刊登、播放的除外。

（6）为学校课堂教学或者科学研究，改编、汇编、播放或者少量复制已经发表的作品，供教学或者科研人员使用，但不得出版发行。

（7）国家机关为执行公务在合理范围内使用已经发表的作品。立法机关、行政机关、司法机关、法律监督机关和军事机关等国家机关为执行公务使用已经发表的作品属于合理使用。使用必须是出于维护国家利益和公众利益等公务目的，并且不得影响作品的正常使用和无故损害著作权人的合法权益。

（8）图书馆、档案馆、纪念馆、博物馆、文化馆等为陈列或者保存版本的需要，复制本馆收藏的作品。这一使用仅限于复制且必须是为了陈列、保存版本之目的需要。

（9）免费表演已经发表的作品，该表演未向公众收取费用，也未向表演者支付报酬且不以营利为目的。

（10）对设置或者陈列在公共场所的艺术作品进行临摹、绘画、摄影、录像，但不能作进一步的营利活动。

（11）将中国公民、法人或者非法人组织已经发表的以国家通用语言文字创作的作品翻译成少数民族语言文字作品在国内出版发行。需要注意的是，仅适用于汉族文字作品翻译成少数民族文字，而对其他少数民族文字作品的翻译则不适用，同时出版发行范围仅限于国内，向国外发行则不属于合理使用范畴。

（12）以阅读障碍者能够感知的无障碍方式向其提供已经发表的作品，如将已经发表的作品改成盲文出版。

（13）法律、行政法规规定的其他情形。

2. 法定许可制度

法定许可，是指在法律直接规定的范围内对作品进行某种使用时，可以不经著作权人的同意，但应当向著作权人支付报酬。

法定许可使用作品必须具备以下条件：第一，许可使用的作品必须是已经发表的作品；第二，使用作品应当向著作权人支付报酬；第三，著作权人未发表不得使用的声明；第四，不得损害被使用作品和著作权人的权利。

法定许可指法律规定在一定的条件下，可以不经著作权人同意使用其已经发表的作品，但应当按规定向著作权人支付报酬。我国《著作权法》规定了5种法定许可情形。

（1）出版教材的法定许可

为实施九年义务教育和国家教育规划而编写出版教科书，除作者事先声明不许使用的外，可以不经著作权人许可，在教科书中汇编已经发表的作品片段或者短小的文字作品、音乐作品或者单幅的美术作品、摄影作品，但应当按照规定支付报酬，指明作者姓名、作品名称，并且不得侵犯著作权人依法享有的其他权利。此项规定同时适用于对出版者、表演者、录音录像制作者、广播电台、电视台的权利的限制。

（2）报刊转载的法定许可

作品刊登后，除著作权人声明不得转载、摘编的外，其他报刊可以转载或者作为文摘、资料刊登，但应当按照规定向著作权人支付报酬。

（3）制作录音制品的法定许可

录音制作者使用他人已经合法录制为录音制品的音乐作品制作录音制品，可以不经著作权人许可，但应当按照规定支付报酬；著作权人声明不许使用的不得使用。

（4）播放已发表作品的法定许可

广播电台、电视台播放他人已经发表的作品，可以不经著作权人许可，但应当支付报酬。

（5）播放已出版的录音制品的法定许可

广播电台、电视台播放已经出版的录音制品，可以不经著作权人许可，但应当向著作权人支付报酬，当事人另有约定的除外。

3. 强制许可

目前我国《著作权法》中还没有强制许可的规定。尽管如此，我国是《伯尔尼公约》和《世界版权公约》的成员，该两国际公约中规定了强制许可制度。因此，我国实际上也可以适用强制许可制度。

4. 公共秩序保留

公共秩序保留是对违反公共秩序作品的著作权予以限制的一种方法。主要是指凡被认为有意欺骗公众、违背首先原则、低级下流、蔑视法律或宗教、诽谤他人等的作品不得受到著作权法的保护。因此，任何作者都必须在不违背公共秩序的前提下行使其权利，这实际上与民法中的公序良俗原则具有一致性。

5. 著作销售权的穷竭

著作销售权的穷竭，是指著作权人同意将作品的印刷品投放本国市场后，该著作权人就不能再对其作品的分销进行控制和干涉。这说明著作权人的销售专有权只能行使一次。

第八节 著作权的使用

著作权人对自己的作品享有著作权，著作权人可以通过自己行使著作权来获得利益。

一、著作权的转让

著作权转让是指著作权人将著作权中的全部或部分财产权有偿或无偿地转移交付给他人所有的一种民事法律行为。著作权转让是指著作权所有权的转移，受让人因此而成为新的著作权人，受让后受让人便拥有了对著作权占有、使用、收益、处分的权利。

我国《著作权法》第 27 条明确规定，著作权可以转让，在转让时应当签订书面合同。

（一）著作权转让的权利范围

我国《著作权法》虽然没有明确规定著作人身权不能转让，但是，其中第 27 条明确规定："转让本法第十条第一款第五项至第十七项规定的权利，应当订立书面合同。"该规定已明确规定了著作权转让的范围仅限于著作财产权，将著作人身权排除在著作权转让范围之外。

与著作人身权相比较，著作财产权具有可让与性。作者可以通过让与的方式来实现其财产权利。

著作权的转让是著作财产权权能完整的转让，无论转让复制权，还是转让发行权或其他任何一种财产权，都必须将使用、收益、处分的权能一并转让。如果受让人只能使用作品，而不具有处分和收益权的转让就不是严格意义上的著作权转让，而是使用许可。

（二）著作权转让的方式

1. 有偿与无偿转让

著作权的转让可以是有偿的也可以是无偿的。有偿转让是指通过买卖交易等方式进行的转让，无偿转让是指通过赠与或者遗赠等方式进行的转让。

2. 分别转让

著作权中的各种财产权可以分别进行转让。著作权中的财产权多达十多种，在行使转让权时，并不是必须将全部财产权转让给同一公民、法人或其他组织，著作权人可以根据具体情况和受让人的需要对转让的权利内容进行多种选择。著作权人可以将其享有的复制权、发行权转让给出版社，翻译权转让给翻译公司，放映权转让给电影公司。

3. 分地域转让

著作权还可以分地域进行转让。著作权人可以按照不同的地域，分地域转让自己的著作权。如著作权人可以将其享有的转播权按地域分别转让给不同地区的广播电视台。

4. 著作权转让的法律形式

著作权的转让还得通过一定的法律形式。根据我国《著作权法》的规定，著作权转让应当订立书面合同，同时规定，与著作权人订立转让合同的，可以向著作权行政管理部门备案。

5. 注意作品著作权转让和作品载体转让的区别

我国《著作权法》第 20 条规定："作品原件所有权的转移，不改变作品著作权的归属，但美术、摄影作品原件的展览权由原件所有人享有。作者将未发表的美术、摄影作品的原件所有权转让给他人，受让人展览该原件不构成对作者发表权的侵犯。"这些规定表明，作品著作权的转让和作品有形载体的转让是相互独立的，不能混淆。

（三）著作权转让合同

因著作权转让而设立的合同称为著作权转让合同，它也是一种民事合同，故同样应该遵循《民法典》合同编的规定。另外，《著作权法》还对转让合同的主要条款及其他相关内容作了一些特殊规定。

1. 转让合同的形式

但是，我国《著作权法》要求著作权转让必须订立书面合同。其中第 27 条规定,转让本法第 10 条第 1 款第(5)项至第(17)项规定的权利,应当订立书面合同。因此,著作权转让合同应当是要式合同。

2. 转让合同的内容

根据我国《著作权法》的相关规定,著作权转让合同包括的主要内容有:

(1) 作品的名称。

(2) 转让的权利种类、地域范围。

我国《著作权法》第 10 条第 3 款规定,著作权人可以全部或者部分转让本条第 1 款第(5)项至第(17)项规定的权利,并依照约定或者本法有关规定获得报酬。著作权人具体要转让某一项或几项权利,需要在合同中进行明确约定。我国《著作权法》第 29 条的规定,许可使用合同和转让合同中著作权人未明确许可、转让的权利,未经著作权人同意,另一方当事人不得行使。

(3) 转让价金。

(4) 付款日期和方式。

(5) 违约责任。

违约责任是指合同一方或者双方没有履行合同约定的义务或者不适当履行合同约定的义务,依照法律的规定或者按照当事人的约定应当承担的法律责任。

(6) 双方认为需要约定的其他内容。

除以上条款外,如果认为需要约定其他内容,双方可以增加其他认为有必要约定的内容。如双方可以在合同中约定仲裁或者诉讼等纠纷解决方式。

二、著作权的许可

著作权许可是指著作权人将自己的作品以一定的方式、在一定的地域和期限内许可他人使用,并向被许可人收取一定数额的使用费的行为。著作权许可是著作权人在保留其著作权人身份的前提下,允许他人在一定的条件下行使其著作权的行为。

(一) 著作权许可的特征

著作权许可具有如下特征。

(1) 著作权许可使用并不改变著作权的归属。通过著作权许可使用合同,被许可人所获得的仅仅是在一定期间内、在约定的范围内、以一定的方式对作品的使用权,其著作权的实际占有人仍是原著作权人。

(2) 由于著作权的实质性权属没有改变,仍然属于原著作权人所有,因此,被许可人对第三人侵犯著作权的行为一般不能以自己的名义向侵权者提起诉讼，因为被许可人并不是著作权的主体，除非著作权人许可的是专有使用权。

（3）被许可人的权利受制于合同的约定。被许可人不能擅自行使超出约定的权利，同时也只能以约定的方式在约定的地域和期限内行使著作权。同时被许可人还不能擅自将自己享有的权利许可他人使用，也不能禁止著作权人将同样权利以完全相同的方式，在相同的地域和期限内许可他人使用，除非许可人同意或者被许可人享有的是专有许可权并附有从属许可的权利。按照我国《著作权法》第29条的规定，合同中未明确许可的权利，未经著作权人同意，另一方当事人不得行使。这表明被许可人若要以合同中未明确提到的方式使用作品，需要著作权人的重新确认。

（二）著作权许可的内容

著作权许可使用的对象一般是著作财产权或经济权，包括著作权中的复制权、发行权、出租权、展览权、表演权、放映权、广播权、信息网络传播权、摄制权、改编权、翻译权、汇编权等。

（三）著作权许可使用合同

著作权许可合同是因著作权许可使用而设立的合同。它属于民事合同范畴，除遵循我国《民法典》合同编的规定，还应当遵循我国《著作权法》关于对许可使用合同的主要条款及其他相关内容的一些特殊规定。

（四）著作权许可使用与转让的区别

著作权转让是指著作权人将著作权中的全部或部分财产权有偿或无偿地转移交付给他人所有的一种民事法律行为。著作权转让是指著作权所有权的转移，受让人因此而成为新的著作权人，受让后受让人便拥有了对著作权占有、使用、收益、处分的权利。而著作权许可是指著作权人将自己的作品以一定的方式、在一定的地域和期限内许可他人使用，并向被许可人收取一定数额的使用费的行为，是著作权人在保留其著作权人身份的前提下，允许他人在一定的条件下行使其著作权的行为。二者有着本质的区别。

（1）著作权的转让，是著作权人将其享有的原著作权中的财产权转让给受让人，原著作权人丧失这部分权利，包括占有、使用、处分和收益等权利。而著作权的许可使用，被许可人取得的仅仅是作品的使用权，其著作权的实际占有权仍然属于原著作权人。

（2）著作权转让后，受让人取得所转让的著作财产权的全部权能，享有转让后的著作权，原著作权人的权利完全发生转移。因此，当该著作权受到侵害时，原著作权人失去侵权诉讼权，受让人享有因侵犯著作权向人民法院提起诉讼的权利。而著作权的许可使用人享有的仅仅只是使用权，而不享有占有权。因此，被许可人对他人侵犯著作权的行为无权提出侵权诉讼，侵权诉讼权仍由原著作权人行使，除非著作权人许可的是专有使用权。

（3）合同形式要求不同。关于许可合同的形式，我国《著作权法》中未作特殊要求，其中第26条规定："使用他人作品应当同著作权人订立许可使用合同，本法规定可以不经许可的除外。"与第27条对转让合同规定的要求不同，没有"书面"二字。因此，当事人既可以采用书面形式，也可以采用口头形式或者其他形式。但是，根据我国《著作权法实施条例》第23条的规定："许可使用的权利是专有使用权的，应当采取书面形式，但是报社、期刊社刊登作品除外。"因此，一般情况下，专有许可合同仍然应当采取书面形式。

第九节　著作权的管理

我国著作权的管理包括行政管理和集体管理。

一、著作权行政管理

我国《著作权法》第7条规定国家著作权主管部门负责全国的著作权管理工作；县级以上地方主管著作权的部门负责本行政区域的著作权管理工作。另外，第53条规定著作权的行政责任。我国《著作权法实施条例》第16条、第22条、第25条分别规定了著作权行政管理部门的相关职责。因此，对著作权进行行政管理是我国著作权制度的一大特色。

著作权的行政管理是指由政府设立的著作权管理机关通过行政行为、代表国家对著作权实施的管理，是著作权行政管理机关在职权范围内，依法对与著作权有关的活动进行监督、管理的行为。著作权行政管理的对象是与著作权有关的活动，主要包括著作权的取得（产生）、登记、行使、交易（许可或者转让）和灭失等活动的管理，还包括对由著作权形成的版权相关产业的规范、引导、指导，以及对专门从事著作权许可业务的著作权集体管理活动的监管等内容。著作权行政管理是具有中国特色的著作权保护制度，是我国实施著作权法的有效手段，在著作权法实施过程中扮演着重要的角色，在依法保护著作权人合法权益、打击侵权盗版行为等方面发挥了积极的作用。

二、著作权集体管理

我国著作权集体管理起步较晚。1992年12月17日由国家版权局和中国音乐家协会共同发起成立的中国音乐著作权协会（MCSC），是我国最大的音乐著作权集体管理组织，是维护作曲者、作词者和其他音乐著作权人合法权益的非营利性机构。1994年中国音乐著作权协会经国家版权局和外交部批准，加入了国际作者作曲者协会联合会（CISAC），使我国的音乐著作权人的权利保护在国外获得实现，同时也履行了我国政府参加的国际著作权公约所承担的国际著作权保护义务。我国《著作权法》第8条明确规定了我国著作权集体管理组织的法律地位。据此，著作权人可以委托我国集体管理组织对其著作权进行保护。

第五章　地理标志

第一节　地理标志概述

一、什么是地理标志

我国《商标法》第 16 条第 2 款规定，地理标志是指标示某商品来源于某地区，该商品的特定质量、信誉或者其他特征，主要由该地区的自然因素或人文因素所决定的标志。因此，地理标志是一种标示商品来源和质量的商业标记，也是一种标示商品的产出地并表示商品与某种地理条件或传统技术有关的区别标志。它不仅标识商品的来源地，而且对其所标识的商品或服务具有证明、担保其品质、产地、制造工艺、精确度以及具备其所表明的出处直接相关的特定品质的作用，具有表征产品来源和表征产品独特质量的功能。其一般是由地理名称和产品通用名称构成，如北京烤鸭、兰州拉面等。

二、地理标志的基本特征

（一）地域性

我国《商标法》第 16 条第 1 款规定，商标中有商品的地理标志，而该商品并非来源于该标志所标示的地区，误导公众的，不予注册并禁止使用；但是，已经善意取得注册的继续有效。

（二）集体性

地理标志是基于原产地的自然条件和原产地世代劳动者的集体智慧而形成，它应属于原产地劳动者集体所有，是一种集体权利。地理标志可由商品来源地所有的企业、个人共同使用，只要其生产的商品达到了地理标志所代表的产品的品质，这样在同一地区使用同一地理标志的人就不止一个，从而使地理标志的所有者具有集体性。

（三）长久性

地理标志作为知识产权的一种，与其他知识产权相比，具有长久性，不受时间的限制。

（四）独特性

地理标志作为一种标记与一定地理区域的自然因素和人文因素相联系，其主要的功能就在于使消费者能够区分和辨认来源于某特定地区的商品与来源于其他地区的同种商品的独特性，通过进行比较、挑选，以满足自己的需要，购买到自己喜爱的商品。

三、农产品地理标志使用人的权利和义务

根据《农产品地理标志管理办法》第 16～17 条的规定，农产品地理标志使用人具有如下权利和义务。

（一）权利

农产品地理标志使用人享有以下权利：（1）可以在产品及其包装上使用农产品地理标志；（2）可以使用登记的农产品地理标志进行宣传和参加展览、展示及展销。

（二）义务

农产品地理标志使用人应当履行以下义务：（1）自觉接受登记证书持有人的监督检查；（2）保证地理标志农产品的品质和信誉；（3）正确规范地使用农产品地理标志。

四、地理标志商标注册的意义

（一）助推地方经济

地理标志商标不仅标示某特定商品来源于特定地区，而且承载了商品的特定质

量、信誉或者其他特征,在市场上具有更为独特的显著性,是独一无二的。做好地理标志商标的保护、管理和宣传工作,对地方特色经济,特别是农业、旅游业的发展影响巨大。

(二) 促进产业发展

地理标志商标注册和保护,对增加农产品附加值、不断提高农民收入、促进扩大农产品出口、促进特色农业产业的形成和发展、推进农业产业化水平、优化农业产业结构、促进农业社会化服务体系的发展,并带动其他行业同步发展具有极其重要的意义。

(三) 加强国际保护

中国的地理标志作为集体商标、证明商标申请和注册后,可以利用马德里系统在其他成员国获得商标注册和保护。其他成员国的地理标志也可以通过这一系统到中国获得商标注册和保护。这无疑大大方便了国内外地理标志产品的流通和保护。

> 典型案例

郫县豆瓣

郫县豆瓣是成都市郫都区(原郫县)的特产,也是中国地理标志产品。郫县豆瓣是中国顶尖调味料之一,其在选材与工艺上独树一帜、与众不同,香味醇厚却未加一点香料,色泽油润,全靠精细的加工技术和原料的优良而达到色、香、味俱佳的标准。郫县豆瓣具有辣味重、鲜红油润、辣椒块大、回味香甜的特点,是川味食谱中常用的调味佳品,有"川菜之魂"之称。"郫县豆瓣传统手工制作技艺"先后被列入成都市、四川省、国家非物质文化遗产名录。2020年入选《中欧地理标志协定》首批保护清单。

地理标志产品保护全面促进了郫县豆瓣产业的发展壮大,给郫都区经济社会发展带来了明显的经济效益和社会效益。2006年郫县豆瓣申报地理标志产品保护以前,全区豆瓣产品总产量20万吨,销售收入总额6亿元,利税总额约5000万元。实施地理标志保护以后,2013年,郫县豆瓣总产量达到96万吨,较之保护前增长了3.8倍;实现工业产值75亿元,较之保护前增长了9.5倍;出口额达600万美元。郫县豆瓣的产品步入了健康发展的轨道,已成为郫都区的支柱产业之一。郫县豆瓣带动了食品包装、运输、竹编等相关产业的加速发展，吸纳了农村剩余劳动力1.5万余人，在郫都区经济社会发展中发挥着越来越大的作用。

> **案例点评**

郫县豆瓣作为一种地理标志商标，标示了特定产地，承载了特定质量、信誉，提高了郫县豆瓣产品的知名度，对郫都区豆瓣产业的发展有促进作用。豆瓣产业的壮大带动了相关产业同步发展，推动了郫都区地方特色经济发展。在乡村振兴战略中，如何挖掘和发挥好本地区特色资源，通过知识产权促进产业振兴是值得干部思考的问题。

第二节 地理标志产品及商标的申请

一、地理标志产品申请

地理标志是知识产权的一种，受法律保护。

（一）地理标志产品申请主体

地理标志具有集体性特征，它是一种集体权利，应属集体所有，只能由地方政府或者行业协会代表集体去申请。2005年7月15日实施的《地理标志产品保护规定》第8条规定，地理标志产品保护申请，由当地县级以上人民政府指定的地理标志产品保护申请机构或人民政府认定的协会和企业提出，并征求相关部门意见。其第9条规定，申请保护的产品在县域范围内的，由县级人民政府提出产地范围的建议；跨县域范围的，由地市级人民政府提出产地范围的建议；跨地市范围的，由省级人民政府提出产地范围的建议。2007年12月农业部颁发、2019年4月25日修订的《农产品地理标志管理办法》第8条规定，农产品地理标志登记申请人为县级以上地方人民政府根据下列条件择优确定的农民专业合作经济组织、行业协会等组织：(1)具有监督和管理农产品地理标志及其产品的能力；(2)具有为地理标志农产品生产、加工、营销提供指导服务的能力；(3)具有独立承担民事责任的能力。农产品地理标志是集体产权的体现，企业和个人不能作为农产品地理标志登记申请人。因此，农产品地理标志只能由县级以上人民政府或者其授权的农民专业合作经济组织、行业协会等组织申请。

（二）地理标志产品申请条件

《地理标志产品保护规定》第2条规定，本规定所称地理标志产品，是指产自特定地域，所具有的质量、声誉或其他特性本质上取决于该产地的自然因素和人文因素，经审核批准以地理名称进行命名的产品。地理标志产品包括：（1）来自本地区的种植、养殖产品。（2）原材料全部来自本地区或部分来自其他地区，并在本地区按照特定工艺生产和加工的产品。其第7条规定，申请地理标志保护的产品应当符合安全、卫生、环保的要求，对环境、生态、资源可能产生危害的产品，不予受理和保护。《农产品地理标志管理办法》第7条规定，申请地理标志登记的农产品，应当符合下列条件：（1）称谓由地理区域名称和农产品通用名称构成；（2）产品有独特的品质特性或者特定的生产方式；（3）产品品质和特色主要取决于独特的自然生态环境和人文历史因素；（4）产品有限定的生产区域范围；（5）产地环境、产品质量符合国家强制性技术规范要求。因此，在我国，可申请地理标志的产品涉及农产品、食品、中药材、手工艺品、工业品等多种产品。大概可以分为两大类：一类是来自本地区的种植、养殖产品，如阳澄湖大闸蟹、通江木耳等；另一类是原材料全部来自本地区或部分来自其他地区，并在本地区按照特定工艺生产和加工的产品，如金华火腿等。

（三）地理标志产品申请流程

《地理标志产品保护规定》第4条规定，国家质量监督检验检疫总局（以下简称"国家质检总局"）统一管理全国的地理标志产品保护工作。各地出入境检验检疫局和质量技术监督局（以下简称"各地质检机构"）依照职能开展地理标志产品保护工作。其第11条规定，出口企业的地理标志产品的保护申请向本辖区内出入境检验检疫部门提出；按地域提出的地理标志产品的保护申请和其他地理标志产品的保护申请向当地（县级或县级以上）质量技术监督部门提出。其第12条规定，省级质量技术监督局和直属出入境检验检疫局，按照分工，分别负责对拟申报的地理标志产品的保护申请提出初审意见，并将相关文件、资料上报国家质检总局。因此，地理标志产品申请应当根据不同情况分别向国家质量监督检验检疫行政管理部门提出。《农产品地理标志管理办法》第4条规定，农业部负责全国农产品地理标志的登记工作，农业部农产品质量安全中心负责农产品地理标志登记的审查和专家评审工作。省级人民政府农业行政主管部门负责本行政区域内农产品地理标志登记申请的受理和初审工作。因此，农产品地理标志申请应当向相应的农业行政主管部门提出。

（四）地理标志产品申请所需材料

《地理标志产品保护规定》第10条规定，申请人应提交以下资料：（1）有关地方政府关于划定地理标志产品产地范围的建议；（2）有关地方政府成立申请机构或认定协会、企业作为申请人的文件；（3）地理标志产品的证明材料，包括：①地理标志产品保护申请书；②产品名称、类别、产地范围及地理特征的说明；③产品的理化、感官等质量特色及其与产地的自然因素和人文因素之间关系的说明；④产品生产技术规范（包括产品加工工艺、安全卫生要求、加工设备的技术要求等）；⑤产品的知名度，产品生产、销售情况及历史渊源的说明；（4）拟申请的地理标志产品的技术标准。其第20条规定，地理标志产品产地范围内的生产者使用地理标志产品专用标志，应向当地质量技术监督局或出入境检验检疫局提出申请，并提交以下资料：（1）地理标志产品专用标志使用申请书；（2）由当地政府主管部门出具的产品产自特定地域的证明；（3）有关产品质量检验机构出具的检验报告。《农产品地理标志管理办法》第9条规定，符合农产品地理标志登记条件的申请人，可以向省级人民政府农业行政主管部门提出登记申请，并提交下列申请材料：（1）登记申请书；（2）产品典型特征特性描述和相应产品品质鉴定报告；（3）产地环境条件、生产技术规范和产品质量安全技术规范；（4）地域范围确定性文件和生产地域分布图；（5）产品实物样品或者样品图片；（6）其他必要的说明性或者证明性材料。

附：国家地理标志保护产品申报资料一览表

1. 封面：＊＊地理标志产品保护申报材料，落款一般为：＊＊市（县）人民政府；或＊＊地理标志产品保护申报委员会或领导小组
2. 地方政府关于申报的报告或请示（对省级质监或检验检疫部门）
3. 地方政府关于成立＊＊地理标志产品保护申报领导小组的通知（写明事由、明确组长、副组长、成员及下设办公室）
4. 地方政府关于指定＊＊机构（政府成立申请机构或指定协会、企业作为申请人）为申报＊＊地理标志产品保护牵头单位的通知或函（周知性的，主送为下属各单位）
5. 地方政府关于划定＊＊地理标志产品保护范围的函。主送国家质检总局；附上标识地图，范围一般到乡镇一级、水域按自然界定；政府发文，公章为政府章

续表

6. 人民政府关于申报地理标志实施方案的通知
7. 省级质监或检验检疫部门关于政府申报的复函
8. 按申报的保护范围制作"地理标志生态原产地的区域分布图"
9. 地理标志产品保护申请书（封面＋表格＋填表说明。加盖政府公章）
10. 地标产品名称、类别、产地范围及地理特征说明 （1）产品名称（产品名称一定"不能为通用名称"，必须"与当地自然因素和人文因素有关联性"）； （2）种类（品种）； （3）地域范围
11. 产品生产地域的环境特征 （1）地理特征； （2）气候特点； （3）土壤特点； （4）水质特征； （5）其他特征
12. 产品生产地域的人文特征 （1）产品历史渊源； （2）知名度； （3）产业状况
13. 产品的品质特色与当地自然因素、人文因素的关联性 （1）生产所用原材料与地域关联（如有）； （2）产品感官特点与地域关联； （3）产品理化指标与地域关联； （4）产品的工艺或生产与地域的自然、人文的关联； （5）品质特色与同类产品的比较
14. 产品的综合标准（产品执行标准。现行有效的专用标准或管理规范，企业标准需要备案，有单项规程也一并附上）
15. 产品的生产技术规程或质量控制技术规范（包括生产所用原材料、生产工艺、流程、安全卫生要求、主要质量特性、加工设备技术要求等）
16. 产品的历史渊源、知名度、生产及销售状况说明

续表

17. 证明材料 （1）《地方志》记载的相关内容，及典籍、经典历史传说等；专业志记载也可以，建议到档案馆或方志办查阅、复印。 （2）获奖证明。相关荣誉证书，资质证明，指与产品有关的、主要的部分。 （3）近期检测报告。产品名称要与申报名称一致，报告日期与申报时间要接近。 （4）近几年产品销售情况的证明材料其他证明材料。如列入地方发展规划（政府工作报告、大事记等）记载产品内容；产品包装图片（包装中的产品名称应与申报名称一致）；产地环境部分代表图片等

典型案例

潜江龙虾

潜江龙虾系湖北省潜江市特产，全国农产品地理标志。

潜江市属北亚热带季风性湿润气候，四季分明，春暖、夏炎、冬寒，气候适宜，素以"水乡园林"著称。全年有效积温5125℃，年平均温度16.1℃，适宜龙虾生长。潜江龙虾尾肥体壮，鳃丝洁白，无异味，腹部清洁透明，品质优良，执行《无公害食品淡水虾》（NY 5189—2005）标准。潜江龙虾地理标志保护的区域范围为潜江市积玉口镇、高石碑镇、王场镇、广华办事处、周矶办事处、杨市办事处、总口管理区、渔洋镇、老新镇、熊口镇、龙湾镇、张金镇、浩口镇、运粮湖管理区、西大垸管理区、园林办事处、竹根滩镇、后湖管理区等18个镇（处、区）。地理坐标为东经112°31′00″—112°59′00″，北纬30°09′00″—30°35′00″。潜江龙虾地域范围内的小龙虾生产经营者，在产品或包装上使用已获登记保护的潜江龙虾农产品地理标志，须向登记证书持有人潜江市龙虾养殖协会提出申请，并按照相关要求规范生产和使用标志，统一采用产品名称和农产品地理标志公共标识相结合的标识标注方法。

2013年4月15日，"潜江龙虾"农产品地理标志获批予以登记保护。

2019年11月15日，入选中国特色农产品区域公用品牌。

2020年7月20日，潜江龙虾入选《中欧地理标志协定》首批保护清单。

案例点评

潜江龙虾系来自潜江市的养殖产品，属于可申请地理标志的产品。依据2007年

12月农业部（现为农业农村部）发布的《农产品地理标志管理办法》第8条的规定，农产品地理标志登记申请人为县级以上地方人民政府根据下列条件择优确定的农民专业合作经济组织、行业协会等组织。潜江市龙虾养殖协会作为行业协会可以提出农产品地理标志登记申请，企业和个人不能作为农产品地理标志登记申请人，潜江龙虾地域范围内的小龙虾生产经营者须向潜江市龙虾养殖协会申请使用潜江龙虾农产品地理标志。该地理标志的成功申请有效带动了当地产业的发展。

二、地理标志商标申请

依照我国《商标法》和《商标法实施条例》的规定，地理标志可以作为证明商标或者集体商标申请注册。地理标志专用权虽然受知识产权法律保护，但是，地理标志不一定必然是商标，其只有通过商标注册确认后才能成为地理标志商标。地理标志商标是标示某商品来源于某地区，并且该商品的特定质量、信誉或其他特征主要由该地区的自然因素或人文因素所决定的标志。申请地理标志证明商标是目前国际上保护特色产品的一种通行做法。通过申请地理标志证明商标，可以合理、充分地利用与保存自然资源、人文资源和地理遗产，有效地保护优质特色产品和促进特色行业的发展。

（一）地理标志商标申请主体

申请注册地理标志商标的商品必须符合使用该地理标志条件的自然人、法人或者其他组织。

（二）地理标志商标申请条件

商标中有商品的地理标志，商品必须来源于该标志所标识的地区。根据《商标法》第16条的规定，商标中有商品的地理标志，而该商品并非来源于该标志所标示的地区，误导公众的，不予注册并禁止使用；但是，已经善意取得注册的继续有效。地理标志是指标示某商品来源于某地区，该商品的特定质量、信誉或者其他特征，主要由该地区的自然因素或者人文因素所决定的标志。

（三）地理标志商标申请流程

申请地理标志商标有两种途径，既可以自己直接到商标局办理，也可以委托在商标局备案的专门的代理机构办理。具体流程包括以下步骤：

（1）进行商标查询，查看有无其他人已经对要申请的地理标志商标进行过申请；

（2）准备申请地理标志商标的文件，提交申请；

（3）申请完毕后，缴纳注册商标的费用；

（4）等待商标局审查确认，发商标受理通知书，公告申请的商标和颁发商标证书。

集体、证明商标（地理标志）注册申请流程如图5-1所示。

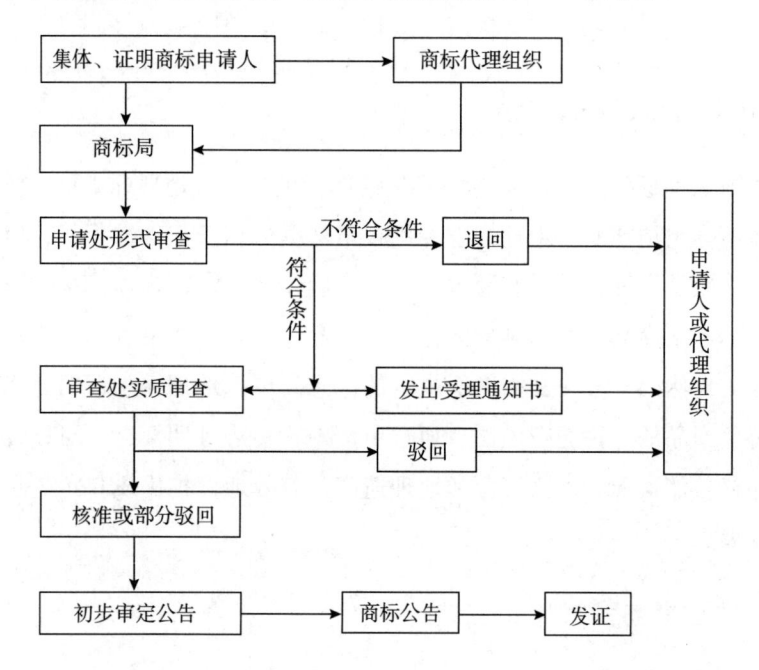

图5-1 集体、证明商标（地理标志）注册申请流程

（四）地理标志商标申请所需材料

地理标志商标申请需要准备的资料。

（1）加盖申请人公章的商标注册申请书，委托商标代理机构代理的，还应当附送商标代理委托书。

（2）证明商标申请人主体资格的文件及复印件，或者加盖申请人印章的有效复印件，并应当详细说明其所具有的或者其委托的机构具有的专业技术人员、专业检测设备等情况，以表明其具有监督该证明商标所证明的特定商品品质的能力。

（3）地理标志所标示地区的人民政府或者行业主管部门授权申请人申请注册并监督管理该地理标志的文件。

（4）以地理标志作为证明商标注册的，应当在申请文件中说明下列内容：①该地理标志所标示的商品的特定质量、信誉或者其他特征；有关该地理标志产品客观存在及信誉情况的证明材料（包括县志、农业志、产品志等对地理标志产品的特定品质受特定地域环境或人文因素决定的说明）并加盖出具证明材料部门的公章。②该商品的特定质量、信誉或者其他特征与该地理标志所标示的地区的自然因素和人文因素的关系。③该地理标志所标示的地区的范围。地理标志所标示的地域范围划分的相关文件、材料，包括县志、农业志、产品志中所表述的地域范围或者是省级以上主管部门出具的地域范围证明文件。

（5）地理标志证明商标、集体商标使用管理规则。

（6）如申请注册的证明商标是人物肖像，应附送经过公证的肖像权人同意将此肖像作为商标注册的声明。

（7）商标图样。

（8）直接到商标注册大厅办理注册申请的，须提交经办人的身份证复印件并出示原件；委托商标代理机构办理注册申请的，须提交商标代理委托书。

第三节　地理标志的保护

地理标志的法律保护是多方位的，有国际公约、条约的保护，也有国内法的保护。在国内法的保护方面，主要通过反不正当竞争法、商标法和专门法律进行保护。

一、地理标志的国际保护

（一）《巴黎公约》

在国际公约保护方面，《巴黎公约》是最早保护货源标记与原产地名称权的国际公约。1883年版《巴黎公约》规定，（1925年修订本开始）原产地名称为工业产权的保护对象（第1条）；其第2条规定的国民待遇原则也适用于原产地名称；《巴黎公约》第10条规定，有人直接或间接假冒产品的原产地时，适用公约第9条的规定，各成员国可以采取在进口时扣押商品、在国内扣押或禁止进口等措施。原产地名称的利害关系人都有权要求取缔商品原产地名称的行为，利害关系人包括在被假冒的原产地或原产地所属地区或被假冒的原产国或使用该假冒标志的国家有住所的，从事该产品的生产、制造或销售的生产者、制造者或经销人。

（二）《制止商品产地虚假或欺骗性标记马德里协定》

1891年《制止商品产地虚假或欺骗性标记马德里协定》规定所有缔约国均应依其各自法律对商品带有虚假或欺骗性产地名称（包括该名称直接或间接地指明一个缔约国或其中的一个地方是有关商品的原产国或原产地）的行为进行制裁。要求：①当标有虚假的或易误解的标记的商品进口到成员国时，应在边界上扣押；②禁止在广告中使用易于欺骗公众的有关商品原产地标记。

（三）《保护原产地名称及其国际注册里斯本协定》

1958年《保护原产地名称及其国际注册里斯本协定》第2条第1款首次界定了原产地名称的内涵，即原产地名称是用于标示一个国家、地区或地方的地理名称。该商品来源于这些地方，其质量特征取决于该地区的地理环境。《保护原产地名称及其国际注册里斯本协定》还规定，需要受到国际保护的原产地名称，由该产地所属成员国的工业产权主管部门向世界知识产权组织国际局申请国际注册，并说明产地的地理名称、使用该原产地名称的商品项目以及该原产地名称的使用人，使用人可以是一家或多家企业。获准国际注册后，除在规定期限内声明不保护该原产地名称的外，各成员国都应保护该原产地名称，禁止本国任何产品的生产者、经销者不经许可而使用该原产地名称。

（四）《发展中国家原产地名称和产地标记示范法》

20世纪60年代通过的《发展中国家原产地名称和产地标记示范法》不仅为发展中国家保护原产地名称提供了一个立法的模式，而且为保护原产地名称提供了更完善的保护措施，对作为原产地名称予以保护的条件、注册程序、注册的撤销和改正、对注册原产地名称的使用权及对非法使用的制裁等内容进行了比较详细的规定。

（五）《与贸易有关的知识产权协定》（TRIPS）

为了对地理标志[1]名称权进行全面、充分的保护，TRIPS专门对地理标志保护进行了规定，如"禁止使用与商品的真正来源地不同的原产地名称来标示该商品，禁止使用其他任何足以使公众对该商品来源误认的表达方式。对此类行为，WTO成员应依法予以制裁，即使在某地理标志真实指明了商品的来源地，但仍会误导公众以

---

[1] 货源标记与原产地名称是与商品有关的商品区别标志，在1994年的TRIPS中被称为"地理标记"。

为该商品来源于另一地域,也应予以禁止"等,并要求各成员在一定期限内建立起地理标志的注册体系。

二、我国对地理标志的保护

(一) 通过《商标法》保护

我国自1994年开始将地理标志纳入了商标法律体系予以保护。2001年修正的《商标法》和2002年制定的《商标法实施条例》对地理标志的保护作出了更明确的规定。根据《商标法》的规定,地理标志作为证明商标或者集体商标予以注册,注册人享有商标专用权,受法律保护。为了进一步完善地理标志商标注册制度,2003年6月1日起施行的《集体商标、证明商标注册和管理办法》规定了地理标志作为集体商标、证明商标注册的具体程序,对权利主体、客体都有了具体的要求,并且规定了权利保护的方法,同时还制定了违反规定的相应处罚规则,从法律层面上确立了我国《商标法》保护地理标志的法律制度。

(二) 通过《反不正当竞争法》等法律方式进行保护

我国《产品质量法》《反不正当竞争法》《对外贸易法》等法律都对侵犯地理标志有相应规定,禁止和制裁生产者、经营者伪造商品产地、冒用名优标志、认证标志等质量标志的行为。无论是伪造产地还是冒用名优标志、认证标志的行为,只要是扰乱市场管理秩序、侵害消费者权益、违反诚实信用的商业道德准则的不正当竞争行为,都应当予以相应的法律制裁。如我国《产品质量法》第5条规定"禁止伪造或者冒用认证标志等质量标志;禁止伪造产品的产地,伪造或冒用他人的厂名、厂址……"我国《对外贸易法》第34条规定,对外贸易经营者在对外贸易活动中,不得有伪造、变造进出口货物原产地标记,伪造、变造或者买卖进出口货物原产地证书、进出口许可证、进出口配额证明或者其他进出口证明文件等行为。

(三) 通过专门法方式进行保护

我国通过专门立法方式保护地理标志主要表现在部门规章层面,具体表现在先后颁布的3个规章。一是原国家质量技术监督局于1999年颁布的《原产地域产品保护规定》,其中对原产地产品保护的管理体制、原则和程序以及原产地产品监控制度、专用标志管理制度等内容进行了比较明确的规定,该规定于2005年已废止。二是原国家出入境检验检疫局于 2001 年 3 月发布的《原产地标记管理规定》。三是 2005 年 6 月，原国家质量监督检验检疫总局制定发布的《地理标志产品保护规定》，该规定中将原产地标记和原产地标志统一定性为地理标志，自 2005 年 7 月 15 日起施行。其中对地理标志的定义、范围、申请受理、审核批准、地理标志专用标志注册登记和监督管理工作作出了规定，并规定各地质检机构依法对地理标志保护产品实施保护。

（四）探索地理标志国际互认

2006 年，国家质量监督检验检疫总局与欧盟委员会签署《中华人民共和国国家质量监督检验检疫总局与欧洲委员会贸易总司关于地理标志的谅解备忘录》，中国和欧盟将各确定 10 个地理标志产品，对其给予双边互认，进行打假保护。

中欧地理标志互认试点成功后，中国 10 个地理标志产品可以在欧盟 28 国获得等同于欧盟地理标志产品的严格保护，对于产品出口欧盟、提高知名度和附加值，树立中国品牌形象，进而促进中国对外贸易的可持续发展将发挥重要作用。

2011 年 3 月 22 日，在杭州举行"中欧地理标志保护论坛"，中国和欧盟各自确定了"10 + 10"互保试点产品清单。中方"10 + 10"地理标志互保试点产品清单包括龙井茶、东山白芦笋、琯溪蜜柚、金乡大蒜、蠡县麻山药、平谷大桃、陕西苹果、盐城龙虾、镇江香醋和龙口粉丝。

2012 年 11 月，经过中欧双方政府机构、专家和地理标志产品生产企业的共同努力，中国与欧盟各自 10 个地理标志产品，全部获得对方的批准保护，标志着中欧"10 + 10"地理标志互认互保试点项目圆满完成。

2015 年 4 月 16 日，国家质量监督检验检疫总局召开"中欧地理标志品牌建设研讨会"，10 个获得欧盟批准的地理标志产品被正式授牌。

中欧"10 + 10"地理标志产品互认互保试点项目的实践证明，我国的地理标志产品保护制度符合国际公认的规则标准，其审查程序与技术要求完全可以实现与欧盟等地理标志专门保护制度发达的国家和地区之间的衔接，将对完善国内地理标志专门保护制度建设，提升我国地理标志保护产品的国内外知名度、促进地方经济社会可持续发展、扩大对外贸易产生重大影响。

我国自 1996 年启动原产地地理标志产品相关工作以来，保护规模逐年扩大，实施效果日益凸显，形成了具有中国特色、与国际通行做法接轨的保护制度。

我国是一个历史悠久的文明古国，幅员辽阔、地理资源丰富、人文底蕴浓厚，造就了一批具有地方特色的农产品和工业品。如五粮液系列白酒产品、烟台苹果、贵州茅台酒、绍兴黄酒、阳澄湖大闸蟹等地理标志就是典型代表。一些地方政府越来越重视地理标志的产业促进作用，地理标志已成为一些地方经济发展的增长点。如安溪县的铁观音、中宁县的枸杞、贵州的茅台、宜宾的五粮液等都已成为当地经济发展支柱产业。作为一种知识产权形态，地理标志已经成为一个大产业，成为国民经济的重要组成部分，逐渐成为我国各级政府帮助农民增收，促进经济高质量发展的重要手段，也是我国对外经济贸易的长项和参与国际经济竞争的重要抓手。通过多年的地理标志保护工作实践，中国已成功建立并完善了用集体商标、证明商标保护地理标志的法律体系。可以说，我国地理标志领域成绩显著。但是，我国在地理标志的开发利用、保护方面仍然存在一些不足。一是地理标志在不同部门申请注册时，名称不够规范，有时申请主体不统一，引发利益冲突，不利于地理标志保护与发展。二是地理标志重申请注册轻使用，一些地方对有的中小企业和农户使用地理标志不备案、不管理、不引导、不服务，存在不作为现象。三是缺乏地理标志的"品牌战略"，表现在地理标志企业规模比较小，小企业众多，缺乏大的龙头企业的带动作用，企业结构有待优化。四是一些地方知识产权意识薄弱，对自己的优势地方特产地理标志资源挖掘不够，地理标志产品研发能力弱，没有充分发挥地理标志资源优势的作用。五是在地理标志保护方面，我国现行立法还有待进一步完善，表现为立法层次偏低、刑法对地理标志保护依据不足。六是我国一些著名的地理标志在海外被他人假冒，维权力度有待进一步加强。针对以上问题，知识产权干部应当坚持问题导向，加强这方面知识的学习和研究，培育地理标志知识产权意识，充分发挥我国地理标志资源大国的优势，结合本地区实际展开调查研究，进一步挖掘本地区地理标志资源，发挥地理标志在高质量发展中的推动和促进作用，提高地理标志产业的国内外竞争力。

第六章 商业秘密

第一节 商业秘密概述

一、商业秘密的概念

2019年4月修订的《反不正当竞争法》对涉及商业秘密的4个条款进行了集中修改。其中对于商业秘密的定义进行了扩充修改,将原定义中的"技术信息和经营信息"修改为"技术信息、经营信息等商业信息",其中第9条第1款规定"经营者不得实施下列侵犯商业秘密的行为:(一)以盗窃、贿赂、欺诈、胁迫、电子侵入或者其他不正当手段获取权利人的商业秘密;(二)披露、使用或者允许他人使用以前项手段获取的权利人的商业秘密;(三)违反保密义务或者违反权利人有关保守商业秘密的要求,披露、使用或者允许他人使用其所掌握的商业秘密;(四)教唆、引诱、帮助他人违反保密义务或者违反权利人有关保守商业秘密的要求,获取、披露、使用或者允许他人使用权利人的商业秘密"。

2020年8月,《最高人民法院关于审理侵犯商业秘密民事案件适用法律若干问题的规定》公布,该司法解释对技术信息、经营信息进行了进一步明确,同时对商业秘密"不为公众所知悉"以及"权利人采取了保密措施"等情形予以界定。其中第1条规定"与技术有关的结构、原料、组分、配方、材料、样品、样式、植物新品种繁殖材料、工艺、方法或其步骤、算法、数据、计算机程序及其有关文档等信息,人民法院可以认定构成反不正当竞争法第九条第四款所称的技术信息。与经营活动有关的创意、管理、销售、财务、计划、样本、招投标材料、客户信息、数据等信息,人民法院可以认定构成反不正当竞争法第九条第四款所称的经营信息"。

由此可见,我国的商业秘密法律保护制度逐步建立,并对商业秘密进行有效的法律保护。利用法律保护商业秘密权利人的合法权益,对于鼓励科技创新,维护正常的市场竞争环境，具有十分积极和重要的作用。

尽管各种立法的表述方法不同，但实质内容大同小异。根据这些规定，笔者给商业秘密的定义是：商业秘密是一种无形的信息财产，是不为公众所知悉、能为权利人带来经济利益并经权利人采取保密措施的各种信息。商业秘密包括经营秘密与技术秘密两方面的内容。经营秘密，即未公开的经营信息，是指与经营活动有关的创意、管理、销售、财务、计划、样本、招投标材料、客户信息、数据等信息，人民法院可以认定构成《反不正当竞争法》第9条第4款所称的经营信息。技术秘密，即未公开的技术信息，是指与技术有关的结构、原料、组分、配方、材料、样品、样式、植物新品种繁殖材料、工艺、方法或其步骤、算法、数据、计算机程序及其有关文档等信息，人民法院可以认定构成《反不正当竞争法》第9条第4款所称的技术信息。

二、商业秘密的特征

商业秘密的法律特征是由其概念或者定义所决定的。根据笔者给出的商业秘密的定义，商业秘密是一种无形的信息财产，是不为公众所知悉、能为权利人带来经济利益并经权利人采取保密措施的各种信息。这些信息的种类比较宽泛，包括所有技术信息、经营信息，以及其他与商业竞争有关的信息。但是，并非所有信息都属于商业秘密，信息成为商业秘密应当符合以下条件。

（一）相对秘密性

我国《反不正当竞争法》第9条第4款规定："本法所称的商业秘密，是指不为公众所知悉、具有商业价值并经权利人采取相应保密措施的技术信息、经营信息等商业信息。"其中，"不为公众所知悉"是指有关信息没有为公众所普遍知晓并且该信息不能从公开渠道轻易获取。《最高人民法院关于审理侵犯商业秘密民事案件适用法律若干问题的规定》第3条规定："权利人请求保护的信息在被诉侵权行为发生时不为所属领域的相关人员普遍知悉和容易获得的，人民法院应当认定为反不正当竞争法第九条第四款所称的不为公众所知悉。"TRIPS将商业秘密界定为"未披露信息"，规定"其在某种意义上属于秘密，即其整体或者要素的确切体现或组合，未被通常涉及该信息有关范围的人普遍所知或者容易获得"。根据上述法律、公约的界定，相关信息要成为商业秘密，首先应当具备的条件是符合相对秘密性要求。有关信息除了为权利人和少数权利人以外的一定范围的人，主要是因工作关系而掌握商业秘密的职工，与企业的生产、经营有关的原材料供应者和设备维护人员等所知悉外，不应当被其他无关公众所知悉，具有"非周知性"或"秘密性"。

（二）商业经济价值性

商业经济价值能为权利人带来现实的或潜在的经济利益。我国《反不正当竞争法》明确规定，商业秘密是能为权利人带来经济利益的商业信息。TRIPS 明确规定，商业秘密由于是秘密而具有商业价值。谁掌握具有商业秘密性质的信息，谁就拥有竞争优势。因此，信息成为商业秘密的又一条件应当是该信息具有现实或者潜在的商业经济价值。

（三）相应的保密措施

这是指有关信息的控制人或者权利人在主观上将该信息视为秘密，在客观上采取了适当的措施以维持信息的保密性。保密措施多种多样，既可以是签订保密协议，也可以是建立保密制度和其他适当的保密措施。TRIPS 将商业秘密界定为"在特定情势下合法控制该信息之人的合理保密措施的对象。"因此，相关信息的合法持有人是否为采取保密措施作出努力，是否采取适当的保密措施是衡量该信息能否成为商业秘密的重要依据。

第二节　商业秘密的保护

商业秘密权是一种特殊的知识产权和特殊的财产权利。除了其具有无形的特征与有形财产权不同外，商业秘密的权利人与有形财产所有权人一样，依法享有占有、使用、收益和处分的权利，除权利人外的任何人都负有不得侵犯商业秘密权利人权利、妨碍权利人行使权利的义务。商业秘密权和其他财产权一样，是一种对世权，商业秘密的权利人有权防止他人采取不正当手段使用商业秘密，维护自己正当的合法权利。

一、侵犯商业秘密的行为

侵犯商业秘密，是指行为人未经权利人许可，以非法手段获取、披露和使用权利人商业秘密的行为。

(一) 侵犯商业秘密行为的种类

根据我国《反不正当竞争法》第 9 条的规定，侵犯商业秘密的具体表现形式主要有以下 5 种：

（1）以盗窃、贿赂、欺诈、胁迫、电子侵入或者其他不正当手段获取权利人的商业秘密；

（2）披露、使用或者允许他人使用以前项手段获取的权利人的商业秘密；

（3）违反保密义务或者违反权利人有关保守商业秘密的要求，披露、使用或者允许他人使用其所掌握的商业秘密；

（4）教唆、引诱、帮助他人违反保密义务或者违反权利人有关保守商业秘密的要求，获取、披露、使用或者允许他人使用权利人的商业秘密；

（5）第三人明知或者应知商业秘密权利人的员工、前员工或者其他单位、个人实施本条第 1 款所列违法行为，仍获取、披露、使用或者允许他人使用该商业秘密的，视为侵犯商业秘密。

(二) 商业秘密侵权的构成

商业秘密侵权的构成涉及主观方面、客观方面、侵权损害事实、侵权行为和损害事实之间的因果关系等。

1. 行为人主观上具有过错

过错属于行为人的主观心理状态，看不见，摸不着，人们只有通过行为人的外在行为表现进行分析判断或者推断。行为人只要实施了盗窃、利诱、胁迫或者其他不正当手段获取权利人的商业秘密的行为，披露、使用或者允许他人使用以非法方式或其他不正当手段获取的商业秘密的行为或者违反约定和权利人有关保守商业秘密的要求，披露、使用或允许他人使用其所掌握的商业秘密的行为，或者在明知或应知他人的商业秘密是违法取得的情况下，仍然从侵权人那里获取、使用或披露他人商业秘密的行为，同时又不能证明其信息是通过权利人的许可使用而获得，或者不能证明其信息来源于自主开发、研制，或者通过反向工程获得或者通过其他合法途径获得，就可以推断其主观上存在过错。

2. 客观上实施了具体的违法侵权行为

具体包括以盗窃、贿赂、欺诈、胁迫、电子侵入或者其他不正当手段获取权利人的商业秘密，披露、使用或者允许他人使用以前项手段获取的权利人的商业秘密，与权利人有业务关系的单位和个人违反保密义务或者违反权利人有关保守商业秘密的要求,披露、使用或者允许他人使用其所掌握的商业秘密、教唆、引诱、帮助他人违反保密义务或者违反权利人有关保守商业秘密的要求,获取、披露、使用或允许他人使用权利人的商业秘密以及第三人明知或者应知商业秘密权利人的员工、前员工或者其他单位、个人实施上述违法行为,仍获取、披露、使用或者允许他人使用该商业秘密。实践中,各种侵犯行为往往相互交织,构成对商业秘密权利的侵权,而并不单纯只表现为某一种行为形式。

3. 造成了损害事实

损害事实在商业秘密侵权中主要表现为,由于侵权行为导致商业秘密所有权人商品销售额下降、服务客户数量减少、竞争优势丧失等方面。

4. 侵权行为与损害事实间存在因果关系

侵权行为和损害事实之间存在因果关系,损害事实必须是由侵权行为造成的。

> 典型案例

佛山华丰纺织有限公司诉朱某某侵害商业秘密案[1]

原告佛山华丰纺织有限公司(以下简称"华丰公司")系被告朱某某任职公司,华丰公司认为被告朱某某利用任职便利,采取非法手段,秘密窃取了原告的资产负债表和现金流量表、部分银行账户资料以及增值税发票等财务资料,并将资料当庭递交给佛山市南海区人民法院作为另案审理的诉讼证据,严重侵犯了原告的商业秘密。且该行为使原告客户香港某公司通知原告减少30%的业务量,向原告要求索赔人民币35万元,给原告造成了严重的经济损失,故请求法院判令被告归还相关文件、销毁复制品,保证今后不披露、不使用或者不允许他人使用原告的商业秘密文件,同时要求被告赔偿经济损失35万元。被告未提出答辩意见。广东省佛山市禅城区人民法院经过审理认为原告请求保护的资产负债表、损益表、华丰公司委托文件(客户名单)属于商业秘密范畴,依法应予保护。被告朱某某作为整理车间普通工人,在任职时签署了声明书表示已经阅读《员工守则》,并签收领取了《员工守则》,故应遵守《员工守则》等规定的保密义务。然而其违反上述规定,利用在原告处工作之机非法获取存放在原告办公区域的相关商业秘密(资产负债表、损益表、委托文件),并在另案诉讼中作为证据提交,属于非法获取商业秘密的行为,已侵犯了原告的商业秘密,依法应承担相应法律责任。但就责任承担来说,原告并

---

[1] 广东省高级人民法院(2018)粤民申159号、160号裁定书。

未举证证明其因被告侵权行为赔偿客户款项的事实,即使原告赔偿客户的损失真实存在,亦非该案被告侵权行为直接导致,而是客户基于原告泄露该客户资料、账号、该客户在原告处开发的未上市产品、双方的销售合同的行为而进行的索赔。即被告侵权行为与原告主张的赔偿客户 35 万元款项之间不具有因果关系。

> **案例点评**

该案被告朱某某主观上具有过错,客观上实施了非法获取商业秘密的行为,已然侵犯了原告的商业秘密。但就原告所提出的因被告行为导致其赔偿客户 35 万元的事实,经查明是客户基于原告泄露该客户资料、账号、该客户在原告处开发的未上市产品、双方的销售合同的行为而进行的索赔,并非该案被告侵权行为直接导致,因此被告的侵权行为与 35 万元的赔偿之间并无必然的因果关系,被告无需赔偿该笔损失。可见因果关系的判断关系着法律责任的确定,在判断侵犯商业秘密行为的法律责任时,应注重分析损害后果是否是由侵权行为所导致,对于无因果关系的事实,应合理分配法律责任。

(三) 商业秘密权的例外

下列信息不被视为商业秘密,相应的行为不应被视为侵害商业秘密的行为。

1. 独立开发

通过自己创造性的智力劳动获得与他人技术秘密相同或近似的信息的行为,与专利权不同,商业秘密权利人不能阻止他人通过独立开发的手段获取商业秘密。

2. 反向工程

通过合法取得他人产品,进行分析、检查、拆分,以推导出该产品的制造方法、构造、原料等。但是实施反向工程所使用的产品必须是合法取得的产品,如果仅仅获得了产品的占有权,而根据与权利人的明示或者默示的约定不得分解或者拆开产品,则不能进行反向工程。另外,开发过程中不能使用他人的专有信息,否则仍可能构成侵权。

3. 公知信息

根据公知知识,对公开的文献、产品或信息加以观察、研究而获取和使用他人的商业秘密。

4. 同意取得

经权利人授权(包括明示或默示同意)而获取商业秘密。

5. 善意取得

以其他善意方法获取、使用或者披露他人的商业秘密。

6. 公权限制

国家行政机关、司法机关或者执法机关，根据法律的规定在执行公务过程中，因为需要获取当事人的商业秘密，不被视为侵犯商业秘密。以国家公权力限制商业秘密必须有法律明文规定，并以公务目的为限。国家机关工作人员对在执行公务过程中获得的商业秘密仍然负有保密义务，否则，仍然可以构成侵权。

7. 强制披露

我国《证券法》《公司法》均规定了上市公司的强制信息披露制度，对于未上市公司可以保持其商业秘密，但是上市公司必须按照《证券法》《公司法》的规定进行信息披露。信息一旦被披露，即进入公众领域而不再是商业秘密。

二、商业秘密的法律保护

侵犯商业秘密的行为多发生在经济领域。对于商业秘密侵权行为，主要国家和地区根据本国的不同情况均通过立法进行规制，以保护权利人的合法权利。我国通过《反不正当竞争法》《民法典》《刑法》等法律规定，以民事、行政、刑事等多种法律手段对侵犯商业秘密行为加以规制，也基本建立起了以民事、行政、刑事三位一体的商业秘密法律保护体系。

（一）民事责任

侵犯商业秘密行为多为民事违法行为。反不正当竞争法对于侵犯商业秘密的行为，通常采用民事手段加以规制。民事责任主要包括侵权行为责任和违约行为责任两种。但是，此两种行为及责任有可能涉及竞合的情形。由于两种责任的构成要件、归责原则、举证责任、时效、诉讼管辖等均有差别，依据我国现行法律规定，在两种责任竞合的情况下，被侵权人可以就上述两种请求权做出选择。

1. 侵权责任

行为人侵犯他人商业秘密首先主要表现为侵权责任的承担。侵犯商业秘密的侵权行为与一般的民事侵权行为的构成要件相一致。一是要有侵权行为的存在，二是有损害事实的存在，三是侵权行为与损害事实之间存在因果关系，四是侵权行为人主观上有过错。我国《反不正当竞争法》第9条第1款第（3）项规定了合同领域中的商业秘密保护。该条规定，禁止一方当事人"违反保密义务或者违反权利人有关保守商业秘密的要求，披露、使用或者允许他人使用其所掌握的商业秘密。"我国《反不正当竞争法》第 32 条也对侵权行为的认定和举证责任作了规定，商业秘密权利人应提供初步证据，证明其已经对所主张的商业秘密采取保密措施，且合理表明商业秘密被侵犯，而涉嫌侵权人应当证明权利人所主张的商业秘密不属于本法规定的商业秘密。根据我国《民法典》和《反不正当竞争法》的规定，承担侵权责任的方式主要有停止侵害、赔偿损失。停止侵害，可有效及时地制止侵权人违法利用商业秘密牟利，避免权利人受损，防止侵害后果扩大。关于赔偿损失，我国《反不正当竞争法》第 17 条规定，经营者违反该法规定，给他人造成损害的，应当依法承担民事责任，因不正当竞争行为受到损害的经营者的赔偿数额，按照其因被侵权所受到的实际损失确定；实际损失难以计算的，按照侵权人因侵权所获得的利益确定。经营者恶意实施侵犯商业秘密行为，情节严重的，可以在按照上述方法确定数额的 1 倍以上 5 倍以下确定赔偿数额。赔偿数额还应当包括经营者为制止侵权行为所支付的合理开支。

2. 违约责任

侵犯他人商业秘密承担的民事责任也可以体现在违约责任方面。违约责任是权利人与侵权人定有协议，侵权人违反约定侵犯权利人商业秘密时所应承担的责任。违约责任具体表现为缔约阶段、履行阶段和合同终止后三个阶段的责任。

（1）缔约阶段的责任

当事人在缔约过程中，一方当事人有可能了解对方当事人所拥有的商业秘密。在这种情况下，商业秘密很可能因为对方当事人的知悉而泄露或者被不正当地使用，导致一方当事人的商业秘密被侵权。为了保护当事人的商业秘密，我国《民法典》第 500 条和第 501 条确立了缔约过失责任，其中第 500 条规定，当事人在订立合同的过程中有违背诚实信用原则的行为，给对方造成损失的，应当承担损害赔偿责任。《民法典》第 501 条规定，当事人在订立合同过程中知悉的商业秘密或者其他应当保密的信息，无论合同是否成立，不得泄露或者不正当地使用；泄露、不正当地使用该商业秘密或者信息，造成对方损失的，应当承担赔偿责任。缔约过失责任是指，缔约的一方当事人违反依诚实信用原则所应承担的先合同义务，而造成对方信赖利益的损失所承担的民事赔偿责任。

（2）履行阶段的责任

技术秘密转让合同，是指转让方将其拥有的技术秘密提供给受让方，明确相互间技术秘密的使用权、转让权，受让方支付约定使用费的合同。在技术秘密转让合同的履行过程中，有可能因为某一方当事人不履行合同约定的保密义务而承担违约责任。我国《民法典》明确规定了技术秘密转让合同当事人间的权利义务。其中第868条规定，技术秘密转让合同的让与人和技术秘密使用许可合同的许可人应当按照约定提供技术资料，进行技术指导，保证技术的实用性、可靠性，承担保密义务。其第869条规定，技术秘密转让合同的受让人和技术秘密使用许可合同的被许可人应当按照约定使用技术，支付转让费、使用费，承担保密义务。根据双方当事人的约定和法律的规定，转让方和受让方在履行合同的过程中均应当承担保密义务。《民法典》第577条规定，当事人一方不履行合同义务或者履行合同义务不符合约定的，应当承担继续履行、采取补救措施或者赔偿损失等违约责任。在一般合同的履行过程中，一方当事人很可能获悉商业秘密权利人所掌握的商业秘密，如产品的销售渠道、客户名单等。如果掌握对方商业秘密的当事人违反诚实信用原则，也可能导致他人商业秘密被侵害。因此，我国《民法典》第509条第2款规定，当事人应当遵循诚信原则，根据合同的性质、目的和交易习惯履行通知、协助、保密等义务。违反保密义务，给对方当事人的商业秘密造成损害，参照我国《反不正当竞争法》第17条的规定，违约当事人也应当承担相应的民事责任。

（3）合同终止后的责任

我国《民法典》第558条规定，债权债务终止后，当事人应当遵循诚信等原则，根据交易习惯履行通知、协助、保密、旧物回收等义务。

典型案例

青岛水德仪器有限公司与闫某、青岛某仪器公司侵害商业秘密纠纷案[1]

被告闫某原系原告的技术经理，从2010年3月至2018年3月与原告建立劳动雇佣关系，任职期间担任技术经理、技术总监等工作。闫某离职后，于2018年7月起到被告青岛某仪器公司工作，在被告青岛某仪器公司的技术部从事售前、售后、技术指导工作。工作期间，闫某违反与原告的保密约定，将其掌握的SubCtech公司客户信息，向被告青岛某仪器公司披露并使用，为被告青岛某仪器公司开发客户。法院经审理认为，原告青岛水德仪器有限公司与被告闫某签署的聘用合同和《不泄密公司机密的保证书》均明确客户名单等经营信息系原告的商业秘密，被告闫某对原告的客户名单负有保密义务，其披露、允许他人使用其所掌握的客户名单等经营秘密，构成侵犯商业秘密，应当承担停止侵害、赔偿损失等民事责任。

---

[1] 山东省高级人民法院（2020）鲁民终233号民事判决书。

> **案例评析**

我国《反不正当竞争法》第9条第1款第（3）项规定，违反保密义务或者违反权利人有关保守商业秘密的要求，披露、使用或者允许他人使用其所掌握的商业秘密的，构成侵犯商业秘密的行为。被告闫某与原告签订的聘用合同和《不泄密公司机密的保证书》均明确客户名单等经营信息为原告所有的商业秘密，被告负有保密义务，尽管其已离职，劳动合同已终止，但其仍负有保守客户信息等商业秘密的后续义务。

（二）行政责任

行政处罚主要由市场监督管理机关执行，依照我国《反不正当竞争法》及《关于禁止侵犯商业秘密行为的若干规定》的规定，行政处罚形式包括：（1）责令停止违法行为；（2）根据情节处以罚款；（3）对侵权物品的处理，责令并监督侵权人将载有商业秘密的图纸、软件及其他有关资料返还权利人；销毁使用权利人商业秘密生产的、流入市场将会造成商业秘密公开的产品。上述规定将侵权人拒不执行处罚决定、继续实施侵犯商业秘密行为的视为新的违法行为，规定对此从重予以处罚。

> **典型案例**

宁波市市场监督管理局就蔡某某侵犯商业秘密行为作出行政处罚决定案[1]

宁波某机械公司法定代表人蔡某某于2016年8月22日开始入职宁波某机械有限公司工作，担任该公司销售主管，宁波某机械有限公司对员工有保守商业秘密的要求，蔡某某与宁波某机械有限公司签订的劳动合同和补充协议中均有保密条款。入职期间，蔡某某利用其销售主管工作便利获取了宁波某机械有限公司的客户信息，并使用该客户信息承接了5笔订单业务，获利巨大。其行为违反了保守商业秘密的约定，侵犯了宁波某机械有限公司的合法权益，构成了我国《反不正当竞争法》第9条第1款第（3）项规定的侵犯商业秘密行为。宁波市市场监督管理局依据我国《反不正当竞争法》第21条的规定，作出责令停止违法行为、没收违法所得60960.94元、罚款100000元的行政处罚决定。

---

[1] 宁波市市场监督管理局甬镇市监处（2020）157号行政处罚决定书。

> **案例点评**

蔡某某在宁波某机械有限公司工作期间违反保密约定，私自使用客户信息，侵犯了宁波某机械有限公司的商业秘密，其行为构成了不正当竞争，依据我国《反不正当竞争法》第21条的规定："经营者以及其他自然人、法人和非法人组织违反本法第九条规定侵犯商业秘密的，由监督检查部门责令停止违法行为，没收违法所得，处十万元以上二百万元以下的罚款；情节严重的，处五十万元以上五百万元以下的罚款。"宁波市镇海区市场监督管理局依据事实和法律对其作出行政处罚决定是恰当的。

（三）刑事责任

我国《刑法》第219条规定，"有下列侵犯商业秘密行为之一，情节严重的，处三年以下有期徒刑，并处或者单处罚金；情节特别严重的，处三年以上十年以下有期徒刑，并处罚金：（一）以盗窃、贿赂、欺诈、胁迫、电子侵入或者其他不正当手段获取权利人的商业秘密的；（二）披露、使用或者允许他人使用以前项手段获取的权利人的商业秘密的；（三）违反保密义务或者违反权利人有关保守商业秘密的要求，披露、使用或者允许他人使用其所掌握的商业秘密的。明知前款所列行为，获取、披露、使用或者允许他人使用该商业秘密的，以侵犯商业秘密论。"

> **典型案例**

裴某某侵犯商业秘密案[1]

被告人裴某某原为西安重型机械研究所（以下简称"西重所"）教授级高级工程师，在西重所从事板坯连铸专业设计工作。在职时与西重所签有劳动合同书，承诺保守单位商业秘密。2001年10月，被告人裴某某利用在研究室工作便利，私自将西重所凌钢二号主体设备的相关光盘拷贝到自用的东芝笔记本电脑中存放。2002年8月，裴某某向西重所提出解除劳动合同申请，到B公司应聘并担任副总工程师。在B公司担任工程师期间，裴某某将其存放的凌钢二号主体设备设计电子版图纸资料重新拷贝到随身携带的笔记本电脑中带回武汉，输入B公司局域网中，并用于项

---

[1] 陕西省高级人民法院（2008）高民终字第1323号判决书。

目设计。西安市人民检察院认为，被告人裴某某以盗窃手段获取权利人的商业秘密，提供给他人使用，造成了特别严重的后果，其行为触犯了我国《刑法》第219条第1款第（1）项、第（2）项，事实清楚，证据确实、充分，应当以侵犯商业秘密罪追究刑事责任。西安市中级人民法院经审理认为：凌钢二号板坯连铸机是西重所为凌钢所设计的，是西重所通过长期努力在板坯连铸技术方面研究、开发、创新形成的独特的设计技术，该技术含有不对外公开、不为公众所知悉的技术信息，且该技术信息能够为权利人带来经济利益，西重所对此项技术采取了保密措施，同时又与单位职工签订了劳动合同，约定了职工的保密义务。据此，该技术属于商业秘密。被告人裴某某利用工作的便利盗窃单位商业秘密，允许他人使用，后果特别严重，其行为构成侵犯商业秘密罪，判处有期徒刑3年，并处罚金人民币5万元。

案例点评

裴某某作为原西重所高级工程师，按照双方签订的劳动合同书负有保密义务，不得泄露单位商业秘密。其在任职期间私自拷贝凌钢二号主体设备的相关资料，并在离职进入B公司后，将其盗取的相关资料用于其负责的项目中，触犯了我国《刑法》第219条第1款第（1）项、第（2）项，即以盗窃手段获取权利人的商业秘密，并允许他人使用该商业秘密，构成侵犯商业秘密罪。

第七章 集成电路布图设计

第一节 集成电路布图设计概述

20世纪60年代,研发人员发明了平面工艺半导体技术,很快制出了集成电路。在此后30多年的时间里,集成电路得以迅猛发展。技术的进步大大拓宽了集成电路的应用领域;集成电路在人们的生产、生活中发挥着巨大的作用,世界主要国家和地区投入了大量人力、物力用以研究和开发集成电路技术。与此同时,部分不法者也千方百计以各种方式获取他人的技术,利用他人的技术成果牟取暴利。基于这种形式,集成电路法律保护问题出现了,人们开始逐渐关注集成电路的法律保护问题。一些工业发达国家相继颁布关于保护集成电路布图设计保护的法律,集成电路布图设计权作为一种新的知识产权受到法律保护已经成为世界共识。

一、什么是集成电路布图设计

集成电路布图设计是一种体现了集成电路中各种电子元件的配置方式的图形。根据我国《集成电路布图设计保护条例》(以下简称《条例》)的规定,集成电路是指半导体集成电路,即以半导体材料为基片,将至少有一个是有源元件的两个以上元件和部分或者全部互连线路集成在基片之中或者基片之上,以执行某种电子功能的中间产品或者最终产品;❶集成电路布图设计是指集成电路中至少有一个是有源元件的两个以上元件和部分或者全部互连线路的三维配置,或者为制造集成电路而准备的上述三维配置。

---

❶ 按照《简明大不列颠百科全书》的解释,集成电路是指利用不同的加工工艺,在一块连续不断的衬底材料上同时做出大量的晶体管、电阻和二极管等电路元件,并将它们进行互联。

世界主要国家和地区对集成电路布图设计的名称有不同的称谓。美国的半导体芯片保护法（Semiconductor Chip Protection Act）中称为"掩膜作品"（maskwork），日本的半导体集成电路布局法中称为"线路布局"（circuit layout），欧共体及其成员国在其立法中将集成电路布图设计称为"形貌结构"或者"拓扑图"（topography），世界知识产权组织在1987年通过的《关于集成电路知识产权的华盛顿条约》（Washington Treaty on Intellectual Property in Respect of Intergrated Circuits）中则采用了"布图设计"（Layout – design）一词。虽然主要国家和国际组织使用词语字面上表示不同，但其真正内在含义是相同的，都是指集成电路中各种元件的三维配置。因此，从规范角度出发，统一称为集成电路布图设计（布图设计）比较符合规范要求。

二、集成电路布图设计的特征

集成电路布图设计是一种不同于发明、作品、技术秘密的智力劳动成果，是一种特殊的知识产权客体。

集成电路布图设计作为一种新的知识产权客体，相应地具有其独特的性质特征。

（一）布图设计属于智力成果

布图设计是制造集成电路产品中非常重要的一个中间环节，布图设计者必须根据集成电路所要执行的功能来设计集成电路的结构。在设计过程中，布图设计者不仅要运用精密的电子工程技术，而且要发挥艺术创造力，进行适当的艺术创造。因此，布图设计的创作过程无疑主要是一种依靠智力完成的脑力劳动，布图设计成果属于智力劳动成果。

（二）布图设计要求具有创造性和实用性

根据相关国际公约和世界各国关于布图设计保护方面的法律规定，均要求布图设计具有创造性。只有具有创造性，其才受法律保护。布图设计受法律保护的前提条件是，要求该布图设计必须是设计人自己创作的，有自己的独特性，同时，还要求布图设计具有一定的创造性，与以往的布图设计相比，要有一定的进步性和新颖性。但是，布图设计的创造性和新颖性要求没有专利法中对发明创造的要求那么高，不必达到专利法要求的标准，只要与以往的布图设计相比有一定的进步性即可。此外，集成电路布图设计主要广泛应用于生产，是其生产过程的一个重要环节，因此，布图设计必须具有实用性。

（三）布图设计是独立的知识产权客体

从布图设计的特点可以看出，布图设计既具有知识产权客体的共性，又具有其独特的特性。其可复制性体现了著作权客体的特征，其表现形式的非任意性又体现了工业产权客体的特性。因此，在众多的知识产权客体中，布图设计与发明、作品较为接近。但是，它又与著作权保护的作品和工业产权中的发明等不同。

1. 布图设计不同于发明

作为一种直接应用于工业生产领域的智力劳动成果，在知识产权众多客体种类中，布图设计与发明比较接近。但是，它又不同于发明。布图设计是中间产品，是制造集成电路产品中非常重要的一个中间环节，不具有独立的功能。因此，布图设计不能单独获授专利。即便如此，如果含有布图设计的集成电路产品组装成能完成一定任务、具有特定功能的零件或设备产品，且该零件或设备产品符合专利法规定的发明条件的，则仍然可以作为发明获得专利。相对来说，对集成电路产品取得专利的条件限制比较严格。由于绝大部分集成电路产品缺乏作为专利保护的发明所必需的创造性和新颖性，因此，只有极少数的集成电路产品能获得专利。

2. 布图设计不同于作品

集成电路布图设计图纸，与作品具有一定的相似性，具有类似作品的创作性和可复制性的特点。但是，它又不同于作品。其一，布图设计的表现形式是有限的，而作品的表现形式则是非常丰富多样的。其二，著作权法保护的作品不要求其有创造性和新颖性，只要求其具有独创性；而布图设计不仅要具有创造性，还必须具有实用性，才能得到法律的保护。其三，用著作权法保护布图设计存在许多弊端。首先，著作权法保护的期限一般比较长，这对保护著作权是有一定合理性的，但是，如果将布图设计作为作品来进行保护，则会由于保护期限过长而制约集成电路产业的发展；其次，反向工程在集成电路工业实践中被广泛利用，如果将布图设计作为作品纳入著作权法保护范围，则其会因被视为对作品的复制而被认定为侵权，也不利于集成电路产业的发展；最后，集成电路是一种电子产品，布图设计是其产品制造的一个中间环节，况且，集成电路布图设计是实用物品，而著作权法并不保护实用物品。因此，布图设计不符合著作权法保护对象的基本要求（见表7-1）。

表 7-1 布图设计与作品的区别

区别	布图设计	作品
表现形式	极为有限,不能突破电参数和生产工艺技术水平的限制	丰富多样
保护条件	不仅要具有创造性,还必须具有实用性	不要求作品必须有先进性和新颖性,只要求作品具有独创性
是否受著作权法保护	不符合著作权法保护对象的基本要求	受著作权法保护

3. 布图设计不同于技术秘密

技术秘密属于商业秘密的重要组成部分。其最大特点在于其"不为公众所知悉",即该技术信息不能从公开渠道轻易获取,"未经公开"仅限于一定范围的人知悉,而非外界周知;而含有布图设计的集成电路虽然是一种科技产品,具有一定的布图设计技术,但是,该产品一旦出售,其布图设计就公开了,无法再作为技术秘密进行保护。因此,布图设计与技术秘密有本质的区别。

第二节　布图设计权及其法律保护

一、什么是布图设计权

布图设计权是指布图设计的创作人或者其他权利人对布图设计所享有的专有权利,是指国家依据有关集成电路的法律规定,对于符合一定程序和实体条件的布图设计,授予其创作人或其他权利人在一定期间内对布图设计进行复制和商业利用的权利。布图设计专有权的客体是布图设计。

布图设计专有权由三大要素构成,具体包括布图设计权的主体、客体和内容。

(一) 布图设计权的主体

布图设计权的主体是指布图设计权利人,是依照集成电路布图设计保护条例的规定,对布图设计享有专有权的自然人、法人或其他组织。

(二) 布图设计权的客体

根据世界主要国家和地区的集成电路知识产权保护法律制度、相关国际公约以及我国《集成电路布图设计保护条例》的规定，将保护范围限定在半导体集成电路范围内已成为共识。布图设计专有权的客体是具有独创性的半导体集成电路布图设计。我国《集成电路布图设计保护条例》第2条第（1）项规定："集成电路，是指半导体集成电路，即以半导体材料为基片，将至少有一个是有源元件的两个以上元件和部分或者全部互连线路集成在基片之中或者基片之上，以执行某种电子功能的中间产品或者最终产品。"

（三）布图设计权的内容

布图设计权的内容是指布图设计专有权的具体权能。按照我国《集成电路布图设计保护条例》的规定，布图设计专有权的权能主要包括复制权和商业利用权两方面内容。

二、布图设计权的特征

布图设计作为人类智力劳动成果的组成部分，其具有知识产权客体的许多共性特征，如专有性、时间性和地域性等。

三、布图设计权的法律保护

目前，我国也采取专门法的模式保护布图设计权。其中《集成电路布图设计保护条例》《集成电路布图设计保护条例实施细则》初步形成了我国的集成电路布图设计的法律保护体系，对布图设计权利的取得、权利范围、保护对象、效力及侵权保护等方面作了规定，并且规定了侵权人应当承担的法律责任。

世界知识产权组织曾多次研究集成电路知识产权保护的法律形式，逐渐达成了以保护布图设计方式实现对集成电路保护的共识，并于1990年专门通过了《关于集成电路知识产权的华盛顿条约》，其中第4条规定，"每一缔约方可自由通过布图设计（拓扑图）的专门法律或者通过其关于版权、专利、实用新型、工业品外观设计、不正当竞争的法律，或者提供任何其他法律或者任何上述法律的结合来履行其按照本条约应负的义务。"TRIPS集成电路一节专门规定了对集成电路布图设计提供保护。

> **典型案例**

钜锐案[1]

2006 年 5 月，钜泉公司与珠海炬力集成电路设计有限公司（以下简称"炬力公司"）签订技术转让合同及补充协议，约定炬力公司将电能计量系列芯片的专有技术转让给钜泉公司。此后，钜泉公司进行后续研发，并于 2008 年将研发完成的布图设计交到国家知识产权局申请登记了 ATT7021AU 集成电路布图设计并获得专有权。然而钜泉公司发现，刚成立一年的锐能微公司于 2009 年研制的 RN8209 系列严重抄袭了钜泉公司申请的布图设计。2010 年 3 月，钜泉公司向上海市第一中级人民法院提起诉讼。2014 年 12 月 24 日，一审法院作出判决，锐能微公司应立即停止侵害钜泉公司享有的 ATT7021AU 集成电路布图设计专有权，并赔偿钜泉公司经济损失等共计人民币 320 万元。钜泉公司其余诉讼请求不予支持。判决后，钜泉公司和锐能微公司均不服，提起上诉。针对钜泉公司芯片布图设计中的"2 个点"是否具有独创性，法院认为，钜泉公司已经对自己布图设计的"独创性"提供了权利登记证书，而且原国家知识产权局专利复审委员会经审查后也终止了撤销程序，鉴定机构的结论也表明其芯片布图设计中的"2 个点"具有独创性。反之，锐能微公司提交的证据材料不足以证明其所称的"常规设计"之说，故法院认定钜泉公司芯片布图设计中的"2 个点"具有独创性。针对锐能微公司的行为是否侵犯钜泉公司的权利，法院认为，即使是占整个集成电路布图设计比例很小的非核心部分，其独创性也应得到法律保护。该案中，锐能微公司未经许可直接复制了钜泉公司芯片布图设计中的"2 个点"并进行商业销售，故构成侵权。上海市高级人民法院作出了驳回上诉、维持原判的终审判决。

> **案例点评**

该案中，法院正确区分了认定侵犯布图设计权的标准与认定侵犯著作权的标准。被控侵犯著作权的作品必须与原作在表达上构成实质性相似，仅复制个别独创性的表达尚不足以认定侵权；而复制受保护的布图设计中任何具有独创性的部分都可构成侵犯布图设计权。这不仅是因为我国《集成电路布图设计保护条例》对此有明确规定，还因为布图设计具有实用功能性，各设计点相互依存，任何独创性的设计点都值得保护。因此，法院认定被告对原告两个独创设计点的复制足以构成侵权。

---

[1] 上海首例集成电路设计案终审宣判"钜锐案"或打造司法"中国标准"[EB/OL]. (2014-09-23)[2021-01-10]. https://www.yicai.com/news/4022461.html.

第八章　植物新品种

　　植物新品种保护是指对植物育种者权利的保护，保护的对象不是植物品种本身，而是植物育种者应当享有的权利。1997年3月20日中华人民共和国国务院令第213号公布《植物新品种保护条例》，2013年1月31日根据《国务院关于修改〈中华人民共和国植物新品种保护条例〉的决定》进行了第一次修订，2014年7月29日根据《国务院关于修改部分行政法规的决定》进行了第二次修订。我国《植物新品种保护条例》第6条规定，完成育种的单位或者个人对其授权品种，享有排他的独占权，任何单位或个人未经品种权所有人许可，不得为商业目的生产或者销售该授权品种的繁殖材料。因此，我国的植物新品种权最终落实在对繁殖材料的控制上。植物新品种权保护的最终目的是鼓励更多的单位和个人向植物育种领域投资，从而有利于育成和推广更多的植物新品种，推动我国的种子工程建设和种子业发展，促进农林业生产的不断发展。

　　我国《民法典》第123条将植物新品种纳入知识产权范畴，但不包括动物新品种。根据我国《专利法》第25条第1款第（4）项的规定，动物和植物品种不授予专利权。但是生产方法可以申请专利。根据《专利法》第25条第2款的规定，对动物和植物品种的生产方法，可以授予专利权。但这里所说的生产方法是指非生物学的方法，不包括生产动物和植物主要是生物学的方法。为什么不将动物新品种纳入知识产权立法保护，原因可能是多方面的，但是伦理障碍可能是其中的重要原因之一。

第一节　植物新品种概述

一、植物新品种

（一）什么是植物新品种

　　我国《植物新品种保护条例》第2条对植物新品种的定义是，植物新品种是指经过人工培育的或者对发现的野生植物加以开发，具备新颖性、特异性、一致性和稳定性，并有适当命名的植物品种。

(二) 植物新品种具有哪些特性

申请新品种权的植物必须满足新颖性、特异性、一致性、稳定性四项特性。

1. 新颖性

植物新品种诞生后，必须在法律规定的时限内提交申请。在申请保护前，该品种的材料没有被销售或者经育种者同意，在中国境内销售该品种的繁殖材料未超过1年，在中国境外销售藤本植物、林木、果树和观赏树木品种繁殖材料未超过6年，销售其他植物品种繁殖材料未超过4年。否则，超过了时间限制，就不再具备新颖性了。因此，一项植物新品种诞生后，应当及时提出植物新品种权的申请。

2. 特异性

特异性是指申请品种权的植物新品种应当明显区别于在递交申请以前已知的植物品种。

3. 一致性

一致性是指申请品种权的植物新品种经过繁殖，除可以预见的变异外，其相关特征或者特性一致。

4. 稳定性

稳定性是指申请品种权的植物新品种经营反复繁殖后或者在特定繁殖周期结束时，其相关的特征或者特性保持不变。

二、什么是植物新品种权

(一) 概念

植物新品种权，是植物育种者的权利，是由植物新品种保护审批机关依照法律、法规的规定，赋予品种权人对其新品种的专有权利。植物新品种权与专利权、著作权、商标权一样，是一种知识产权，属于民事权利的范畴。

(二) 植物新品种权的内容

国际植物新品种保护联盟（UPOV）通过的《国际植物新品种保护公约》第5条规定，育种者权利的核心内容是享有为商业目的生产、销售其品种的繁殖材料的专有权。我国《植物新品种保护条例》第6条规定，完成育种的单位或者个人对其授权品种，享有排他的独占权。任何单位或者个人未经品种权所有人许可，不得为商业目的生产或者销售该授权品种的繁殖材料，不得为商业目的将该授权品种的繁殖材料重复使用于生产另一品种的繁殖材料；第33条规定，品种权被授予后，在自初步审查合格公告之日起至被授予品种权之日止的期间，对未经申请人许可，为商业目的生产或者销售该授权品种的繁殖材料的单位和个人，品种权人享有追偿的权利。根据以上规定，植物新品种权具体主要包括三个方面的内容：

（1）以商业目的繁殖、销售受保护的植物品种；

（2）在观赏植物或者插花生产中作为繁殖材料用于商业目的时，保护范围扩大到以正常销售为目的而非繁殖用的观赏植物；

（3）为另一品种的商业生产重复使用该品种。

（三）植物新品种受法律保护的条件

根据我国《植物新品种保护条例》第13～18条规定，授予品种权应当具备6个条件。

（1）申请品种权的植物新品种应属于国家植物新品种保护名录中列举的植物的属或者种。

（2）根据我国《植物新品种保护条例》第14条规定，授予品种权的植物新品种应当具备新颖性。新颖性，是指申请品种权的植物新品种在申请日前该品种繁殖材料未被销售，或者经育种者许可，在中国境内销售该品种繁殖材料未超过1年；在中国境外销售藤本植物、林木、果树和观赏树木品种繁殖材料未超过6年，销售其他植物品种繁殖材料未超过4年。

（3）授予品种权的植物新品种应当具备特异性。特异性，是指申请品种权的植物新品种应当明显区别于在递交申请以前已知的植物品种。

（4）授予品种权的植物新品种应具有一致性。一致性，是指申请品种权的植物新品种经过繁殖，除可以预见的变异外，其相关的特征或特性一致。

（5）授予品种权的植物新品种应具有稳定性。稳定性，是指申请品种权的植物新品种经过反复繁殖后或者在特定繁殖周期结束时，其相关的特征或特性保持不变。

（6）授予品种权的植物新品种应具备适当的名称，并与相同或者相近的植物属或者种中已知品种的名称相区别，该名称经注册登记后即为该植物新品种的通用名称。

(四) 植物新品种权的取得

我国《植物新品种保护条例实施细则》农业部分和林业部分都规定，申请品种权说明书的内容应当包括育种过程、育种方法和对该新品种特异性、一致性、稳定性的详细说明，所附照片应当有利于说明申请品种权的植物品种的特异性。植物新品种在我国由两个部门主管——林业行政主管部门和农业行政主管部门，它们各自有不同的分工。一般来讲，林木、竹、木质藤本、木本观赏植物（包括木本花卉）、果树（干果部分）及木本油料、饮料、调料、木本药材等植物品种由林业部主管，凡是这些植物新品种申请品种权和要求提供法律保护都要向林业行政主管部门申请，其他植物新品种则归农业行政主管部门主管。

第二节　植物新品种权的保护

一、植物新品种的法律保护模式

对植物新品种保护的国际条约有《国际植物新品种保护公约》《与贸易有关的知识产权协定》，我国也加入了这两个国际条约。为了与国际条约中保护植物新品种的相关规定一致，我国在1997年3月20日颁布了《植物新品种保护条例》，对植物新品种采用法律制度予以保护。为了配合和进一步保证《植物新品种保护条例》的实施，我国还陆续颁布实施了《植物新品种保护条例实施细则（农业部分）》《植物新品种保护条例实施细则（林业部分）》《农业植物新品种权代理规定》《农业植物新品种权侵权案件处理规定》和《农业部植物新品种复审委员会审理规定》等规章，为植物新品种的快速发展提供了法律保障。

二、我国植物新品种权的保护机制

1997年3月20日我国颁布《植物新品种保护条例》，1999年4月27日开始施行《植物新品种保护条例实施细则》，并于1999年4月加入《国际植物新品种保护公约》（1978年文本），最高人民法院也发布了《最高人民法院关于开展植物新品种纠纷案件审判工作的通知》《最高人民法院关于审理植物新品种纠纷案件若干问题的解释》和《最高人民法院关于审理侵犯植物新品种权纠纷案件具体应用法律问题的若干规定》，根据 2013 年 1 月 31 日《国务院关于修改〈中华人民共和国植物新品种保护条例〉的决定》和 2014 年 7 月 29 日《国务院关于修改部分行政法规的决定》对《植物新品种保护条例》进行了两次修订完善，建立起了一套植物新品种专门保护机制。该保护机制对植物新品种的保护体现为行政和司法两种途径。

（一）行政保护

植物新品种权的行政保护，就是通过行政执法程序，由行政管理机关，用行政的手段，依法对植物新品种权实行保护。也就是说，当品种权人的权利被他人侵犯时，被侵权人可以请求相关行政管理机关进行处理，行政主管部门根据这一请求，可以依法对侵权人的侵权行为进行行政处理。相关行政主管部门可以根据相关法律、法规的规定责令侵权人停止侵权行为，封存或者扣押与案件有关的植物新品种的繁殖材料，查阅复制或者封存与案件有关的合同、账册及有关文件，没收违法所得，可以并处违法所得 5 倍以下罚款，还可以责令侵权人赔偿损失。

> 典型案例

绿丹公司诉泰丰公司套牌侵权案[1]

品种名为"宜香优 2115"的水稻品种于 2011 年 5 月 9 日申请植物新品种，于 2016 年 3 月 1 日获得授权，品种权人为四川农业大学、宜宾市农业科学院、四川省绿丹公司。2014 年 3 月 5 日，宜宾市农业科学院和泰丰公司签订《杂交水稻品种宜香 5979 授权使用协议》，宜宾市农业科学院同意将"宜香优 5979"在国内的生产销售权有偿独家授权给泰丰公司使用。2018 年 3 月 29 日，泸州市农业局收到绿丹公司举报泰丰公司侵犯"宜香优 2115"植物新品种权与生产销售假种子举报信后，对泰丰公司"宜香优 5979"库存种子和销售网点退货种子分别进行了抽样，同时提取了绿丹公司"宜香优 2115"库存种子，于 2018 年 4 月 16 日送往深圳中心进行检测，对检材名称为"宜香优 5979"的两个样品和"宜香优 2115"的种子进行比对鉴定，鉴定机构出具了（2018）农种检报字第 69 号、（2018）农种检报字第 70 号检验报告，检验结论均为：通过对 48 对引物采用毛细管电泳方法进行检测，与对照样品比较检测出差异位点数 18 个。泸州市农业局于 2018 年 5 月 10 日向绿丹公司就上述情况作出了"举报不实"的书面回复。

---

[1] 最高人民法院（2020）最高法知民终 793 号民事判决书。

> **案例点评**

针对绿丹公司的侵权举报，泸州市农业局通过对泰丰公司"宜香优5979"种子进行封存、抽样检测等行政执法手段来保护植物新品种权。植物新品种权相较于其他类型知识产权，更容易受到侵害，侵权证据更难以收集，更加需要依法获得侵权救济。与司法保护相比，权利人通过行政保护获得救济更具有优势。

（二）司法保护

植物新品种权司法保护体现为三种形式。

1. 行政诉讼保护

植物新品种权的行政诉讼保护，是通过行政诉讼程序对品种权的一种保护。当事人对县级以上农业行政部门作出的假冒授权品种的决定和省级以上农业行政部门作出的侵权决定，以及对植物新品种复审委员会作出的不符合《植物新品种保护条例》规定的复审决定和无效决定，审批机关所作出的强制许可决定和强制许可使用费裁决不服时，当事人可以通过行政诉讼程序请求法院保护。具体表现为：

（1）对植物新品种复审委员会宣告品种权无效或者维持品种权以及更名的决定不服的，植物新品种权人或者无效宣告请求人可以在收到通知之日起3个月内向人民法院起诉。

（2）申请人对植物新品种复审委员会的复审决定不服的，可以自接到通知之日起15日内向人民法院起诉。

（3）植物新品种权人对审批机关关于实施强制许可的决定或者关于实施强制许可的使用费的裁决不服的，可以在收到通知之日起3个月内向人民法院起诉。

（4）当事人对县级以上农业行政部门作出的假冒授权品种的处理决定和省级以上农业行政部门作出的侵权处理决定不服的，可以自收到通知书之日起3个月内向人民法院起诉。

2. 民事诉讼保护

侵犯植物新品种权的行为是民事侵权行为的，植物新品种权人或者利害关系人除了可以请求行政处理外，还可以直接向被告所在地人民法院提起诉讼，通过民事诉讼程序对植物新品种权实行保护。

> **典型案例**

玉米 L239 品种侵权纠纷案❶

安徽隆平公司在维权打假过程中，发现在张掖市某农场承包地内，有用未经许可使用 L239 新品种繁育的隆平 206 杂交玉米种。隆平公司认为该农场的行为严重侵害了自己对于隆平 206 杂交玉米种的新品种权，并造成了严重的经济损失，遂向法院提起诉讼。最终法院判定被告人农户田某赔偿隆平公司 15 万元。

> **案例点评**

通过提起民事诉讼获得民事赔偿的方式，在弥补被侵权人经济损失的同时对侵犯植物新品种权的行为进行有力的打击，从而达到保护植物新品种权的目的。

3. 刑事诉讼保护

刑事诉讼保护是指人为故意侵犯品种权，情节严重，触犯了国家刑法，构成了犯罪，应当通过刑事诉讼程序，追究责任人的刑事责任。品种权的刑事诉讼保护主要是针对假冒他人的授权品种和徇私舞弊两种情况。

> **典型案例**

崔某某生产、销售伪劣种子案❷

2017 年 4 月底至 5 月初，王某 1 通过中间人房某向被告人崔某某购买 21 包（后退回两包）"一代交配耐寒优秀青花菜"种子并支付货款，被告人崔某某在收到货款后故意以其他种子冒充"一代交配耐寒优秀青花菜"种子卖给王某 1，后王某 1 将从崔某某处购买来的种子出售给沈某、高某 1 等沽源县蔬菜种植农户，致上述农户在收获时遭受重大损失。经鉴定，崔某某所售种子不是"一代交配耐寒优秀青花菜"种子，而是"中甘 21 号"种子，造成农户损失共计人民币 492500 元。

---

❶ 轰动全国的种子侵权十大典型案件发布！警钟为谁敲响？[EB/OL]．(2018 - 11 - 09)[2021 - 01 - 10]．https://www.sohu.com/a/274282188_100009422．

❷ 河北省沽源县人民法院（2018）冀 0724 刑初 55 号刑事判决书。

案例点评

该案中行为人以 B 授权品种的名称销售 A 品种名称,其行为构成假冒他人授权品种。《植物新品种保护条例》第 40 条规定,假冒授权品种,情节严重,构成犯罪的,依法追究刑事责任。根据我国《刑法》第 147 条规定,销售明知是假的或者失去使用效能的种子,使生产遭受较大损失的,构成生产、销售伪劣种子罪。被告人崔某某明知是伪劣种子而生产、销售致种植农户生产遭受损失共计人民币 492500 元,损失重大,其行为已构成生产、销售伪劣种子罪,应当依法追究相应刑事责任。

三、植物新品种权侵权行为及责任

(一) 植物新品种权侵权行为

侵犯植物新品种权,是指未经品种权人许可,生产或者销售授权品种的繁殖材料,或者将授权品种的繁殖材料重复使用于生产另一品种的繁殖材料,以及假冒授权品种的繁殖材料的行为。侵犯品种权的构成要件包括四个方面内容。

1. 具有侵害行为

是指实施了未经品种权人许可,生产或者销售授权品种的繁殖材料,或者将授权品种的繁殖材料重复使用于生产另一品种的繁殖材料,以及假冒授权品种的繁殖材料的行为。

2. 具有违法性

侵害行为除了客观存在外,还必须是违法的,即法律明文禁止的行为。

3. 主观上具有过错

侵害人是故意或过失地生产、销售、使用、假冒了授权品种的繁殖材料。

4. 具有损害后果

植物新品种权人因侵权人的侵权行为受到了损失。

(二) 植物新品种权侵权行为表现

根据侵犯品种权的目的、方法不同,侵犯植物新品种权的行为表现为两类。

1. 未经植物新品种权人许可,生产或者销售授权品种的繁殖材料,或者将授权品种的繁殖材料重复使用于生产另一品种的繁殖材料的行为

根据 2020 年修正的《最高人民法院关于审理侵害植物新品种权纠纷案件具体应

用法律问题的若干规定》第 2 条规定，未经品种权人许可，生产、繁殖或者销售授权品种的繁殖材料，或者为商业目的将授权品种的繁殖材料重复使用于生产另一品种的繁殖材料的，人民法院应当认定为侵害植物新品种权。

2. 假冒授权品种的侵权行为

假冒授权品种的侵权行为是指行为人以非授权品种的繁殖材料假冒某授权品种的繁殖材料的行为。假冒授权品种的侵权行为的法律特征是，被假冒的品种是授权品种，有具体的品种权人和品种权被侵害；标记的品种权是真实的，生产、销售的繁殖材料是假的。行为人生产、销售"冒充申请或者授权品种名称和其他足以使他人将非品种权品种误认为品种权品种"的繁殖材料，属于《种子法》第 49 条第（1）项规定的"以非种子冒充种子或者以此种品种种子冒充他种品种种子的"假种子。行为人违反了我国种子质量管理制度、植物新品种保护制度、种子标签真实制度，在侵害广大种子使用者公众利益的同时，也侵害了被假冒的授权品种的品种信誉及其品种权人的商业信誉。根据《植物新品种保护条例实施细则（农业部分）》第 57 条、《植物新品种保护条例实施细则（林业部分）》第 64 条和《种子法》第 49 条之规定，对冒充申请或者授权品种名称和其他足以使他人将非品种权品种误认为品种权品种的行为，应当认定为假冒授权品种的侵权行为。

（三）植物新品种权侵权行为的法律责任

我国《种子法》第 25 条规定，国家实行植物新品种保护制度，保护品种权人的合法权益。根据我国《种子法》《植物新品种保护条例》《农业植物新品种权侵权案件处理规定》和《最高人民法院关于审理侵犯植物新品种权纠纷案件具体应用法律问题的若干规定》的有关条款规定，侵犯品种权的法律责任包括民事责任、行政责任、刑事责任三大方面内容。

1. 民事责任

2020 年修正的《最高人民法院关于审理侵害植物新品种权纠纷案件具体应用法律问题的若干规定》第 6 条规定：人民法院审理侵害植物新品种权纠纷案件，应当依照民法典第一百七十九条、第一千一百八十五条、种子法第七十三条的规定，结合案件具体情况，判决侵权人承担停止侵害、赔偿损失等民事责任。人民法院可以根据权利人的请求，按照权利人因被侵权所受实际损失或者侵权人因侵权所得利益确定赔偿数额。权利人的损失或者侵权人获得的利益难以确定的，可以参照该植物新品种权许可使用费的倍数合理确定。权利人为制止侵权行为所支付的合理开支应当另行计算。依照前款规定难以确定赔偿数额的，人民法院可以综合考虑侵权的性质、期间、后果，植物新品种权许可使用费的数额，植物新品种实施许可的种类、时间、范围及权利人调查、制止侵权所支付的合理费用等因素，在300万元以下确定赔偿数额。故意侵害他人植物新品种权，情节严重的，可以按照第二款确定数额的一倍以上三倍以下确定赔偿数额。"

> 典型案例

"美人榆"植物新品种侵权案[1]

河北省林业科学研究院（以下简称"河北林科院"）、石家庄绿缘达园林工程有限公司（以下简称"绿缘达公司"）系"美人榆"植物新品种权人，其认为某市园林绿化管理处（以下简称"园林处"）擅自在其管理的街道绿化带大量种植美人榆的行为侵害了其植物新品种权，请求判令园林处停止侵权并支付品种使用费。吉林省长春市中级人民法院和吉林省高级人民法院相继作出一、二审判决驳回河北林科院、绿缘达公司的诉讼请求。河北林科院、绿缘达公司向最高人民法院申请再审，最高人民法院指定山东省高级人民法院再审审理该案。山东省高级人民法院经再审认为，由于美人榆系无性繁殖，本身即为繁殖材料，所以，园林处的种植行为属于生产授权品种的繁殖材料的行为。虽然园林处系事业单位法人，其具有建设城市园林绿地的职能，但是，判断园林处的行为是否具有商业目的不能仅以其主体性质来判断，而应当结合主体的行为进行综合判断。该案中，园林处存在大量种植美人榆用于街道绿化的行为，但其未能证明其种植美人榆的合法来源，园林处并不符合《植物新品种保护条例》第10条规定的可以自繁自用的主体身份，也不符合可以不经品种权人许可，不支付使用费的情况。所以，园林处没有从品种权人处购买美人榆，而擅自进行种植使用，不但损害了品种权人的利益，其自繁自用的行为也暗含了商业利益，应当认定为具有商业目的。故认定园林处的行为构成侵权，河北林科院、绿缘达公司关于支付品种使用费的请求应予支持，考虑到涉案品种的价值、园林处种植的范围以及其种植行为具有一定公益性质等因素，确定其支付品种使用费20万元。

---

[1] "美人榆"植物新品种侵权案［EB/OL］．（2017-04-24）［2021-01-10］．https：//www.chinacourt.org/article/detail/2017/04/id/2822677.shtml.

> **案例点评**

该案是对政府机关在履行职能时生产授权品种的繁殖材料等行为是否构成侵权的认定,其关于是否属于生产授权品种的繁殖材料以及是否具有商业目的的认定均具有一定典型意义和指导意义,有效地保护了品种权人的合法权益,对激发品种权人的创新积极性,营造激励创新的司法环境具有积极的作用。

2. 行政责任

依据相关植物新品种保护法律、法规、规章及司法解释的规定,对于未经品种权人许可,为商业目的生产或者销售授权品种的繁殖材料,或者将授权品种的繁殖材料重复使用于生产另一品种的繁殖材料的,由省级以上人民政府农业行政部门依据《农业植物新品种权侵权案件处理规定》第 11 条规定,采取下列措施,制止侵权行为和追究行政责任。对于行为人生产、经营"冒充申请或者授权品种名称和其他足以使他人将非品种权品种误认为品种权品种"的繁殖材料,或者"以非种子冒充种子或者以此种品种种子冒充他种品种种子的"假种子,依据《种子法》第 75 条第 1 款规定,"违反本法第四十九条规定,生产经营假种子的,由县级以上人民政府农业、林业主管部门责令停止生产经营,没收违法所得和种子,吊销种子生产经营许可证;违法生产经营的货值金额不足一万元的,并处一万元以上十万元以下罚款;货值金额一万元以上的,并处货值金额十倍以上二十倍以下罚款"。对于行为人实施《植物新品种保护条例实施细则(林业部分)》第 64 条第(1)项至第(4)项规定的假冒授权品种的违法行为的,应由县级以上人民政府农业、林业行政部门依据《植物新品种保护条例》第 40 条之规定,依各自的职权责令停止假冒行为,没收违法所得和植物品种繁殖材料;货值金额 5 万元以上的,处货值金额 1 倍以上 5 倍以下的罚款;没有货值金额或者货值金额 5 万元以下的,根据情节轻重,处 25 万元以下的罚款;情节严重,构成犯罪的,依法追究刑事责任。

> **典型案例**

韶关市某门市部经营假种子行政处罚案[1]

广东省韶关市某门市部出售标称为湖南某农业科技发展有限公司生产的"天优

---

[1] 关于某门市部经营假种子行政处罚案 [EB/OL]. (2017 - 01 - 10) [2021 - 01 - 10]. https://nyj. sg. gov. cn/ztzl/pfzl/content/post_1810950. html.

3××"水稻种子。2016年6月14日,市农业局综合行政执法人员依法到该门市部实施调查取证,首先对门市部经营、仓储场所进行了现场检查(勘验),并制作了现场检查(勘验)笔录,随后对门市部负责人李某某进行了询问,制作了询问笔录,并现场调取了韶关市某有限公司(种子)销售出货单复印件等相关证据材料。经农业部农作物种子质量监督检验测试中心检测,判定标注的品种名称不真实。

案例点评

依据我国《种子法》第49条的规定,下列种子为假种子:"……(2)种子种类、品种与标签标注的内容不符或者没有标签的"。该案中"标注的品种名称不真实",应当认定为假种子。门市部生产、经营假种子的行为,违反了我国《种子法》第49条"禁止生产经营假、劣种子"的规定。根据我国《种子法》第75条之规定,违反本法第49条规定,生产经营假种子的,由县级以上人民政府农业、林业主管部门责令停止生产经营,没收违法所得和种子,吊销种子生产经营许可证;违法生产经营的货值金额不足1万元的,并处1万元以上10万元以下罚款;货值金额1万元以上的,并处货值金额10倍以上20倍以下罚款。

3. 刑事责任

我国《植物新品种保护条例》第40条规定,假冒授权品种,情节严重,构成犯罪的,依法追究刑事责任。我国《刑法》第147条规定了生产、销售伪劣种子罪。假冒授权品种侵权行为的行为人,生产、销售"冒充申请或者授权品种名称和其他足以使他人将非品种权品种误认为品种权品种"的繁殖材料,情节严重的,可以按照《种子法》规定的"以非种子冒充种子或者以此种品种种子冒充他种品种种子的"生产、销售假种子的行为,依据《刑法》第147条规定的生产、销售伪劣种子罪,追究假冒授权品种侵权行为人的刑事责任。

典型案例

隆平高科"陵两优711"稻种案[1]

2017年3月,江西省南昌县种子经销商郭某某询问四川隆平高科种业有限公司(以下简称"隆平高科")的经销商之一江西省丰城市"民生种业"经营部的闵氏

---

[1] 江西省南昌市中级人民法院(2018)赣01刑终722号刑事判决书。

父子是否有"T优705"水稻种子出售,在得到肯定答复并报价后,先后共汇款30万元给闵氏父子用于购买种子。闵氏父子找到隆平高科江西省宜春地区区域经理王某某订购种子,王某某向隆平高科申报了"陵两优711"稻种计划,后闵氏父子汇款20万元给隆平高科作为订购种子款。王某某找到金海环保包装有限公司的曹某某,向其提供制版样式,印制了标有"四川隆平高科种业有限公司""T优705"字样的小包装袋29850个。收到隆平高科寄来的"陵两优711"散装种子后,王某某请闵氏父子帮忙雇工人将运来的散装种子分装到此前印好的标有"T优705"的小包装袋内,并将分装好的24036斤种子运送给郭某某。郭某某销售给南昌县等地的农户。农户播种后,禾苗未能按期抽穗、结实,导致200余户农4000余亩农田绝收,造成直接经济损失460余万元。

案例点评

以同一科属的此品种种子冒充彼品种种子,属于我国《种子法》第49条规定的"假种子"。行为人对假种子进行小包装分装销售,使农业生产遭受较大损失的,应当以生产、销售伪劣种子罪追究刑事责任。

第九章　其他知识产权

第一节　不正当竞争

一、什么是不正当竞争

我国《反不正当竞争法》❶ 第 2 条第 2 款规定："本法所称的不正当竞争行为，是指经营者在生产经营活动中，违反本法规定，扰乱市场竞争秩序，损害其他经营者或者消费者的合法权益的行为。"

二、与知识产权有关的不正当竞争行为

我国《反不正当竞争法》第二章列举了七大类不正当竞争行为。具体包括商品混淆行为、商业贿赂行为、虚假广告宣传行为、侵犯商业秘密行为、违法有奖销售行为、诽谤竞争对手行为和网络不正当竞争行为。其中一些不正当竞争行为同时也涉及侵犯知识产权。

（一）商品假冒行为

假冒他人的注册商标是一种典型的侵犯注册商标专用权的行为，商标法禁止在相同或类似商品上使用相同的或近似的商标，反不正当竞争法不受这一限制，在不同的商品上使用相同或近似的商标，一旦产生了混淆的后果，可依反不正当竞争法予以禁止。《反不正当竞争法》第 6 条规定："经营者不得实施下列混淆行为，引人误认为是他人商品或者与他人存在特定联系：（一）擅自使用与他人有一定影响的

---

❶　该法未指明版本的默认为 2019 年最新公布的版本。

商品名称、包装、装潢等相同或者近似的标识；（二）擅自使用他人有一定影响的企业名称（包括简称、字号等）、社会组织名称（包括简称等）、姓名（包括笔名、艺名、译名等）；（三）擅自使用他人有一定影响的域名主体部分、网站名称、网页等；（四）其他足以引人误认为是他人商品或者与他人存在特定联系的混淆行为。"根据这一规定，商品假冒行为包括：

1. 商品主体混淆行为

该行为表现为三种情形：（1）假冒他人的注册商标；（2）擅自使用知名商品特有的名称、包装、装潢，造成和他人的知名商品相混淆，使购买者误认为是该知名商品；（3）擅自使用他人的企业名称或者姓名，引人误认为是他人的商品。

2. 商品虚假标示行为

该行为也表现为三种情形：（1）在商品上伪造或者冒用认证标志、名优标志等质量标志；（2）伪造产地，对商品原产地、商品来源或出处进行虚假表示；（3）对商品质量作引人误解的虚假表示。

（二）侵犯商业秘密

根据我国《反不正当竞争法》第9条的规定："经营者不得实施下列侵犯商业秘密的行为：

"（一）以盗窃、贿赂、欺诈、胁迫、电子侵入或者其他不正当手段获取权利人的商业秘密；

"（二）披露、使用或者允许他人使用以前项手段获取的权利人的商业秘密；

"（三）违反保密义务或者违反权利人有关保守商业秘密的要求，披露、使用或者允许他人使用其所掌握的商业秘密；

"（四）教唆、引诱、帮助他人违反保密义务或者违反权利人有关保守商业秘密的要求，获取、披露、使用或者允许他人使用权利人的商业秘密。

"经营者以外的其他自然人、法人和非法人组织实施前款所列违法行为的，视为侵犯商业秘密。

"第三人明知或者应知商业秘密权利人的员工、前员工或者其他单位、个人实施本条第一款所列违法行为，仍获取、披露、使用或者允许他人使用该商业秘密的，视为侵犯商业秘密。

"本法所称的商业秘密，是指不为公众所知悉、具有商业价值并经权利人采取相应保密措施的技术信息、经营信息等商业信息。"

（三）商业诽谤行为

根据我国《反不正当竞争法》第 11 条规定，商业诽谤行为是指经营者采取编造、传播虚假信息或者误导性信息等不正当竞争手段，对竞争对手的商业信誉、商品声誉进行诋毁、贬低，以削弱其竞争实力的行为。具体手段包括刊登对比性广告或声明性公告等，贬低竞争对手声誉；唆使或收买某些人，以客户或消费者名义进行投诉，败坏竞争对手声誉；通过商业会议或发布商业信息的方式，对竞争对手的质量进行诋毁等。商业诽谤行为既是不正当竞争行为，也可能属于侵犯知识产权行为。

典型案例

深圳市阿卡索资讯股份有限公司与重庆某公司不正当竞争纠纷案[1]

原告深圳市阿卡索资讯股份有限公司是一家英语在线教育机构，运营有"阿卡索外教网"，在在线英语教育行业具有较高的知名度、较好的口碑和商业信誉；被告重庆某公司亦作为英语在线教育培训的同业经营者，与原告存在市场竞争关系。从 2017 年 9 月 6 日起，被告即在其运营官网的显著位置上发布标题为"关于阿卡索外教网利用站群链接广告进行虚假宣传的申明"（网址：××news_16.html），编造"阿卡索外教网运用博客、论坛等各种网络媒体平台，利用百弗的品牌影响力，在各大论坛媒体发布百弗的虚假信息"等内容，意图通过捏造虚假事实，贬低原告商誉的方式，进行不正当的市场竞争。法院经过审理认为，原、被告间存在竞争关系，被告发布的涉案相关信息系未经证实的虚假信息，且该信息在客观上会使相关公众对原告的评价降低，造成原告商业信誉受损。据此，被告在涉案网站上编造、传播虚假信息的行为损害了原告的商业信誉，其行为已构成对原告的商业诋毁，依法应当承担相应的民事责任。

案例点评

该案系商业诋毁纠纷。我国《反不正当竞争法》第 11 条规定，经营者不得编造、传播虚假信息或者误导性信息，损害竞争对手的商业信誉、商品声誉。被告重庆某公

---

[1] 深圳市罗湖区人民法院（2018）粤 0303 民初 1355 号民事判决书。

司恶意诋毁原告商誉,使公众产生怀疑心理,严重损害了原告的商业信誉和商品声誉,给原告造成了巨大的经济损失,依法应当承担赔礼道歉、消除影响的民事责任。

三、反不正当竞争法与知识产权法

(一)什么是反不正当竞争法

反不正当竞争法是指通过制止市场交易中的不正当竞争行为来维护经济秩序的法律规范。反不正当竞争法是一个独立的法律部门。反不正当竞争法有广义与狭义之分。广义的反不正当竞争法是指有关反不正当竞争行为的国际公约、法律、法规、规章和立法解释、司法解释等法律规范的总和。即除了反不正当竞争法以外,商标法、专利法及其实施细则和商业秘密法等涉及知识产权方面的法律规范都是广义反不正当竞争法的组成部分。此外,广义的反不正当竞争法还包括产品质量法、广告法、消费者权益保护法等一切有关反不正当竞争行为的刑事、民事、行政法律、法规、立法解释和司法解释等。狭义的反不正当竞争法仅指《反不正当竞争法》,我国《反不正当竞争法》于1993年9月2日第八届全国人民代表大会第三次会议通过,2017年11月4日第十二届全国人民代表大会常务委员会第三十次会议修订,根据2019年4月23日第十三届全国人民代表大会常务委员会第十次会议《关于修改〈中华人民共和国建筑法〉等八部法律的决定》修正。本章从狭义角度理解反不正当竞争法。

(二)反不正当竞争法与知识产权法的关系

反不正当竞争法与知识产权法有着相辅相成的关系,二者既相互联系、相互补充又相互区别。

1. 相互联系

反不正当竞争法和知识产权法之间有着深刻的联系,其联系首先表现在其具有共同的目标和原则。其共同目标就是保护单位、自然人等知识产权主体对其智力成果及相关成就的财产利益和人身利益,维持健康的、公平竞争的经济关系;其共同的原则就是诚实信用原则和利益平衡原则。其次,如果从广义的反不正当竞争法角度理解,除了《反不正当竞争法》以外,商标法、专利法及其实施细则和商业秘密法等涉及知识产权方面的法律法规都可以被理解为广义反不正当竞争法的组成部分。最后,知识产权法在某种程度上又调节不正当竞争行为。正因为如此,知识产权法学专家则倾向于将不正当竞争法纳入知识产权法范畴,作为知识产权法的组成部分。[1]从这一角度看,认为不正当竞争法属于知识产权法范畴也具有其合理性。

2. 相互补充

反不正当竞争法与知识产权法还有相互补充的关系。一方面,知识产权法确定的保护范围、保护对象是一个开放的体系,是动态发展的。在科技迅速发展的现代社会,一些新出现的科技成果、智力成果不可能被现有的知识产权法律法规所涵盖,新的知识产权、新的侵犯知识产权的行为不断出现,传统知识产权法对不断发生的新的侵犯知识产权的行为无法规范,无法保护新的知识产权。而由于反不正当竞争法意在制止"所有违反工商业诚实惯例的竞争行为"。因此,反不正当竞争法对于保护知识产权,特别是保护那些不能直接获得知识产权特别法律保护的智力成果及相关成就有着不可缺少的作用,也可以说它对知识产权法具有重要的补充作用。另一方面,知识产权制度的建立,也有利于促进市场竞争秩序的健康发展,它反过来又对反不正当竞争法律制度起到积极的补充作用。

3. 相互区别

虽然反不正当竞争法与知识产权法相互联系紧密,但是,二者之间仍然存在许多不同的地方。

(1) 分别属于不同法律体系,保护的侧重点不同

对于反不正当竞争法而言,由于其隶属于经济法范畴,其立法的目的在于维护和实现整个社会或者全人类的公共利益。为了达到此目的,必须依法对不正当竞争行为进行管理和对市场秩序进行维护,偏重于管理和调控,侧重于国家和社会的公共利益。而对于知识产权法而言,由于其隶属于民法范畴,因此,其立法的目的在于依法保护公民、法人和其他组织的民事权益,正确调整以知识产权为核心的民事法律关系。立法的落脚点在于充分维护公民、法人和其他组织的合法利益。

(2) 二者的调整范围不同

反不正当竞争法主要是行为法,主要通过制止市场交易中的不正当竞争行为来维护经济秩序;而知识产权法主要是财产权法,是确认、规范、利用和保护著作权、工业产权以及其他专有权利等知识产权权利的一种法律制度,主要是调整知识产权的确认、归属、行使、管理和保护等活动中产生的社会关系。由此可见,二者的调整范围和侧重点不同。

---

[1] 刘春田. 知识产权法教程 [M]. 北京:人民大学出版社,1995;吴汉东. 知识产权法 [M]. 北京:北京大学出版社,1998. 上述著作都用专门的篇章介绍了反不正当竞争法。

第二节　企业名称及商号权

一、什么是企业名称及商号权

企业名称不等于商号名称，二者的构成也不同。

（一）企业名称

企业名称是作为法人的公司或企业的名称，是一个公司或企业区别于其他公司或企业的文字符号。该名称属于一种法人人身权，不能转让，随法人存在而存在，随法人消亡而消亡。法人在以民事主体参与民事活动如签订合同、抵押贷款时需要使用企业名称。企业名称必须经过核准登记才能取得。

（二）商号权

商号，也称字号、企业名称、厂商名称，是用于识别在一定地域内和一定行业中不同经营者的称谓。从本质上看，商号是企业（公司）名称中的特征部分，商号名称只是组成企业名称的一部分。商号主要是指从事生产或经营活动的经营者在进行登记注册时用以表示自己营业名称的一部分，是商品生产经营者为了表明不同于其他商事主体的特征而使用的专属营业标示。它既是商事主体用于对外交往的重要标志，也是区别不同商事主体的重要标志。因此，商号权是工厂、商店、公司、集团等企业的特定标志和名称所依法享有的专有权。

二、企业名称的构成

我国《企业名称登记管理规定》第6条规定："企业名称由行政区划名称、字号、行业或者经营特点、组织形式组成。跨省、自治区、直辖市经营的企业，其名称可以不含行政区划名称；跨行业综合经营的企业，其名称可以不含行业或者经营特点。"由此可见，企业名称是一个企业区别于其他企业的文字符号，依次由企业所在地的行政区划名称、字号、行业或者经营特点、组织形式四部分组成，其中，字号是区别不同企业的主要标志。我国《企业名称登记管理规定》第4条规定，企业只能登记一个企业名称，企业名称受法律保护。

需要特别注意的是，商号名称不等于企业名称，商号名称的构成不同于企业名称的构成。商号名称只是组成企业名称的一部分。企业的字号（商号名称）往往是消费者或公众所熟知的特定符号。但企业名称却包含更多的内容，如按行政区划和级别进行注册登记所冠以的"中国""中华""全国""某某省、市、区、县"等行政区划字样，行业字样和企业组织形式字样。如"四川五粮液酒业集团"中的"五粮液"即属于商号名称。商号名称一般由名称、词句或称号等构成，用以区分不同企业以及它们的商业活动。商号名称主要用来区分整个企业，不管它们提供何种商品或服务，并象征了企业的全部商业信誉和商业愿望，所以商号名称是企业的无形资产。因此对商号权进行保护，以及防止相似商号名称对用户的混淆和误导，对于企业和用户都具有非常重要的意义。

三、我国企业名称及商号权的法律保护

在我国，对商号名称权的法律保护体现在我国《民法典》《反不正当竞争法》《企业名称登记管理规定》《公司法》等法律规定之中。我国《民法典》规定，法人享有名称权，有权依法决定、使用、变更，转让或许可他人使用自己的名称。我国《企业名称登记管理规定》中规定，一个企业只允许使用一个名称，经核准登记的企业名称受法律保护；未经核准登记的企业名称不得使用。1999年12月8日，国家工商行政管理局令第93号公布的《企业名称登记管理实施办法》中规定："企业法人名称中不得含有其他法人的名称""企业名称中不得含有另一个企业名称""已经登记注册的企业名称，在使用中对公众造成欺骗或误解的，或者损害他人合法权益的，应当认定为不适宜的企业名称予以纠正。"我国《反不正当竞争法》规定，经营者擅自使用他人有一定影响的企业名称或姓名，使人误以为是他人商品或者与他人存在特定联系的行为，构成不正当竞争。

> **典型案例**

青岛华羚制鞋有限公司与青岛某塑胶公司不正当竞争纠纷案[1]

2004年11月24日，青岛华羚制鞋有限公司、青岛某塑胶公司因买卖合同纠纷一案，经青岛市四方区人民法院主持调解，双方自愿达成协议，青岛金羊鞋业总公

---

[1] 山东省高级人民法院（2007）鲁民三终字第31号民事判决书。

司、青岛华羚制鞋有限公司同意青岛某塑胶公司有偿使用"金羊"商标，青岛某塑胶公司为上述地区唯一使用"金羊"商标生产、销售的合法代理人，使用时间为8年。该案审理过程中，青岛某塑胶公司还与青岛金羊鞋业总公司签订了一份协议书，该协议书第3条约定：甲方（青岛某塑胶公司）使用商标的产品质量必须符合国家标准。使用"金羊"牌商标的标识、包装必须符合乙方（青岛金羊鞋业总公司）的质量标准，不得更改其文字、图形、颜色。2005年5月左右，青岛某塑胶公司在青岛东李跃盛鞋城皮具市场设立C4-05号摊位，该摊位门头上有"青岛金羊-烟台威海地区总经销"字样，摊位里面及外面均摆放着各种型号的"金羊"牌皮鞋，鞋盒上印有青岛华羚制鞋有限公司的企业名称。一审法院认为，根据我国1993年《反不正当竞争法》第5条第（3）项的规定，擅自使用他人的企业名称或者姓名，引人误认为是他人的商品的行为，是不正当竞争行为。该案中，青岛某塑胶公司虽然获得了"金羊"牌商标的地区性独占实施许可，但根据我国1993年《商标法》第26条第2款的规定，经许可使用他人注册商标的，必须在使用该注册商标的商品上标明被许可人的名称和商品产地。青岛某塑胶公司在该案涉及的商品上，没有标注自己的企业名称和产地，而是标注青岛华羚制鞋有限公司的企业名称。该行为违反了我国《反不正当竞争法》及《商标法》的相关规定。因此，青岛某塑胶公司的行为侵犯了青岛华羚制鞋有限公司享有的企业名称权，构成不正当竞争。一审法院根据我国1993年《反不正当竞争法》第5条第（3）项、第20条的规定，判决青岛某塑胶公司立即停止侵犯青岛华羚制鞋有限公司企业名称权的行为，并赔偿青岛华羚制鞋有限公司经济损失3万元。青岛华羚制鞋有限公司与青岛某塑胶公司均不服判决提起上诉。二审法院查明的事实与一审法院一致，认为一审判决认定青岛某塑胶公司的行为构成不正当竞争是正确的，故驳回了上诉，维持原判。

案例点评

该案是侵犯企业名称权纠纷。青岛华羚制鞋有限公司是自己名称的所有者，青岛某塑胶公司在鞋盒上擅自使用了其企业名称，引人误认为青岛某塑胶公司生产、销售的皮鞋是青岛华羚制鞋有限公司的商品的行为，严重侵犯了青岛华羚制鞋有限公司的企业名称权，构成不正当竞争。

第三节 遗传资源和传统知识

近年来,随着科技进步、文化发展以及经济全球化进程的进一步加快,遗传资源、传统知识的现实价值与潜在价值得到了各国前所未有的重视、开发和保护,逐渐成为知识产权保护的重要内容。我国 2008 年 6 月颁布的《国家知识产权战略纲要》对遗传资源和传统知识的保护提出了明确要求,要求"建立健全传统知识保护制度。扶持传统知识的整理和传承,促进传统知识发展。完善传统医药知识产权管理、保护和利用协调机制,加强对传统工艺的保护、开发和利用"。要"适时做好遗产资源、传统知识、民间文艺和地理标志等方面的立法工作"。2016 年 12 月 30 日国务院颁布的《"十三五"国家知识产权保护和运用规划》提出,"强化传统优势领域知识产权保护。开展遗传资源、传统知识和民间文艺等知识产权资源调查。制定非物质文化遗产知识产权工作指南,加强对优秀传统知识资源的保护和运用。完善传统知识和民间文艺登记、注册机制,鼓励社会资本发起设立传统知识、民间文艺保护和发展基金。研究完善中国遗传资源保护利用制度,建立生物遗传资源获取的信息披露、事先知情同意和惠益分享制度。"本节将对遗传资源和传统知识进行一些知识介绍。

一、遗传资源

(一) 基本概念

"遗传资源"(Genetic Resources)是指具有现实或潜在价值的遗传材料,即来自植物、动物、微生物或其他来源的任何含有遗传功能单位的材料。《生物多样性公约》第 2 条规定,"遗传资源"是指具有实际或潜在价值的遗传材料。"遗传材料"是指来自植物、动物、微生物或其他来源的任何含有遗传功能单位的材料。

遗传资源包括植物遗传资源、生物遗传资源、人类遗传资源等内容。

所谓植物遗传资源是指取自植物的含有遗传功能单位并具有实际或者潜在价值的材料。包括植物的 DNA、基因、基因组、细胞、组织、器官等遗传材料及相关信息。

关于生物遗传资源,我国生态环境部将生物遗传资源的概念界定为:具有实用或潜在实用价值的任何含有遗传功能的材料,包括动物、植物、微生物的 DNA、基因、基因组、细胞、组织、器官等遗传材料及相关信息。

国务院 1998 年颁布的《人类遗传资源管理暂行办法》和 2019 年颁布的《中华人民共和国人类遗传资源管理条例》对人类遗传资源的概念进行了明确界定。《人类遗传资源管理暂行办法》第 2 条规定,本办法所称人类遗传资源是指含有人体基因组、基因及其产物的器官、组织、细胞、血液、制备物、重组脱氧核糖核酸(DNA)构建体等遗传材料及相关的信息资料。《中华人民共和国人类遗传资源管理条例》第 2 条也规定,本条例所称人类遗传资源包括人类遗传资源材料和人类遗传资源信息。人类遗传资源材料是指含有人体基因组、基因等遗传物质的器官、组织、细胞等遗传材料。人类遗传资源信息是指利用人类遗传资源材料产生的数据等信息资料。

此外,《中华人民共和国畜禽遗传资源进出境和对外合作研究利用审批办法》第 3 条第 2 款规定,本办法所称畜禽遗传资源,是指畜禽及其卵子(蛋)、胚胎、精液、基因物质等遗传材料。即明确了畜禽遗传资源的概念。

(二)遗传资源的国际保护

遗传资源的获得和利益分享及其与知识产权的关系和国际保护等问题源于《生物多样性公约》,该公约于 1992 年 6 月 5 日在里约热内卢签订,并于 1993 年底生效。中国于 1992 年 6 月 11 日签署该公约,1992 年 11 月 7 日批准,1993 年 1 月 5 日交存加入书。2010 年生物多样性缔约方大会第十次会议时通过了关于获取遗传资源和公正公平分享其利用所产生惠益的名古屋议定书。我国于 2016 年 9 月 6 日正式成为关于获取遗传资源和公正公平分享其利用所产生惠益的名古屋议定书缔约方。1994 年我国加入了《专利合作条约》,并于 1995 年成为《国际承认用于专利程序的微生物保存布达佩斯条约》的成员国,更加方便了国内外生物技术领域的发明人在我国申请和获得专利保护。

2001 年 11 月 3 日联合国粮农组织大会通过了《国际粮食和农业植物遗传资源条约》,提出了对植物遗传资源的保护。

其中,《生物多样性公约》确立的遗传资源三原则对保护遗传资源具有重大意义。

1. 国家主权原则

《生物多样性公约》第 15 条第 1 款规定了国家主权原则。承认国家对其自然资源享有的主权,国家政府有权管辖对遗传资源的获取,并受国内法规制。赋予基因资源来源国对遗传资源享有国家主权。按照国家主权原则，遗传资源主权国家对其基因资源享有主权，可以对抗发达国家研究机构和企业对遗传资源主权国家遗传资源的任意无偿掠夺（即"生物剽窃"），防止主权国家遗传资源无偿流失。

2. 事先知情同意原则

《生物多样性公约》第15条第4款确立了事先知情同意原则。对遗传资源的获取应当建立在双边同意条款的基础之上，尤其是资源提供方（通常是发展中国家的遗传资源持有人）的事先知情同意。事先知情同意要求研究国在证明已经取得来源国的知情同意时，需提交证据或者来源证明书。

3. 惠益分享原则

"惠益"是指基于遗传资源的源产、提供和开发、利用之原因而应享受的有关利益。《生物多样性公约》确立了惠益分享原则，鼓励对基于遗传资源的开发、研究和发明成果的收益由遗传资源持有人和开发人进行共同分享。不过，对利益分享的规定是"鼓励性"的倡导条款，没有详细的、强制性的法律条文。

我国作为《生物多样性公约》缔约方，应当充分利用其确立的三原则等规定，对我国遗传资源进行保护。

（三）遗传资源的国内法律保护

我国民族众多、地域辽阔，遗传资源丰富。长期以来，发达国家将我国作为获取遗传资源的主要对象，外国研究机构通过多种非正当手段非法获取我国遗传资源，严重损害到我国的国家利益和国家安全。因此，加强遗传资源保护立法，通过法律手段有效保护我国遗传资源十分必要。近年来，我国高度重视遗传资源的保护和管理。1994年，我国制定了《中国生物多样性保护行动计划》，提出保护农作物和家畜的遗传资源，保护野生物种，建立全国信息和监测系统。同年，国务院又发布了《中国21世纪议程——中国21世纪人口、环境与发展白皮书》。2003年，国务院批准成立了由环境保护部牵头，17个部委参加的生物物种资源保护部际联席会议制度，统一组织、协调国家生物物种资源的保护和管理工作。2004年以来，国家先后颁布实施《全国生物物种资源保护与利用规划纲要》《中国生物多样性保护战略与行动计划（2011—2030年）》等，把遗传资源的获取与惠益分享制度建设作为重要战略任务。随着我国法治建设进程的进一步加快，我国在立法和修订相关法律的时候，也注重强化了遗传资源等传统知识保护的内容。

1. 《宪法》

我国《宪法》第 9 条和第 26 条分别规定：国家保障自然资源的合理利用，保护珍贵动植物，禁止任何组织和个人利用任何手段侵占或破坏自然资源。

2. 《专利法》

我国《专利法》第 26 条第 5 款规定："依赖遗传资源完成的发明创造，申请人应当在专利申请文件中说明该遗传资源的直接来源和原始来源；申请人无法说明原始来源的，应当陈述理由。"

《专利法》第 5 条第 2 款规定："对违反法律、行政法规的规定获取或者利用遗传资源，并依赖该遗传资源完成的发明创造，不授予专利权。"

3. 《刑法》

在我国《刑法》修正案（十一）修订后的《刑法》中新增加了"非法采集、走私人类遗传资源罪"的内容。明确将"非法采集、走私我国人类遗传资源"这一行为入刑，严厉打击严重危害国家人类遗传资源安全的犯罪行为。

《刑法》第 334 条后增加一条，作为第 334 条之一："违反国家有关规定，非法采集我国人类遗传资源或者非法运送、邮寄、携带我国人类遗传资源材料出境，危害公众健康或者社会公共利益，情节严重的，处三年以下有期徒刑、拘役或者管制，并处或者单处罚金；情节特别严重的，处三年以上七年以下有期徒刑，并处罚金。"

《刑法》第 336 条后增加一条，作为第 336 条之一："将基因编辑、克隆的人类胚胎植入人体或者动物体内，或者将基因编辑、克隆的动物胚胎植入人体内，情节严重的，处三年以下有期徒刑或者拘役，并处罚金；情节特别严重的，处三年以上七年以下有期徒刑，并处罚金。"

《刑法》第 344 条后增加一条，作为第 344 条之一："违反国家规定，非法引进、释放或者丢弃外来入侵物种，情节严重的，处三年以下有期徒刑或者拘役，并处或者单处罚金。"

4. 《生物安全法》

2020 年 10 月 17 日通过，自 2021 年 4 月 15 日起施行的我国《生物安全法》对遗传资源的保护也进行了明确的规定。我国《生物安全法》坚持风险预防原则和分类管理原则，在原有国家生物安全管理制度基础上，结合人类遗传资源特点，从人类遗传资源的采集、保藏、利用、对外提供等方面，进一步细化了人类遗传资源保护的具体制度，强化了人类遗传资源的保护，对我国人类遗传资源的保护具有重要意义。

一是确立了人类遗传资源和生物资源的国家主权原则。《生物安全法》第 53 条第 2 款规定,"国家对我国人类遗传资源和生物资源享有主权。"

二是确立了惠益分享原则。《生物安全法》第 59 条第 2 款规定,"利用我国人类遗传资源和生物资源开展国际科学研究合作,应当保证中方单位及其研究人员全过程、实质性地参与研究,依法分享相关权益。"

三是确立了事先知情同意原则。《生物安全法》第 56 条第 1 款规定,"从事下列活动,应当经国务院科学技术主管部门批准:

"(1)采集我国重要遗传家系、特定地区人类遗传资源或者采集国务院科学技术主管部门规定的种类、数量的人类遗传资源;

"(2)保藏我国人类遗传资源;

"(3)利用我国人类遗传资源开展国际科学研究合作;

"(4)将我国人类遗传资源材料运送、邮寄、携带出境。"

《生物安全法》第 57 条规定,"将我国人类遗传资源信息向境外组织、个人及其设立或者实际控制的机构提供或者开放使用的,应当向国务院科学技术主管部门事先报告并提交信息备份。"第 58 条第 2 款规定,"境外组织、个人及其设立或者实际控制的机构获取和利用我国生物资源,应当依法取得批准。"第 59 条第 1 款规定"利用我国生物资源开展国际科学研究合作,应当依法取得批准。"

四是对人类遗传资源的采集、保藏、利用、对外提供等方面规定了严格的管制措施。其中第 56 条同时规定,境外组织、个人及其设立或者实际控制的机构不得在我国境内采集、保藏我国人类遗传资源,不得向境外提供我国人类遗传资源。

五是对违法采集、保藏、利用、对外提供我国人类遗传资源的行为,规定了严厉的处罚措施。第 79 条规定,"违反本法规定,未经批准,采集、保藏我国人类遗传资源或者利用我国人类遗传资源开展国际科学研究合作的,由国务院科学技术主管部门责令停止违法行为,没收违法所得和违法采集、保藏的人类遗传资源,并处五十万元以上五百万元以下的罚款,违法所得在一百万元以上的,并处违法所得五倍以上十倍以下的罚款;情节严重的,对法定代表人、主要负责人、直接负责的主管人员和其他直接责任人员,依法给予处分,五年内禁止从事相应活动。"第 80 条规定,"违反本法规定,境外组织、个人及其设立或者实际控制的机构在我国境内采集、保藏我国人类遗传资源,或者向境外提供我国人类遗传资源的,由国务院科学技术主管部门责令停止违法行为,没收违法所得和违法采集、保藏的人类遗传资源,并处一百万元以上一千万元以下的罚款;违法所得在一百万元以上的,并处违法所得十倍以上二十倍以下的罚款。"

5. 《人类遗传资源管理条例》

随着社会形势的发展，针对我国人类遗传资源采集、保藏、利用、管理、对外提供和保护等方面存在的问题，为进一步强化人类遗传资源保护，2019年3月20日国务院第41次常务会议通过了《中华人民共和国人类遗传资源管理条例》。该条例在总结《人类遗传资源管理暂行办法》施行经验基础上，从促进科学合理利用、加强规范监督管理、加大依法保护力度、提供优质高效服务等方面对我国人类遗传资源采集、保藏、利用、管理、对外提供和保护作了一些新的规定。

一是进一步加大了对我国人类遗传资源的保护力度，规定了开展人类遗传资源调查，对重要遗传家系和特定地区人类遗传资源实行申报登记制度。

二是规定了外国组织、个人及其设立或者实际控制的机构需要利用我国人类遗传资源开展科学研究活动的，应当采取与我国科研机构、高等学校、医疗机构、企业合作的方式进行。

三是规定了人类遗传资源信息对外提供或者开放使用的备案制度，将人类遗传资源信息对外提供或者开放使用须要备案，并提交信息备份。

四是规定将人类遗传资源信息对外提供或者开放使用可能影响我国公众健康、国家安全和社会公共利益的，应当通过国务院科学技术行政部门组织的安全审查。

五是进一步明确细化了对违法采集、保藏、利用和对外提供我国人类遗传资源的惩罚措施。

6. 其他法律、法规和规章

除了以上主要法律法规外，涉及遗传资源保护的法律、法规和规章还包括国务院于1994年颁布的《种畜禽管理条例》、1995年颁布的《进出境动植物检疫法》、1996年颁布的《野生植物保护条例》、1997年颁布的《植物新品种保护条例》和2000年全国人民代表大会常务委员会通过的《种子法》等。

二、传统知识

（一）传统知识的概念及特点

根据世界知识产权组织的定义，传统知识（Traditional Knowledge，TK）是指基于传统的文学、艺术或科学作品、表演、发明、科学发现、设计、标志、名称和符号、未公开信息以及其他一切来源于工业、科学、文学或艺术领域智力活动，基于传统的革新和创造成果。从世界知识产权组织所作的列举分类来看，传统知识包括民间文学艺术作品、基于传统而创造的智力成果或商业标记和与传统社区的生存和发展有密切联系的遗传资源三大类。

与现代知识相比,传统知识具有以下特点。

1. 群体性

传统知识的产生及其发展不是靠单个社会成员的智慧与灵感完成的,而是特定群体因生存和发展的需要,逐步积累、总结,并发展起来的群体智慧的结晶;是群体在长期的生产与生活活动中智慧和知识的集体成果。因此,传统知识的所有权也由群体全体成员享有。

2. 区域性

传统知识总是与特定区域相联系。由于世界各地的自然环境、人文环境不同,特定群体在相应对的特定生存环境过程中逐渐产生、形成和发展起来的传统知识必然与特定区域的自然环境和人文环境密切相关。

3. 传承性

传统知识是一个特定区域、种族、部落或者群体在漫长的历史发展进程中各种生产、生活知识、技艺、民族文化、传统经验通过不断传承、发展、演进日积月累自然延续下来的知识,它具有世代相传、不断传承和无限延续的特点。

4. 非时限性

现代意义上的知识产权具有时间性特征,但是传统知识不具有时间性限制。由于传统知识是经过长期历史沉淀积累而成的资源,是难得的人类宝贵财富,因此,从法律上给予其永久性保护。

(二)传统知识的国际保护

《生物多样性公约》《与贸易有关的知识产权协定》等国际条约都涉及对传统知识的保护。

1. 《生物多样性公约》

《生物多样性公约》中明确提出了对传统知识的保护,确立了公平公正地分享因公平公正利用遗传资源及相关传统知识而产生的惠益。

2. 《与贸易有关的知识产权协定》

该协定于 1994 年 4 月 15 日签署,由 WTO 所有成员签署首次将可强制执行的知识产权规则纳入多边贸易体系。虽然它没有明确规定对传统知识的专利保护,但它包含了若干条款,包括第 7 条、第 8 条、第 27 条、第 29 条、第 32 条和第 62 条第 1 款。这些条款涉及了在专利申请中披露传统知识来源的问题。

3. 《伯尔尼公约》

《伯尔尼公约》首次提到了有关传统民间文学艺术，虽然未进行实质上的保护，但是从此在世界范围内逐渐重视传统文化的保护。此后，世界知识产权组织、联合国教科文组织起草了一系列对传统文化进行保护的文本，为传统知识保护起到了积极作用。

4. 世界知识产权组织

世界知识产权组织作为联合国专门负责知识产权推广的官方组织，在传统文化的保护领域世界知识产权组织也作出了极大的努力。2000年，世界知识产权组织成立了专门机构知识产权与遗传资源及传统知识和民间文学政府间委员会（IGC），各成员国以IGC为平台交换各国保护传统文化、遗传资源的经验。在2001年第一届会议就发布了题为"与知识产权和遗传资源、传统知识、民间文学艺术表达有关的问题———一般观察"的文件。其中对传统文化、遗传资源、民间传统文学艺术表达的概念和界限进行了明确的界定，并规范了各类与传统文化有关的概念，且在此基础之上作出了详细的说明。

1982年，联合国教科文组织和世界知识产权组织联合制定《关于保护民间文学艺术表达以抵制非法利用和其他不法行为的国内法律示范条款》。

2000年，联合国促进和保护人权小组委员会批准了新修订的《联合国保护土著人民遗产的原则和准则草案》。

（三）传统知识的国内法律保护

1. 通过国内现有知识产权法律进行保护

自1990年始，我国《著作权法》明确了民间文学艺术作品受我国《著作权法》保护。

我国《商标法》在2001年的修改中增加了对包括传统字号在内的在先权利保护和传统产品的地理标志保护制度，明确了通过《商标法》对传统字号、地理标志等传统知识进行保护；

我国《专利法》在2008年的修改中增加了"获取利用违法不授权"和"来源披露"这两个与遗传资源保护有关的条款。可以通过《专利法》对遗传资源及相关传统知识进行保护；

我国《反不正当竞争法》规定了制止传统知识的不正当和不公正利用及其他不公平的商业活动。

2. 通过制定专门单行立法进行保护

一些国家和地区通过专门立法的方式对本国（地区）的传统知识进行特别保护，我国在这方面也进行了一些有益的尝试。为了加强对文物的保护，继承中华民族优秀的历史文化遗产，我国于 1982 年 11 月 19 日通过了《文物保护法》，该法经过 2015 年 4 月 2 日和 2017 年 11 月 4 日两次修改，国务院同时根据《文物保护法》颁布了《文物保护法实施条例》；为抢救、保存生物和文化多样性，我国于 2011 年通过了《非物质文化遗产法》；为了保护传统工艺美术，国务院于 1997 年 5 月 20 日发布了《传统工艺美术保护条例》，该条例于 2013 年 7 月 18 日进行了修订完善，使传统工艺美术保护有法可依；为了保护中医药传统知识，我国先后出台了《中医药法》《中药品种保护条例》，强化了对民族传统医药知识的法律保护。例如，我国《中医药法》第 43 条规定："中医药传统知识持有人对其持有的中医药传统知识享有传承使用的权利，对他人获取、利用其持有的中医药传统知识享有知情同意和利益分享等权利"。

3. 通过地方立法进行保护

此外，一些省、市、自治区也根据本地民族传统文化特定和实际情况探索制定地方法规和规章对传统知识进行法律保护，如四川省 2020 年出台了《四川省传统村落保护条例》，2017 年出台了《四川省非物质文化遗产条例》；2000 年云南出台了《云南省民族民间传统文化保护条例》；贵州省 2002 年出台了《贵州省民族民间传统文化保护条例》等。这些单行地方法规、规章的出台对有效保护我国传统知识起到了积极作用。

第十章 干部知识产权能力培养

党的十八大以来,以习近平同志为核心的新一代党中央领导集体率领我国逐步进入了新时代。党的十九大报告明确提出,我国进入了新时代。新时代有哪些新特征、哪些新变化、哪些新要求?进入新时代,如何与时俱进,适应新时代新变化?只有明确新时代的新特征、掌握新时代的新要求、顺应新时代的新变化,我们才能顺势而为,在追梦路上做出新成绩。新时代、新思想、新征程、新目标给各行各业都提出了新要求。新时代经济新常态需要经济发展新模式。创新是引领发展的第一动力,重视知识产权创造就是重视创新,重视知识产权转化就是重视发展方式的转变,重视知识产权保护就是重视创新保护。2020年11月30日,中共中央政治局就加强我国知识产权保护工作举行第二十五次集体学习。中共中央总书记习近平在主持学习时强调,知识产权保护工作关系国家治理体系和治理能力现代化,关系高质量发展,关系人民生活幸福,关系国家对外开放大局,关系国家安全。全面建设社会主义现代化国家,必须从国家战略高度和进入新发展阶段要求出发,全面加强知识产权保护工作,促进建设现代化经济体系,激发全社会创新活力,推动构建新发展格局。在新时代全面建设社会主义现代化国家的征程中,各级干部在重视知识产权创造、运用、保护、管理和服务方面要有所作为。广大干部应当从国家战略高度和新发展阶段要求出发,转变观念,进一步树立创新发展和高质量发展理念,重视知识产权知识学习,掌握知识产权基本知识和法律知识,增强知识产权促进、管理、转化运用和保护方面的能力,进一步发挥各级干部在促进知识产权创新、科学有效管理、高效转化运用和保护方面的主导作用,为促进我国知识产权事业进步,促进我国经济发展方式转变,推动高质量发展,为建设现代化经济体系,激发全社会创新活力,推动构建发展新格局作出应有的贡献。

第一节 转变观念、提高认识,进一步重视知识产权工作

观念决定行为,信仰产生力量,思想决定方向。思想是行为的先导,什么样的

思想、什么样的理念决定什么样的工作态度和方式方法。新时代，习近平总书记对知识产权有一系列新的论述和要求，这些新论述、新要求是习近平新时代中国特色社会主义思想的重要组成部分。党的干部要进一步提高对知识产权重要性的认识，转变观念，深刻学习领会以习总书记为核心的党中央对知识产权工作的新定位，把加强知识产权保护作为完善我国产权保护制度最重要的内容和提高我国经济竞争力的最大激励。把知识产权作为创新驱动发展的"刚需"、国际贸易的"标配"和社会主义市场经济的"基石"。进一步明确，重视知识产权工作是贯彻落实习近平新时代中国特色社会主义思想关于新发展理念的重要举措，是实施人才强国、科技强国战略、打造创新型国家、促进高质量发展的必然要求；是激励和保护创新，打造良好营商环境，迎接国际竞争挑战的需要，促进国家治理体系和治理能力现代化的重要路径，对把我国建设成为社会主义现代化强国具有重要意义。

一、重视知识产权是践行新发展理念的重要举措

怎样建设社会主义，建设什么样的社会主义，如何发展社会主义，是中国共产党历代中央领导集体一直探索的课题。新中国成立以来，中国共产党对如何解决中国的发展问题进行了长期不懈的探索和实践，提出了一系列关于发展的理论。从"抓革命促生产"到"发展才是硬道理"，到"发展是党执政兴国的第一要务"，再到"以人为本、全面、协调、可持续发展的科学发展观"，中国共产党在发展理论认识上逐步深化。党的十八大以来，以习近平同志为核心的党中央在对中国特色社会主义理论进行传承的基础上，创新性地结合中国当代的时代特点，逐步提出了符合时代要求的新发展理念。

2015年10月，习近平在《中共中央关于制定国民经济和社会发展第十三个五年规划的建议》的说明中指出：发展理念是发展行动的先导，是管全局、管根本、管方向、管长远的东西，是发展思路、发展方向、发展着力点的集中体现。

2015年10月29日，习近平在党的十八届五中全会第二次全体会议上的讲话鲜明提出了创新、协调、绿色、开放、共享的发展理念。新发展理念符合我国国情，顺应时代要求，对破解发展难题、厚植发展优势具有重大指导意义。

2016年1月29日，习近平在中共中央政治局第三十次集体学习时强调：新发展理念就是指挥棒、红绿灯。

2017年10月18日，习近平强调，要贯彻新发展理念，建设现代化经济体系。

2018年3月11日，第十三届全国人民代表大会第一次会议通过《〈中华人民共

和国宪法〉（修正案）》，在"自力更生，艰苦奋斗"前增写"贯彻新发展理念"。

2020年11月30日，中共中央政治局就加强我国知识产权保护工作举行第二十五次集体学习。习近平总书记在主持学习时强调，创新是引领发展的第一动力，保护知识产权就是保护创新。党的十九届五中全会对加强知识产权保护工作提出明确要求。当前，我国正在从知识产权引进大国向知识产权创造大国转变，知识产权工作正在从追求数量向提高质量转变。我们要认清我国知识产权保护工作的形势和任务，总结成绩，查找不足，提高对知识产权保护工作重要性的认识，从加强知识产权保护工作方面，为贯彻新发展理念、构建新发展格局、推动高质量发展提供有力保障。

党的十九届五中全会通过的《中共中央关于制定国民经济和社会发展第十四个五年规划和二〇三五年远景目标的建议》突出新发展理念的引领作用，强调"把新发展理念贯穿发展全过程和各领域"。习近平总书记在关于建议的说明中指出："必须强调的是，新时代新阶段的发展必须贯彻新发展理念，必须是高质量发展。"

新发展理念就是创新、协调、绿色、开放、共享的发展理念。新发展理念的目的是要激发全社会创造力和发展活力，努力实现更高质量、更有效率、更加公平、更可持续的发展。

新发展理念是针对我国经济发展进入新常态、世界经济复苏低迷形势提出的治本之策，是针对当前我国发展面临的突出问题和挑战提出来的战略指引，集中反映了中国共产党对经济社会发展规律认识的深化，是我国发展理论的又一次重大创新，是中国共产党中国特色社会主义关于"发展"思想的传承和与时俱进的创新。

创新是新发展理念之首，是引领发展的第一动力，也是建设现代化经济体系的战略支撑。习近平总书记强调："坚持创新是第一动力，坚持抓创新就是抓发展、谋创新就是谋未来。"创新发展是新发展理念的核心，是高质量发展的第一动力。我国创新能力不强，科技发展水平总体不高，科技对经济社会发展的支撑能力不足，科技对经济增长的贡献率远低于发达国家水平，这是我国经济发展的短板，必须通过发挥知识产权激励创新、保护创新的作用，进一步推动和促进创新发展予以弥补。

二、重视知识产权是适应经济转型的必然要求

党的十八大以来，我们对经济发展阶段性特征的认识不断深化。2013年，党中央作出判断，我国经济发展正处于增长速度换挡期、结构调整阵痛期和前期刺激政策消化期的"三期叠加"阶段。2014年，我国经济发展进入新常态。习近平总书记

指出：我国经济进入新常态后，经济增长速度从高速增长转向中高速增长，经济增长方式从规模速度型粗放增长转向质量效率型集约增长，经济结构从增量扩能为主转向调整存量、做优增量并举的深度调整，经济发展动力从传统增长点转向新的增长点。党的十九大进一步明确提出，我国经济已由高速增长阶段转向高质量发展阶段。高质量发展要求发展动力要从主要依靠资源和低成本劳动力等要素投入转向创新驱动。

经济转型的本质要求是：发展理念从"传统型"向"新理念"转变，发展要求从"数量型"向"质量型"转变，具体产业从"传统"向"创新"转变，具体产品从"制造"向"智造"（"创造"）转变。经济转型离不开创新驱动，离不开知识产权的创造、转化和保护。

三、重视知识产权是高质量发展的重要前提

进入新时代，高质量发展是贯彻落实新发展理念的具体举措，是适应我国社会主要矛盾新变化的必然选择，是当前和今后一个时期确定发展思路、制定经济政策、实施宏观调控的根本要求。《中共中央关于制定国民经济和社会发展第十四个五年规划和二〇三五年远景目标的建议》明确指出：我国已转向高质量发展阶段。推动高质量发展是"十四五"时期经济社会发展的主题，也是做好当前和今后一个时期经济社会发展工作的根本要求。推动高质量发展，必须坚持实施创新驱动发展战略，将创新作为第一动力。党的十九届五中全会把创新的地位和作用提到前所未有的高度，指出"坚持创新在我国现代化建设全局中的核心地位，把科技自立自强作为国家发展的战略支撑"。坚持将创新作为第一动力就是倡导创新文化，要尊重人才、尊重知识、尊重创造；就是要强化知识产权创造，提升技术创新能力，激发人才创新活力；就是要强化知识产权的运用，进一步完善科技创新体制机制，大幅提高科技成果转移转化成效；就是要强化科技成果的知识产权保护。坚持创新驱动发展战略就是要坚持"四个面向"，强化国家战略科技力量，制定科技强国行动纲领，打好关键核心技术攻坚战，加快关键核心技术自主创新，把创新主动权、发展主动权牢牢掌握在自己手中，为高质量发展奠定基础。

四、重视知识产权是提升国际竞争力的需要

国际竞争中最核心的竞争是人才的竞争，是知识的竞争，是科技的竞争，是创

新的竞争，谁掌握高科技谁就掌握竞争中的主动权，创新驱动发展是世界经济发展的必然趋势。习近平总书记指出"谁在创新上先行一步，谁就能拥有引领发展的主动权。""虽然我国经济总量跃居世界第二，但大而不强、臃肿虚胖体弱问题相当突出，主要体现在创新能力不强，这是我国这个经济大块头的'阿喀琉斯之踵'。"

知识是创新驱动中最核心的因素，知识产权日益成为国家发展的战略性资源和国际竞争力的核心要素，知识产权发展是提升国际竞争力的重要抓手。"进入 21 世纪以来，全球经济实力分布和竞争格局处于比以往几十年速度更快、影响更深远的变革之中。其突出标志和主要动因是，科技的突破性创新正在从根本上打破传统技术和流程，对产业、经济、社会生活都会产生重大影响，从而倒逼和带动各领域各方面的改革创新。能否站到突破性创新前沿并持续创新，直接关系国家安全和发展。"❶目前，尽管我国科技发展取得巨大成就，但在科学知识生产方面占世界总量的比重较小，科技对中国经济增长的贡献有所下降，经济增长主要靠投资拉动，产业技术的进步基本靠引进，本土的科技能力未能给国家发展提供有效的支撑。在人力资源上，中国科技人才的相对数量偏少，科技人才短缺和人才浪费并存，一些科技成果未引起足够重视，被廉价交易甚至免费赠送及被他国盗取，仍然受西方国家高科技封锁和打压。因此，重视知识产权是维护国家安全和发展利益的需要。习近平总书记指出"综合国力的竞争说到底是创新的竞争""加强知识产权保护。这是完善产权保护制度最重要的内容，也是提高中国经济竞争力最大的激励。"坚定不移实施知识产权战略、加大知识产权保护力度、加快建设知识产权强国，既是更好发挥知识产权作为国家发展战略性资源和国际竞争力核心要素、建设世界科技强国目标提升国际竞争力的需要，也是认真履行国际义务的必然要求。

第二节　营造尊重知识产权的文化氛围

习近平总书记指出，"发展是第一要务，创新是第一动力，人才是第一资源"，"强起来要靠创新，创新要靠人才"。优化政策环境，激发人才活力，营造尊重知识产权文化氛围，是广大干部应有的责任。

---

❶ 林兆木. 把新发展理念贯穿发展全过程和各领域 [EB/OL]. [2020 - 10 - 20]. http：//www.cssn.cn/jjx_lljjx_1/jjx_hgjjx/202012/t20201231_5241072.shtml.

一、注重宣传，强化知识产权普及

习近平总书记在党的十九大报告中指出，要"倡导创新文化，强化知识产权创造、保护、运用"。在打造保护知识产权文化环境方面，政府部门应当发挥主导作用，针对我国公民知识产权意识普遍薄弱的问题，积极推进知识产权宣传，加强知识产权普及教育，借助举办世界知识产权日、全国知识产权宣传周等活动宣传知识产权，让知识产权宣传普及深入学校、机关、企事业单位，充分利用广播、电视、报纸杂志等传统媒体和互联网、微信等新媒体作为载体传播知识产权知识，弘扬知识产权文化，让"尊重知识、崇尚创新、诚信守法"的知识产权理念深入人心，逐步形成人人尊重知识产权，人人保护知识产权，人人从知识产权保护中受益的良好环境，加快形成良好的知识产权文化氛围。

二、尊重人才，打造良好的人才环境

习近平总书记指出"强起来要靠创新，创新要靠人才"。在高质量发展过程中，人才资源是撬动其他资源的首要资源，是最重要的起着决定性作用的资源。高质量发展需要聚天下英才而用之，当前尤其需要创业、创新、技术三类人才，"功以才成，业由才广"。针对我国知识产权人才队伍（包括创新人才）缺乏的问题，广大干部应当树立强烈的人才意识，做好团结人才、服务人才工作，真诚关心人才、爱护人才、成就人才；加快构建科学合理具有竞争力的人才制度体系，让人才创新创造活力充分迸发，使各方面人才各得其所、尽展其长，做到人尽其才、物尽其用。

2016年3月，中共中央印发了《关于深化人才发展体制机制改革的意见》，从人才管理体制以及人才培养、评价、激励、引进、保障等多个方面，提出了全面系统的改革举措和支持政策。广大干部要认真贯彻学习好该意见，除了从户籍管理、子女入学、家属就业、福利待遇、创业补贴、税收优惠等方面制定优惠政策之外，还要努力形成有利于人才创新创业的体制和政策环境，用事业吸引人才、留住人才、激励人才，激励创新创业。

三、尊重创造，打造良好的创新创业环境

我国党和国家领导人历来都非常重视创新。邓小平同志早就指出，"科技是第

一生产力！"江泽民讲"一个没有创新精神的民族是一个没有希望的民族"。胡锦涛提出"要加大对知识产权保护的力度，完善国家知识产权制度，健全知识产权保护的法律体系，加强知识产权保护的司法和执法工作，依法严厉打击侵犯知识产权的各种行为。"习近平总书记强调"抓创新就是抓发展，谋创新就是谋未来"。创新是一个民族进步的灵魂，针对我国创新激励机制不足的问题，要打造良好的创新环境，就必须从体制机制上进行改革优化。破除影响创新的体制机制障碍。加大科研创新投入，加大科研创新奖励力度，改革科研考核的弊端，深化科技体制改革，建立以企业为主体、市场为导向、产学研深度融合的技术创新体系，促进科技成果转化。对基础研究进行税收减免政策，对科研创新成果及其转化的产品在初期实行税收优惠，激励创新和知识产权成果的转化。

第三节　掌握知识产权知识

"各级领导干部要增强知识产权意识，加强学习，熟悉业务，增强新形势下做好知识产权保护工作的本领，推动我国知识产权保护工作不断迈上新的台阶。"❶ 学习知识产权知识、增强知识产权意识、提升知识产权保护的本领是适应新时代高质量发展的需要，是新时代对广大干部能力的新要求。

一、认真学习习近平总书记关于知识产权工作系列重要论述

党的十八大以来，习近平总书记高度重视知识产权工作，对如何强化知识产权工作，激励知识产权创新、转化、保护作了一系列重要指示。习近平总书记关于知识产权的相关论述是习近平新时代中国特色社会主义思想的重要组成部分，是新时代以习近平同志为核心的党中央对知识产权工作的新要求，是新时代开展知识产权工作的行动指南和根本遵循。广大干部应当重视习近平新时代中国特色社会主义思想的学习，结合本职工作实际，系统学习和掌握总书记关于知识产权的相关论述。

关于知识产权的重要性，习近平总书记指出，"没有创新就没有进步。加强知识产权保护，不仅是维护内外资企业合法权益的需要，更是推进创新型国家建设、

---

❶ 习近平总书记在主持中央政治局第二十五次集体学习时的讲话。

推动高质量发展的内在要求。"❶ "要加大政府科技投入力度,引导企业和社会增加研发投入。要加强知识产权保护工作,依法惩治侵犯知识产权和科技成果的违法犯罪行为,要完善推动企业技术创新的税收政策,激励企业开展各种创新活动。要引导金融机构加强和改善对企业技术创新的金融服务,加大资本市场对科技型企业的支持力度。"❷ 要 "开展知识产权综合管理改革试点,要紧扣创新发展需求,发挥专利、商标、版权等知识产权的引领作用,打通知识产权创造、运用、保护、管理、服务全链条,建立高效的知识产权综合管理体制,构建便民利民的知识产权公共服务体系,探索支撑创新发展的知识产权运行机制,推动形成权界清晰、分工合理、责权一致、运转高效的体制机制。"❸ "要探索网信领域科研成果、知识产权归属、利益分配机制,在人才入股、技术入股以及税收方面制定专门政策。"❹

关于知识产权的运用和转化,习近平总书记提出:"科技创新成果不应该被封锁起来,不应该成为只为少数人牟利的工具。设立知识产权制度的目的是保护和激励创新,而不是制造甚至扩大科技鸿沟。"❺ 2019 年 11 月 5 日,习近平总书记在"第二届中国国际进口博览会"开幕式上的主旨演讲进一步强调:"为了更好运用知识的创造以造福人类,我们应该共同加强知识产权保护,而不是搞知识封锁,制造甚至扩大科技鸿沟。"

关于知识产权保护,习近平总书记提出了"两个最"的定位。2018 年 4 月 10 日,习近平总书记 2018 年在"博鳌亚洲论坛年会"开幕式上的主旨演讲指出:"加强知识产权保护。这是完善产权保护制度最重要的内容,也是提高中国经济竞争力最大的激励。"关于加强知识产权保护立法,习近平总书记强调:"要完善知识产权保护相关法律法规,提高知识产权审查质量和审查效率。要加快新兴领域和业态知识产权保护制度建设。"❻ "要着眼于统筹推进知识产权保护,从审查授权、行政执法、司法保护、仲裁调解、行业自律等环节,改革完善保护工作体系,综合运用法律、行政、经济、技术、社会治理手段强化保护,促进保护能力和水平整体提升。"❼ "中国将着力营造尊重知识价值的营商环境,全面完善知识产权保护法律体系,大力强化执法,加强对外国知识产权人合法权益的保护,杜绝强制技术转让,

---

❶ 2019 年 4 月 26 日,习近平在"第二届'一带一路'国际合作高峰论坛"开幕式上的主旨演讲。
❷ 2013 年 9 月 30 日,习近平在"中央政治局第九次集体学习"时的讲话。
❸ 2016 年 12 月 5 日,习近平主持召开"中央全面深化改革领导小组第三十次会议"时的讲话。
❹ 2016 年 4 月 19 日,习近平主持召开"网络安全和信息化工作座谈会"时的讲话。
❺ 2018 年 11 月 17 日,习近平在"亚太经合组织工商领导人峰会"上的主旨演讲。
❻ 2017 年 7 月 17 日,习近平主持召开"中央财经领导小组第十六次会议"时的讲话。
❼ 2019 年 7 月 24 日,习近平主持召开"中央全面深化改革委员会第九次会议"时的讲话。

完善商业秘密保护，依法严厉打击知识产权侵权行为。"❶

在强化知识产权保护，加大打击侵犯知识产权违法犯罪力度方面，习近平总书记强调："中国将保护外资企业合法权益，坚决依法惩处侵犯外商合法权益特别是侵犯知识产权行为，提高知识产权审查质量和审查效率，引入惩罚性赔偿制度，显著提高违法成本。"❷2019年6月28日，习近平总书记在"二十国集团领导人峰会"上关于世界经济形势和贸易问题的讲话中指出："我们将于明年1月1日实施新的外商投资法律制度，引入侵权惩罚性赔偿制度，增强民事司法保护和刑事保护力度，提高知识产权保护水平。"我国《外商投资法》于2020年1月1日起施行。该法第一次系统全面地体现了内外统一、平等保护（包括知识产权保护）的立法理念，无论对于吸引外资、留住外资，还是促进内资企业与外资企业之间的公平竞争，全面提升内资企业的核心竞争力都有积极意义。法律明确禁止滥用行政权、强制技术转让，切实履行了我国作为负责任大国在知识产权保护方面的国际义务。其中第22条明确规定，国家保护外国投资者和外商投资企业的知识产权，保护知识产权权利人和相关权利人的合法权益；对知识产权侵权行为，严格依法追究法律责任。国家鼓励在外商投资过程中基于自愿原则和商业规则开展技术合作。技术合作的条件由投资各方遵循公平原则平等协商确定。行政机关及其工作人员不得利用行政手段强制转让技术。

习近平总书记关于知识产权的讲话内容丰富，在此不一一列举。广大干部一定要结合本职工作实际，深入学习贯彻习近平总书记关于知识产权工作的重要指示精神，学以致用，用关于知识产权的最新思想武装头脑、指导实践、促进工作。

二、系统学习知识产权相关法律知识

在全面深化改革、扩大开放、推动高质量发展、实行创新发展战略和建设创新型国家的新时代，掌握知识产权基本法律知识和知识产权国际公约基本常识是培育干部法治思维、创新意识、国际视野的基本前提，是新时代干部素质和能力提升的基本要求。因此，系统学习国际国内相关知识产权法律知识十分必要。

新中国成立后，我国知识产权立法经历了一个从无到有，逐步发展、完善并与国际接轨的过程。新中国成立之初，我国制定了《保障发明权与专利权暂行条例》

---

❶ 2019年4月26日，习近平在"第二届'一带一路'国际合作高峰论坛"开幕式上的主旨演讲。
❷ 2018年11月5日，习近平在"首届中国国际进口博览会"开幕式上的主旨演讲。

和《商标注册暂行条例》等知识产权法规,对实施专利、商标制度进行了初步的探索。在此后近30年的计划经济时代里,由于忽视法治建设,我国的知识产权法律制度体系建设基本处于空白状态。党的十一届三中全会召开后,在邓小平同志倡导法制建设和改革开放的大背景下,我国的知识产权法律制度建设才迎来了新的转机。

在1979年1月邓小平同志访美期间,我国与美国签订了《中美高能物理协议》。在签订该协议的谈判过程中,美方代表要求在协议文本中加入相互保护知识产权的条款,并声明美国不会签署不包含知识产权条款的科技、文化和贸易协定。最终中方接受了美方要求,将知识产权作为协议的原则性条款。同年7月,中美签订《中美贸易关系协定》,该协定第6条对双方相互保护对方的知识产权等内容进行了约定。这些协议的签订,促进了我国知识产权立法进程。

《中华人民共和国商标法》1982年通过并于1983年3月1日起施行。

《中华人民共和国专利法》1984年通过并于1985年4月1日施行。《专利法》及其实施细则使中国的知识产权保护范围扩大到对发明创造专利权的保护。

1984年12月19日,中国政府向世界知识产权组织递交了《保护工业产权巴黎公约》的加入书。从1985年3月19日起,中国成为《巴黎公约》的成员。

《中华人民共和国民法通则》1986年通过,在《民法通则》中,知识产权被确认为公民和法人的民事权利。

《中华人民共和国著作权法》1990年通过。

《中华人民共和国反不正当竞争法》1993年通过。

此后,我国还颁布了包括《计算机软件保护条例》《植物新品种保护条例》《音像制品管理条例》《知识产权海关保护条例》《特殊标志管理条例》等在内的一系列与知识产权相关的法律法规。

我国《刑法》对打击知识产权的犯罪进行了明确规定。为了加强对知识产权的保护,促进科技创新,建设创新型国家,2020年通过的《民法典》对知识产权进行了更加全面的保护。如规定,民事主体对作品、发明、实用新型、外观设计、商标、地理标志、商业秘密、集成电路布图设计、植物新品种及法律规定的其他客体依法享有知识产权。对比《民法通则》,《民法总则》规定的商业秘密、集成电路布图设计、植物新品种等均为新增内容。至此,我国知识产权法律体系基本建立。

在进一步深化改革开放的过程中,为了进一步与国际知识产权法律制度接轨,1992年,我国与美国达成了《中华人民共和国政府与美利坚合众国政府关于保护知识产权的谅解备忘录》。为了履行承诺,我国相继对《专利法》《商标法》《著作权法》等进行了修改。2000年前后,在争取"入世"的过程中,为满足世界贸易组织关于《与贸易有关的知识产权协定》（TRIPS）的规定，与其保持基本一致，我国又对国内相关知识产权法律制度进行了修订完善。

截至 2021 年，我国已基本建立起了门类较为齐全、符合国际规则的知识产权法律法规体系。

除此之外，我国还加入了许多与知识产权有关的国际组织，并签署了国际协定。

例如，我国于 1980 年加入了世界知识产权组织。

1989 年世界知识产权组织在华盛顿召开的外交会议上通过了《关于集成电路知识产权的华盛顿条约》，中国是该条约首批签字国之一。

1989 年 7 月 4 日，中国政府向世界知识产权组织递交了《商标国际注册马德里协定》（简称《马德里协定》）的加入书。从 1989 年 10 月 4 日起，中国成为《马德里协定》成员国。

1992 年 7 月 10 日和 7 月 30 日，中国政府分别向世界知识产权组织和联合国教育、科学、文化组织递交了《保护文学和艺术作品伯尔尼公约》（简称《伯尔尼公约》）和《世界版权公约》的加入书。分别从 1992 年 10 月 23 日和 10 月 30 日起，中国成为《伯尔尼公约》和《世界版权公约》的成员国。

1993 年 1 月 4 日，中国政府向世界知识产权组织递交了《保护录音制品制作者防止未经许可复制其录音制品公约》（简称《录音制品公约》）的加入书。从 1993 年 4 月 30 日起，中国成为《录音制品公约》的成员国。

1993 年 9 月 15 日，中国政府向世界知识产权组织递交了《专利合作条约》的加入书。从 1994 年 1 月 1 日起，中国成为《专利合作条约》成员国，中国专利局成为《专利合作条约》的受理局、国际检索单位和国际初步审查单位。

截至 2021 年，我国已经加入了几乎所有主要的知识产权国际公约。

三、系统学习国家知识产权相关政策

党的十一届三中全会以来，随着我国知识产权法律体系的不断建立、发展和完善，各项知识产权工作也得到高度重视。为了推动知识创新，优化知识产权管理，促进知识产权成果转化，强化知识产权保护，我国出台了一系列重大政策。

2008 年，《国家知识产权战略纲要》颁布实施，我国的知识产权工作上升到国家战略层面。

党的十八大提出了实施创新驱动发展战略，强调科技创新是提高社会生产力和综合国力的战略支撑，必须摆在国家发展全局的核心位置。党的十八届五中全会提出创新发展理念。党的十八大以来，我国在大力推进创新创业、深入推进大众创业万众创新、实施创新驱动发展战略、强化科技创新引领作用方面，坚持问题导向，强化顶层设计，出台了一系列政策、文件、规划用以推动和促进知识产权工作。

为进一步贯彻落实《国家知识产权战略纲要》，全面提升知识产权综合能力，实现创新驱动发展，推动经济提质增效升级，经国务院同意，2014年12月10日，由国务院办公厅转发知识产权局、中央宣传部、外交部、发展改革委、教育部、科技部、工业和信息化部、公安部、司法部、财政部、人力资源社会保障部、环境保护部、农业部、商务部、文化部、卫计委、国资委、海关总署、工商总局、质检总局、新闻出版广电总局、林业局、法制办、中科院、国防科工局、高法、高检、总装备部《深入实施国家知识产权战略行动计划（2014—2020年）》。

为了激励创新，2015年，《中共中央 国务院关于深化体制机制改革 加快实施创新驱动发展战略的若干意见》印发，明确提出"让知识产权制度成为激励创新的基本保障"。同年中共中央、国务院还发布了《深化科技体制改革实施方案》。2016年，中共中央、国务院发布实施《国家创新驱动发展战略纲要》，国务院印发了《"十三五"国家科技创新规划》，中共中央印发了《关于深化人才发展体制机制改革的意见》。2017年，人力资源社会保障部印发了《关于支持和鼓励事业单位专业技术人员创新创业的指导意见》。国家知识产权局、工业和信息化部联合印发了《关于全面组织实施中小企业知识产权战略推进工程的指导意见》。为深入实施创新驱动发展战略，进一步激发市场活力和社会创造力，2018年，国务院出台了《关于推动创新创业高质量发展 打造"双创"升级版的意见》。就如何推动创新创业高质量发展、打造"双创"升级版提出明确意见。2019年，人力资源社会保障部发布《人力资源社会保障部关于深化经济专业人员职称制度改革的指导意见》，增设了知识产权专业职称。

为了促进知识产权成果转化，2016年，教育部印发了《促进高等学校科技成果转移转化行动计划》。针对大量科研成果"睡大觉"的情况，提出要深入挖掘科技奖励、专利、结题项目等，通过建立专利池、可转移转化科技成果储备库等手段，培育一批具有一定成熟度、市场认可度高的科技成果，推动一批市场前景好的科技成果小试、中试，有利于推动科技成果转化落地，实施创新驱动战略。2017年，国务院印发了《国家教育事业发展"十三五"规划》，提出了加强知识产权保护和运用、促进高校科技成果转化等相关工作要求。该规划提出，要探索完善科研成果、知识产权的归属及利益分配机制，赋予高校科技成果使用、处置和收益管理自主权，调动高校、科研机构和行业企业共同参与应用研究和成果转化的积极性。健全技术转移应用机制，鼓励有条件的高校建立知识产权运营、科技成果转化的专门队伍，形成科技成果转化和知识产权保护、应用的有效机制，推动建立和完善有利于科技成果转化的评价体系。

为了优化知识产权管理、强化知识产权保护，2016年9月，国家知识产权局出台了贯彻《法治政府建设实施纲要（2015—2020年）》的实施方案，提出依法全面履行知识产权管理职能、完善知识产权法律制度、依法有效化解知识产权纠纷等任务和具体措施，为知识产权立法、管理、执法等方面奠定了基础。2016年11月，中共中央、国务院印发了《中共中央　国务院关于完善产权保护制度　依法保护产权的意见》。2016年12月，中央全面深化改革领导小组第三十次会议审议通过关于开展知识产权综合管理改革试点总体方案。同年，国务院印发《"十三五"国家知识产权保护和运用规划》，该规划依据《中华人民共和国国民经济和社会发展第十三个五年规划纲要》精神，为全面深入实施《国务院关于新形势下加快知识产权强国建设的若干意见》，提升知识产权保护和运用水平，贯彻落实党中央、国务院关于知识产权工作作了一系列重要部署。2017年3月，国务院印发《关于新形势下加强打击侵犯知识产权和制售假冒伪劣商品工作的意见》。2019年，中央一号文件《中共中央　国务院关于坚持农业农村优先发展　做好"三农"工作的若干意见》强调，要加强农业领域知识产权创造与应用；健全特色农产品质量标准体系，强化农产品地理标志和商标保护。国家市场监督管理总局会同公安部、农业农村部、海关总署、国家版权局、国家知识产权局等部门印发了《加强网购和进出口领域知识产权执法实施办法》，就密切部门间协作配合，进一步提高知识产权执法能力，加大对侵犯知识产权行为的查处力度，切实维护权利人的合法权益，对公平竞争的市场秩序进行了进一步规范。2019年1月28日，最高人民法院审判委员会第1760次会议通过了《最高人民法院关于技术调查官参与知识产权案件诉讼活动的若干规定》，该规定自2019年5月1日起施行。同年4月18日，最高人民法院知识产权法庭发布了《最高人民法院知识产权法庭诉讼指引》，对知识产权法庭诉讼行为进行了规范。2019年在第十三届全国人民代表大会上李克强总理作的政府工作报告中提到："全面加强知识产权保护，健全知识产权侵权惩罚性赔偿制度，促进发明创造和转化运用。"

政策和策略是党的生命线，国家宏观政策属于顶层设计。学习和了解宏观知识产权政策，是广大干部搞好知识产权工作的基本前提、根本要求和方向保障。除了学习和了解国家宏观政策外，地方党委、政府及相关部门结合本地区、本行业实际制定的相关知识产权政策比较具体、接地气、操作性比较强，对本地区、本行业具体工作具有重要指导作用，因此，也需要学习掌握运用好。

第四节　支持知识产权成果转化

知识产权成果转化也称科技成果转化，我国《促进科技成果转化法》第 2 条第 2 款规定，科技成果转化，是指为提高生产力水平而对科技成果所进行的后续试验、开发、应用、推广直至形成新产品、新工艺、新材料、新产品，发展新产业等活动。

知识产权成果转化有广义和狭义之分。广义的知识产权成果转化是指将知识产权成果从创造转移为使用，通过转化使用使劳动者的素质、技能或知识得到增加，劳动工具得到改善，劳动效率得到提高，经济得到发展。具体包括各类成果的应用，劳动者素质的提高，技能的增强，效率的提升，效益的优化等。狭义的知识产权成果转化是将具有创新性的技术成果从科研单位转移到生产部门，使新产品增加，工艺改进，效益提高，最终经济得到进步。通常说的知识产权成果转化大多指狭义的转化，本书主要从狭义角度进行解读。知识产权成果的转化运用是知识产权创新的目的，是落实"科学技术是第一生产力"的重要抓手，是科技与经济结合的最好形式，是经济增长的核心动力，是实现经济增长方式根本转变、助推高质量发展的重要手段，是提高综合国力，适应国际竞争的需要。我国《促进科技成果转化法》第 8 条规定，国务院科学技术行政部门、经济综合管理部门和其他有关行政部门依照国务院规定的职责，管理、指导和协调科技成果转化工作。地方各级人民政府负责管理、指导和协调本行政区域内的科技成果转化工作。因此，广大干部应当充分发挥主导作用，在促进知识产权成果转化上有所作为。

一、发挥好成果转化的引导作用

政府是知识产权创新的激励者、知识产权的管理者、知识产权保护的守护者和知识产权成果转化的促进者。2016 年 4 月国务院办公厅印发的《促进科技成果转移转化行动方案》提出，对实施促进科技成果转移转化行动作出部署。因此，在知识产权转化方面，广大干部应当发挥好引导作用。

首先，政府要发挥好知识产权成果转化的宣传教育作用。毕竟，知识产权成果转化的直接主体是高校、科研单位及企业，主动权掌握在它们手里。在我国现有体制下，知识产权成果转化过程中，高校、科研院所等科研单位是知识产权成果的创新和供给主体，企业是知识产权成果转化的运用主体，成果推广机构、技术成果交易机构（场所）、技术商城、技术开发咨询服务等属于知识产权成果转化的中介服务主体，强化知识产权成果转化运用重要性的宣传教育，积极引导知识产权创新主体、供给主体、运用主体及中介服务主体提升对知识产权成果转化运用重要性的认识，对知识产权成果转化至关重要。

其次，政府要牵头，全方位统筹协调，系统设计促进知识产权转化运用的激励政策，从体制机制上进行引导、激励，在经费上适当予以投入，在政策上予以鼓励，在方法路径上予以指导。

最后，要坚持问题导向。有针对性地解决知识产权成果转化中的突出问题。针对高校、科研单位科研成果闲置率高、转化率低的问题，要制定知识产权成果转化激励政策，采取积极措施促进转化；针对民营企业融资难、税收高的问题，在税收、融资等方面制定优惠政策，加大对知识产权创业环节的税收减免和融资支持力度，积极引导和支撑科技人员创新创业，自己创办企业，将其科研成果投入实际运用，直接转化为现实的生产力；针对知识产权成果转化风险高的问题，可以加大对风投、保险和担保机构参与转化运用的支持力度，制订相应的支持知识产权成果转化运用的保险和再保险政策。《2019年深入实施国家知识产权战略 加快建设知识产权强国推进计划》提出，要继续实施国家科技成果转化引导基金，设立一批创业投资子基金；启动"科技成果转化贷款风险补偿试点"；针对我国产学研行业分割，大多数研发机构独立于企业之外，研发与知识产权成果开发脱节，缺乏以市场为导向的科研机制，产学研各自为政、各自为战的现实问题，引导加强产学研合作，完善产学研合作政策，鼓励高校、科研单位与企业开展合作、人才交流和信息沟通，加强产学研的深度融合，以社会需求带动生产，以生产需求带动科研，以学促研，反过来，将科研成果转化为企业生产效益和社会效益，以研促学，以研促产，推动社会进步。

二、发挥好成果转化的管理作用

政府相关部门依据相关知识产权法律、法规、规章、政策等对知识产权成果转化进行适度监督管理是必要的。其目的在于，合理配置各种知识产权创新资源，促进知识产权创新发展，提升知识产权成果转化效率，强化知识产权保护，确保知识产权成果转让安全有序。但是，政府对知识产权成果转化的管理必须顺应政府职能转变的要求，按照"放、管、服"的要求，既要坚持管理，又要管理适度。该放权的要放权，该管的要管好，充分发挥市场在资源配置中的决定性作用，对知识产权成果的创新和供给主体、知识产权成果转化的运用主体及知识产权成果转化的中介服务主体要引导扶持，不包办代替。通过"放权"和"管理"两个手段达到"服务"促进知识产权成果有效转化的目的。具体而言，政府可以在以下几个方面发力。

确保知识产权成果转化规范有序。对于知识产权成果转化运用，除《专利法》《商标法》《著作权法》等法律规定外，我国还先后出台了《科学技术进步法》和《促进科技成果转化法》等一系列法律法规。这些法律法规让知识产权成果转化步入了法制化、规范化的轨道。具体行政管理部门可以依据相关法律法规和政策，结合本地区实际情况、本行业特点，在调查研究的基础上，制定相关促进知识产权成果转化的政策或者制度，促使转化工作进一步规范有序。例如，2020年9月21日，四川省人民政府第55次常务会议审议通过了新的《四川省科学技术奖励办法》，该办法自2020年12月1日起施行。《四川省科学技术奖励办法》具有五大亮点。一是调整了奖励对象。奖励对象由"公民"调整为"个人"，放宽了四川省科学技术奖励对象的国籍限制；自然科学奖和技术发明奖的奖励对象，由现行的只奖励个人修改为既奖励个人又奖励组织；二是修改了科学技术奖奖种设置。将原来的2个奖种调整为6个奖种（科学技术杰出贡献奖、自然科学奖、技术发明奖、科学技术进步奖、国际科学技术合作奖），为加大对杰出青年科技人员的激励，增设了杰出青年科学技术创新奖；三是对省科学技术奖提名者的资格条件进行明确规定，增加了"国家最高科学技术奖获得者、中国科学院院士、中国工程院院士、国家科技奖获奖项目第一完成人和四川省科技杰出贡献奖获得者"以及"经省科学技术行政部门认定的符合条件的高校、科研院（所）、企业、学会、协会等组织机构"作为提名者；对不能被提名的候选者和成果的范围作出了具体规定；四是强化了省科学技术奖励的公开、公平和公正；五是增加了省科学技术奖奖金依照税法免征个人所得税条款。

做好知识产权成果转化的规划工作。我国《促进科技成果转化法》第9条规定，国务院和地方各级人民政府应当将科技成果的转化纳入国民经济和社会发展计划，并组织协调实施有关科技成果的转化。《促进科技成果转化法》第12条规定，对下列科技成果转化项目，国家通过政府采购、研究开发资助、发布产业技术指导目录、示范推广等方式予以支持：（1）能够显著提高产业技术水平、经济效益或者能够形成促进社会经济健康发展的新产业的；（2）能够显著提高国家安全能力和公共安全水平的；（3）能够合理开发和利用资源、节约能源、降低消耗以及防治环境污染、保护生态、提高应对气候变化和防灾减灾能力的;(4)能够改善民生和提高公共健康水平的;(5)能够促进现代农业或者农村经济发展的;(6)能够加快民族地区、边远地区、贫困地区社会经济发展的。国家通过制定政策措施,提倡和鼓励采用先进技术、工艺和装备,不断改进,限制使用或者淘汰落后技术、工艺和装备。因此,地方和部门干部应当根据国务院有关部门和省、自治区、直辖市人民政府发布的科技成果目录和重点科技成果转化项目指南,针对本地区、本行业的特点,做好本地、本行业的知识产权成果转化的规划。

做好知识产权成果转化的引导工作。知识产权成果转化活动本身更多的是一种市场行为,有效转化需要有一个"自愿、互利、公平、诚实信用"的良好市场环境。良好市场环境需要政府发挥主导引领作用进行打造。政府要进一步创造条件、优化环境、深化改革,营造自由竞争、充分竞争和无歧视竞争的市场环境。尽可能减少通过行政干预设置进入壁垒的行政性垄断,坚决反对不正当竞争与地方保护主义。进一步开放市场,构建相对完善的知识产权成果转让市场体系,增强知识产权创新和运用的动力和活力。确保转化活动向着有利于提高经济效益、社会效益和保护环境与资源,有利于促进经济建设、社会发展和国防建设的方向发展,避免科技成果的不当应用。

做好知识产权成果转化的支持激励工作。我国《促进科技成果转化法》第33条规定,科技成果转化财政经费,主要用于科技成果转化的引导资金、贷款贴息、补助资金和风险投资以及其他促进科技成果转化的资金用途。第34条规定,国家依照有关税收法律、行政法规对科技成果转化活动实行税收优惠。第35条规定,国家鼓励银行业金融机构在组织形式、管理机制、金融产品和服务等方面进行创新,鼓励开展知识产权质押贷款、股权质押贷款等贷款业务,为科技成果转化提供金融支持。地方政府应当按照《促进科技成果转化法》的要求,将宏观顶层设计的法律制度落地,在资金、税收、融资方面适度予以支持,为知识产权创新和成果转化提供物资保障。制定激励制度、细化激励措施,通过政策激励、制度激励充分发挥知识产权成果转化的政策制度导向作用,激励企业与高校、科研单位建立各类技术创新、转化联合体,增强知识产权创新能力、增强技术创新的针对性,提升转化能力,确保转化的高质高效。

做好知识产权成果转化的统筹协调工作。针对当前我国"产学研"脱节、创造与运用脱轨等知识产权领域中存在的突出问题,政府干部要做好统筹协调工作,由政府牵头、牵线搭桥,统筹协调高校、科研单位等知识产权创新主体与企业等知识产权成果运用主体的关系,畅通信息、互通有无、打破"信息孤岛",消除体制机制性的阻隔障碍，加强部门之间、地方之间、部门与地方之间、军民之间、创新主体与运用主体之间的统筹协调，切实整合知识产权资源，优化创新和转化环境，为知识产权成果转化提供良好的环境。四川省委、省政府高度重视知识产权成果转化工作，成效显著。比如，四川省围绕加快破解制约创新创造的顽瘴痼疾，四川通过系统推进全面创新改革试验，努力以制度改革激发科技人才的创新活力。在全国率先推进职务科技成果权属混合所有制改革试点，实现了科技成果从"纯粹国有制"到"混合所有制"、从"先转化后确权"到"先确权后转化"、从"奖励性利益"到"可转化权利"的"三个转变"，被誉为科技领域的"小岗村试验"。[1]

做好知识产权成果转化市场的监督管理工作，确保知识产权成果转化活动遵守法律，维护国家利益，不损害社会公共利益。一是在对外合作中，对科技成果转化中涉及国家秘密事项的，依法按照规定的程序事先经过批准，维护国家科技安全；二是对在科技成果转化活动中弄虚作假，采取欺骗手段，骗取奖励和荣誉称号、诈骗钱财、非法牟利的应当予以打击处罚；三是对在科技成果进行检测或者价值评估活动中故意提供虚假检测结果或者评估证明的，进行处罚问责，确保转化成果质量安全和价格真实；四是对以唆使窃取、利诱胁迫等手段侵占他人的科技成果，侵犯他人合法权益的，依法管理问责；五是对泄露知识产权成果技术秘密的行为依法追究责任，确保技术安全；六是对技术交易中的代理或者居间服务的中介机构进行管理，对代理人人员与一方当事人串通欺骗另一方当事人的，依法予以处罚，确保良好的交易秩序。

三、发挥好成果转化的服务作用

从管理向服务转变是行政改革的趋势，建设服务型政府是政府改革发展的方向，搞好服务是人民政府的本质要求，是现代政府的重要职能。在知识产权成果转化过程中，政府可以通过搭建平台、提供信息、营造环境、强化引导等方式助力知识产权成果转化运用。

简政放权，减少行政审批许可，充分发挥知识产权成果转化市场在资源配置中的决定性作用，为知识产权成果转化提供高效便捷的服务。2016年，国务院印发

---

[1] 四川深改成效如何？35个案例带你抢先看［EB/OL］.（2021-03-29）［2021-04-30］. https://sichuan.scol.com.cn/ggxw/202103/58101185.html.

《实施〈中华人民共和国促进科技成果转化法〉若干规定》，鼓励研究开发机构、高等院校通过转让、许可或者作价投资等方式，向企业或者其他组织转移科技成果。国家设立的研究开发机构、高等院校应当建立健全技术转移工作体系和机制，其持有的科技成果，可以自主决定转让、许可或者作价投资，除涉及国家秘密、国家安全外，不需审批或者备案。《2019 年深入实施国家知识产权战略　加快建设知识产权强国推进计划》提出了整合专利、商标和地理标志政策、项目和平台，推动重大政策互联互通，统一服务窗口和办事流程，推动实现知识产权业务申请"一网通办"的便民改革举措。

搭建各种促进知识产权成果转化运用的平台，为知识产权成果转化提供服务。《2019 年深入实施国家知识产权战略　加快建设知识产权强国推进计划》要求做好各类知识产权运营平台建设布局，加快重点城市知识产权运营服务体系建设。在这方面，一是要搭建信息服务平台，为成果转化提供信息服务。在高度发达的大数据时代，信息十分重要，政府通过政务中心、大数据中心、政府网站等平台可以开设产学研信息交流服务栏目，解决产学研结合中信息不对称的问题，为创新主体、运用主体提供信息服务。二是要建好政府科技成果转化公共服务平台。如德阳市探索构建专利质押融资"三大体系"积极探索知识产权与金融服务融合机制，形成以"银行贷款 + 保险保证 + 政府补偿"的专利质押融资模式，有效破解中小微企业自主知识产权转化难、融资难问题。案例经验被国务院办公厅发文推广。❶ 三是要鼓励、支持和扶持培养知识产权成果转化社会中介服务机构。积极扶持、培养科技创新中心、知识产权评估咨询机构、科技信息中心、知识产权法律服务等服务知识产权转化的中介机构，推动并依托知识产权中介机构，为知识产权成果转化提供优质高效的服务。

第五节　强化知识产权保护

党的十八大以来，在以习近平同志为核心的党中央领导下，知识产权保护进一步得到重视。党的十八大报告提出"实施知识产权战略，加强知识产权保护"，标志着知识产权发展进入了新时期。党的十九大报告则提出"倡导创新文化，强化知

---

❶ 40 个典型案例见证四川改革成果 国企和科技体制改革领域有这 3 个 [EB/OL]．(2018 - 11 - 24) [2021 - 06 - 16]．http：//scnews. newssc. org/system/20181124/000924980. html．

识产权创造、保护、运用",更是把知识产权工作提升到了前所未有的高度。2019年,中共中央办公厅、国务院办公厅印发了《关于强化知识产权保护的意见》。该意见指出,"加强知识产权保护,是完善产权保护制度最重要的内容,也是提高我国经济竞争力的最大激励。"用"两个最"阐明了知识产权保护的重要性。该意见提出,力争到2022年,侵权易发多发现象得到有效遏制,权利人维权"举证难、周期长、成本高、赔偿低"的局面明显改观。到2025年,知识产权保护社会满意度达到并保持较高水平,保护能力有效提升,保护体系更加完善,尊重知识价值的营商环境更加优化,知识产权制度激励创新的基本保障作用得到更加有效发挥。该意见对下一步知识产权保护的总体要求、具体目标、政策导向、工作格局、保护手段等都进行了全面的部署和安排。

一、坚持"四大保护"工作格局

《关于强化知识产权保护的意见》提出了进一步完善集"严保护、大保护、快保护、同保护"于一体的工作格局,这为我们进行知识产权保护指明了方向。

(一)坚持严保护的政策导向

在知识产权保护方面要做到"严"字当头,分别从立法、执法的民事侵权赔偿、行政执法惩戒、刑事犯罪打击以及程序方面的证据标准、举证责任、执行程序等方面从严要求,坚持严保护的政策导向。

1. 按照最新立法要求,加大打击力度

在立法方面上,我国通过相关法律的修改完善,进一步加大侵权假冒行为惩戒力度,在专利、著作权等领域引入知识产权侵权惩罚性赔偿制度。大幅提高侵权法定赔偿额上限,加大损害赔偿力度。加大刑事打击力度,降低侵犯知识产权犯罪入罪标准,提高量刑处罚力度。各级司法机关和知识产权行政执法机关要严格按照最新立法严要求的精神,加大对侵犯知识产权行为的打击惩处力度。

一是在民事法律方面,2015年12月22日,国务院发布《国务院关于新形势下加快知识产权强国建设的若干意见》,明确提出在知识产权侵权领域实施惩罚性赔偿制度。引入知识产权侵权惩罚性赔偿制度。大幅提高侵权法定赔偿额上限,加大损害赔偿力度。

2015年修订的《种子法》第73条对侵犯植物新品种权,规定可以按照"实际损失""获利所得""许可使用费倍数"等方法确定赔偿数额;"情节严重"的,按照以上述方法确定赔偿数额的"一倍以上三倍以下"确定赔偿数额，在知识产权侵权领域引入了惩罚性赔偿。

2019年修订的《反不正当竞争法》第17条第3款新增规定，经营者"恶意"实施侵犯商业秘密行为，"情节严重"的，可以在依法确定的赔偿数额的"一倍以上五倍以下"确定赔偿数额。

2019年修订的《商标法》第63条第1款新增规定，对"恶意"侵犯商标专用权"情节严重"的，按照依法确定的赔偿数额的"一倍以上五倍以下"确定赔偿数额。

2019年修订的这两部法律的惩罚性赔偿制度具有共同的特色，即明确构成惩罚性赔偿的主观要件为"恶意"，客观要件为"情节严重"，惩罚性赔偿的数额是按照"补偿性"原则确定的赔偿数额的"一倍以上五倍以下"。

2019年颁布的《民法典》第1185条规定："故意侵害他人知识产权，情节严重的，被侵权人有权请求相应的惩罚性赔偿。"在原有侵权赔偿的基础上新增规定了侵害知识产权的惩罚性赔偿。

2020年10月17日，第十三届全国人民代表大会常务委员会第二十二次会议表决通过了《关于修改〈中华人民共和国专利法〉的决定》，在加强对专利权人合法权益的保护等方面进行了进一步修改完善。在侵权责任方面，增加专利侵权惩罚性赔偿，提高法定赔偿上限。即对故意侵犯专利权，情节严重的，人民法院可以在按照权利人受到的损失、侵权人获得的利益或者专利许可使用费倍数计算的数额的"一倍以上五倍以下"确定赔偿数额。与此同时，此次《专利法》修改提高了法定赔偿额，2008年《专利法》的法定赔偿标准为1万元以上100万元以下，而此次修改将法定赔偿额上限提高至500万元、下限提高至3万元。提高法定赔偿额上限，有利于解决实务中存在的专利维权成本高、赔偿低的问题。增加惩罚性赔偿制度，提高法定赔偿额上限，不仅可以补偿被侵权人的损失，且可使故意侵权人承担更大的经济压力，对故意侵权人构成威慑，从而有利于阻止侵权行为再次发生，维护社会经济秩序。

2020年11月11日，第十三届全国人民代表大会常务委员会表决通过了《关于修改〈中华人民共和国著作权法〉的决定》。这次修订一是扩大了著作权的保护范围，加大了著作权的保护力度；二是提高了法定赔偿额，引入了惩罚性赔偿，加大了有力打击盗版的力度。为强化知识产权保护力度，有力打击盗版侵权现象，提高侵权成本，增强著作权保护意识，适应社会经济发展水平，改善我国著作权侵权赔偿金额偏低的状况，此次修订将著作权侵权法定赔偿额的上限提升至500万元，并增设法定赔偿额下限为 500 元。同时此次修订还引入了惩罚性赔偿，明确了"故意侵权""情节严重"的主客观要件，计算基数以及"一倍以上五倍以下"的倍数标准，这一规定体现了《著作权法》对《民法典》第 1185 条关于知识产权惩罚性赔偿一般条款的贯彻落实，同时实现了与《商标法》《专利法》等其他知识产权部门法的统一协调，标志着我国惩罚性赔偿制度在知识产权领域的全面确立。

二是在行政法律方面，进一步完善执法措施，加大对侵权假冒行为的惩戒力度。

2020 年《专利法》修改对专利行政保护制度进一步进行了完善，具体包括完善专利行政执法部门的职权；增加国务院专利行政部门对全国有重大影响的专利侵权纠纷的处理职能；增加地方人民政府管理专利工作的部门的合案处理以及请求上级地方人民政府管理专利工作的部门处理的相关规定。

2020 年《著作权法》修改新增了执法部门对于侵权行为的查处措施以及手段，规定"主管著作权的部门对涉嫌侵犯著作权和与著作权有关的权利的行为进行查处时，可以询问有关当事人，调查与涉嫌违法行为有关的情况；对当事人涉嫌违法行为的场所和物品实施现场检查；查阅、复制与涉嫌违法行为有关的合同、发票、账簿以及其他有关资料；对于涉嫌违法行为的场所和物品，可以查封或者扣押。"强化著作权执法机制，赋予行政机关查封扣押权。

三是在刑事法律方面，加大刑事打击力度，降低侵犯知识产权犯罪入罪标准，提高量刑处罚力度。

2020 年 12 月 26 日，第十三届全国人民代表大会常务委员会第二十四次会议通过的《中华人民共和国刑法修正案（十一）》对我国《刑法》涉及知识产权犯罪的相关条款进行了大幅度的修改。

将《刑法》第 213 条修改为："未经注册商标所有人许可，在同一种商品、服务上使用与其注册商标相同的商标，情节严重的，处三年以下有期徒刑，并处或者单处罚金；情节特别严重的，处三年以上十年以下有期徒刑，并处罚金。"

将《刑法》第 214 条修改为："销售明知是假冒注册商标的商品，违法所得数额较大或者有其他严重情节的，处三年以下有期徒刑，并处或者单处罚金；违法所得数额巨大或者有其他特别严重情节的，处三年以上十年以下有期徒刑，并处罚金。"

将《刑法》第 215 条修改为："伪造、擅自制造他人注册商标标识或者销售伪造、擅自制造的注册商标标识，情节严重的，处三年以下有期徒刑，并处或者单处罚金；情节特别严重的，处三年以上十年以下有期徒刑，并处罚金。"

将《刑法》第 217 条修改为："以营利为目的，有下列侵犯著作权或者与著作权有关的权利的情形之一，违法所得数额较大或者有其他严重情节的，处三年以下有期徒刑，并处或者单处罚金；违法所得数额巨大或者有其他特别严重情节的，处三年以上十年以下有期徒刑，并处罚金：

"（一）未经著作权人许可，复制发行、通过信息网络向公众传播其文字作品、音乐、美术、视听作品、计算机软件及法律、行政法规规定的其他作品的；

"（二）出版他人享有专有出版权的图书的；

"（三）未经录音录像制作者许可，复制发行、通过信息网络向公众传播其制作的录音录像的；

"（四）未经表演者许可，复制发行录有其表演的录音录像制品，或者通过信息网络向公众传播其表演的；

"（五）制作、出售假冒他人署名的美术作品的；

"（六）未经著作权人或者与著作权有关的权利人许可，故意避开或者破坏权利人为其作品、录音录像制品等采取的保护著作权或者与著作权有关的权利的技术措施的。"

将《刑法》第218条修改为："以营利为目的，销售明知是本法第二百一十七条规定的侵权复制品，违法所得数额巨大或者有其他严重情节的，处五年以下有期徒刑，并处或者单处罚金。"

将《刑法》第219条修改为："有下列侵犯商业秘密行为之一，情节严重的，处三年以下有期徒刑，并处或者单处罚金；情节特别严重的，处三年以上十年以下有期徒刑，并处罚金：

"（一）以盗窃、贿赂、欺诈、胁迫、电子侵入或者其他不正当手段获取权利人的商业秘密的；

"（二）披露、使用或者允许他人使用以前项手段获取的权利人的商业秘密的；

"（三）违反保密义务或者违反权利人有关保守商业秘密的要求，披露、使用或者允许他人使用其所掌握的商业秘密的。

"明知前款所列行为，获取、披露、使用或者允许他人使用该商业秘密的，以侵犯商业秘密论。

"本条所称权利人，是指商业秘密的所有人和经商业秘密所有人许可的商业秘密使用人。"

在《刑法》第219条后增加一条，作为第219条之一："为境外的机构、组织、人员窃取、刺探、收买、非法提供商业秘密的，处五年以下有期徒刑，并处或者单处罚金；情节严重的，处五年以上有期徒刑，并处罚金。"

通过以上修改，我国《刑法》加大了对相关知识产权犯罪的打击力度，保护知识产权的程度得以加强。

2. 坚持证据标准，明确证明责任

为了解决实践中知识产权权利人维权举证难等问题，在立法方面对证明标准、举证责任等进行了比以往法律更为严格的修改和完善。

2020年《著作权法》正式引入了证据令出示制度和举证妨碍规则。尤其对于隐蔽、肆虐的网络侵权行为，更加强化侵权人的举证责任，在一定程度上有利于缓解现实中权利人"举证难"的困境。

2020年《专利法》进一步完善了证据规则。新增第71条第4款规定：人民法院为确定赔偿数额，在权利人已经尽力举证，而与侵权行为相关的账簿、资料主要由侵权人掌握的情况下，可以责令侵权人提供与侵权行为相关的账簿、资料；侵权人不提供或者提供虚假的账簿、资料的，人民法院可以参考权利人的主张和提供的证据判定赔偿数额。各级司法机关和知识产权行政执法机关应当按照上述要求，坚持证据标准，明确证明责任，加大执法力度。

3. 强化执行措施

为全面加强知识产权司法保护，最高人民法院出台了《最高人民法院关于在全国法院推进知识产权民事、行政和刑事案件审判"三合一"工作的意见》，统筹受理审判知识产权民事案件、行政案件和刑事案件。各级司法机关和行政执法机关要加大对知识产权案件的执行力度，强化知识产权案件执行措施。服务创新发展，在人民法院执行工作总体框架内，准确把握知识产权判决执行工作特点，落实好现行相关法律法规和司法解释规定，改革完善相关工作机制，充分发挥信息化等多种执行手段作用，加强知识产权判决执行力量配备，提高知识产权判决执行的效率及规范性，确保知识产权判决得到及时有效执行，全面加强知识产权保护法律效果，提高知识产权执行工作透明度，进一步巩固人民法院近年来形成的以现代信息科技为支撑的执行查控模式、执行财产变现模式、执行监督管理模式。最高人民法院出台了《知识产权判决执行工作指南》和《知识产权判决执行工作实施计划》，明确规定除了针对财产采取措施外，对被执行人未履行生效法律文书确定的给付义务，申请执行人可以申请对被执行人采取限制消费措施，限制其高消费及非生活或者经营必需的有关消费；可以申请对被执行人采取限制出境措施；符合法定情形的，也可以申请将其纳入失信被执行人名单。被执行人拒不履行人民法院已经发生法律效力的判决、裁定的，人民法院可以根据情节轻重予以罚款、拘留；构成犯罪的，依法追究刑事责任。

(二）坚持大保护的工作格局

大保护就是要充分发挥社会多元化力量参与知识产权保护，治理体系和治理能力现代化要求治理主体从一元向多元转化，除了各级党委、政府外，还应当充分调动社会各方面的积极性，发挥社会力量的积极作用。因此，将"共治"引入知识产权保护当中，通过发挥社会各方面的多元化力量，加强社会监督，实现社会共治，推动构建知识产权大保护工作格局，是建设社会治理体系现代化的必然要求。坚持知识产权大保护工作格局就是要坚持按照党的十九届四中全会提出的"党委领导、政府负责、民主协商、社会协同、公众参与、法治保障、科技支撑"28字方针要求，动员社会各种有生力量，积极参与到知识产权保护工作中，形成大保护的工作格局。一是加强跨部门跨区域办案协作。涉及较大的跨地区、跨部门的疑难复杂知识产权案件，上级行政管理部门要树立大局意识，充分发挥统筹协调的作用，组织做好统筹协调工作，确保案件移送、管辖、衔接依法有序进行，做到全国一盘棋。二是要充分发挥知识产权保护中社会各方面力量的监督作用。通过发挥人大的执法监督作用，规范执法行为；通过发挥政协的民主监督作用，促进改进公正方法，提高执法效能；通过发挥社会和舆论监督作用，确保知识产权保护客观公正。三是进一步完善知识产权仲裁、调解、公证工作机制。通过培育和发展仲裁机构、调解组织和公证机构，鼓励行业协会、商会等民间组织和团体建立知识产权保护自律和信息沟通机制。引导代理行业加强自律自治，全面提升知识产权代理机构监管水平。四是充分发挥技术支撑的作用，提升知识产权保护执法的精准性和透明度水平。以信息公开透明促进知识产权保护，促进诚信体系建设。

（三）坚持快保护的效率原则

效率是法律的生命，是公正的灵魂。由于知识产权具有时间性特点，有的知识产权客体具有开发难、复制易、传播广、控制难、易侵权性等特点，因此，对知识产权的保护要注意时间性，做到"快保护"。"快保护"应当从以下三个方面着手。一是从授权的源头上提高效率，2018年，在国务院"放管服"改革电视电话会议上，要求在5年内将商标平均注册审查周期由8个月压缩到4个月以内，达到经济合作与发展组织（OECD）国家最快水平；发明专利审查周期平均压减1/3，其中高价值专利审查周期压减1/2以上。按照《关于强化知识产权保护的意见》中"优化授权确权维权衔接程序。加强专利、商标、植物新品种等审查能力建设，进一步压缩审查周期。重点提高实用新型和外观设计专利审查质量，强化源头保护。进一步发挥专利商标行政确权远程审理、异地审理制度在重大侵权行政执法案件处理中的作用。健全行政确权、公证存证、仲裁、调解、行政执法、司法保护之间的衔接机制，加强信息沟通和共享，形成各渠道有机衔接、优势互补的运行机制，切实提高维权效率"的要求，对符合授权条件的专利、商标、植物新品种及其他知识产权成果，应当按照高效、便民的原则有窗口受理，一站式管理，一条龙服务，优化程序，精简环节、快速审查、快速认证、快速办理。二是加强跨部门、跨区域办案协作。对跨行业、跨区域的大案要案在联合办案、移送移交、管辖受理等方面做好协调工作，确保不推诿扯皮，提高效率。三是进一步优化办案程序，对一些案情简单、事实清楚、证据确凿的案件尽量简化流程，做到简案快办，推动简易案件和纠纷快速处理。对一些争议不大的知识产权民事纠纷案件，可以通过协商调解方式解决的案件，提倡尽量利用调解方式快速解决。

（四）坚持同保护的公平原则

随着改革开放的深入推进，特别是党的十八大后，以习近平同志为核心的党中央提出"一带一路"倡议和世界共同体的建设后，知识产权的国际保护问题就显得尤为重要。近年来，习近平总书记在博鳌亚洲论坛等多次重大国际会议中，都立场鲜明地阐明了中国知识产权保护的重大原则立场和重要政策取向，强调中国尊重国际营商惯例，对在中国境内注册的各类企业一视同仁、平等对待，保护外资企业合法权益，坚决依法惩处侵犯外商合法权益特别是侵犯知识产权的行为。同时，也希望外国政府加强对中国知识产权的保护。在国际经济交往中，不仅要加强我国知识产权权利人在海外的维权，维护我国的经济利益、科技安全和国家安全，希望其他国家和地区对我国的知识产权进行同等保护；同时，由于我国加入了几乎所有知识产权保护国际条约，按照国际条约信守原则，为了维护大国国际形象，我国也应当对其他国家和地区的知识产权进行同等保护。《关于强化知识产权保护的意见》要求"健全涉外沟通机制，塑造知识产权同保护优越环境"。为了推动同保护工作，可以从以下几个方面努力。一是加强知识产权创新、转化、保护的国际交流合作。通过各种国际经济会议、合作对话谈判等方式，加强知识产权保护相互沟通，充分利用各种国际知识产权论坛及经济论坛宣传我国近年来知识产权保护方面的成就，展示我国在保护知识产权方面的良好形象，取得其他国家和地区对我国知识产权保护的信任、理解和支持，有效推动我国权利人合法权益在海外依法得到同等保护。二是对我国参与国际贸易的出口企业、海外投资企业、参与跨国服务等涉外企业要强化知识产权保护和知识产权风险防范教育，提高其知识产权保护意识，使其注重海外知识产权风险预警和防范。三是对外商投资企业及国外的知识产权，严格按照我们加入的国际知识产权公约或者签订的双边和多边条约、备忘录进行保护，树立我国对外商知识产权同等保护的良好形象。四是就国内各地而言，要注意克服地方保护主义和行业保护主义，对其他地区、行业的知识产权进行同等保护，通过保护外来投资者的知识产权，营造良好的营商环境。

二、用好"五种手段"，构建综合保护体系

依照《关于强化知识产权保护的意见》，构建综合保护体系要"综合运用法律、行政、经济、技术、社会治理手段强化保护，促进保护能力和水平整体提升。"

第一，充分用好法律手段。改革开放后，在知识产权保护法律制度上，我国相继建立了包括专利法、商标法、著作权法、反不正当竞争法等在内的、门类较为齐全的知识产权法律体系。随着经济全球化进程的加快，为了适应国际交流合作的需要，我国加入了几乎所有主要的国际知识产权公约，并先后按照国际贸易规则和相关国际知识产权保护公约的要求，对相关知识产权法律进行了与时俱进的修改完善。目前，我国知识产权法律体系符合国际通行规则。尤其是在2020年，我国对专利法、著作权法等主要知识产权法律进行了修改，进一步加大对侵权假冒行为的惩戒力度，在专利、著作权等领域引入知识产权侵权惩罚性赔偿制度，大幅提高侵权法定赔偿额上限，加大损害赔偿力度。

在打击知识产权犯罪方面，我国《刑法》对知识产权犯罪进行了详细系统的规定，为打击侵犯知识产权的刑事犯罪提供了依据。2020年12月26日，第十三届全国人民代表大会常务委员会第二十四次会议通过的《中华人民共和国刑法修正案（十一）》对我国《刑法》涉及知识产权犯罪的相关条款进行了大幅度的修改。加大刑事打击力度，降低侵犯知识产权犯罪入罪标准，提高量刑处罚力度。

针对知识产权案件专业性强的特点，从方便司法保护、有利于提高案件审判效率和质量的角度出发，最高人民法院出台了《最高人民法院关于在全国法院推进知识产权民事、行政和刑事案件审判"三合一"工作的意见》，将知识产权民事案件、行政案件和刑事案件统筹受理、统筹审判。

第二，充分用好行政手段。我国与其他许多国家和地区在知识产权保护方面的不同是，我国实行的是"双轨制"保护体系。知识产权行政保护是我国的一大特色。知识产权行政保护具有主动性强的特点，主要是通过加强知识产权行政监管、行政处罚等执法来实现。一是要加强综合监督管理。加强对知识产权申请、取得、

转化运用的监管，对知识产权违法行为进行打击处罚，综合运用大数据分析等现代科技手段建立知识产权保护信息共享机制，强化知识产权行政执法统一调度、跨区域协作等监督管理工作，严厉查处重点领域和关键环节侵犯知识产权行为。二是要加强行政执法与刑事司法衔接。完善知识产权行政执法与刑事司法衔接联席会议制度和信息通报制度，通过制度进一步规范案件移送标准、程序。

第三，充分用好经济手段。以经济手段保护知识产权主要从两个方面着手。一是通过加大对侵犯知识产权的违法行为的经济处罚力度，对民事侵权行为进行惩罚性赔偿，从经济上让侵权人明白，侵犯他人知识产权会得不偿失，达到保护知识产权的目的。二是通过经济激励手段保护知识产权。通过发明人入股的方式，给予一定的股权激励，防止人才流失，促进对知识产权的保护；也可以通过改革用分配方，通过经济激励的方式促进知识产权保护，如对商业秘密，可以通过对接触、使用企业商业秘密的职工给予较优厚经济待遇，激励其履行保密义务，保守商业秘密。

第四，充分用好技术手段。发挥技术手段对知识产权保护的支撑作用。随着技术的进步，知识产权的技术保护措施越来越起到主要作用，尤其是信息开发方面的知识产权保护十分重要。如对一些信息、电子版权、计算机软件，可以通过附带加密狗、加密卡或加密盘，对软件拷贝或使用进行限制等技术措施进行保护。为了提升知识产权保护过程中执法的精细化水平，可以在知识产权行政执法案件处理和司法活动中引入技术调查官制度，协助行政执法部门、司法部门准确高效认定技术事实。利用技术提升知识产权侵权鉴定能力、评估能力，进一步加强司法鉴定机构、评估机构的专业化水平。为了提升知识产权保护的透明度水平，可以充分发挥互联网时代大数据信息技术的优势，将知识产权出质登记、行政处罚、抽查检查结果、民事侵权、行政违法及犯罪不良记录等信息，通过一定的信息平台予以公示，以信息公开透明促进知识产权保护，促进诚信体系建设。

第五，充分用好社会治理手段。动员社会多元化力量参与知识产权保护，除发挥行政保护、司法保护的作用外，调动行业协会、社会组织、民间团体、调解机构、仲裁组织、社会知识产权中介服务机构、律师事务所及知识产权集体组织的力量，通过"法治、德治、自治、共治、智治"多管齐下，形成保护合力。

总之，创新是引领发展的第一动力，知识产权保护是激励创新的主要保障。发挥好知识产权保护作为社会主义市场经济基石、创新驱动发展刚需和国际贸易标配的重要作用，对于推动经济高质量发展，促进我国创新发展战略的落实，实现两个"一百年"奋斗目标具有重大意义。

参考文献

著作类

[1] 习近平. 习近平谈治国理政 [M]. 北京：外文出版社，2014.

[2] 习近平. 习近平谈治国理政（第2卷）[M]. 北京：外文出版社，2017.

[3] 郑成思. 知识产权法详论 [M]. 北京：法律出版社，1998.

[4] 郑成思. 知识产权法 [M]. 北京：法律出版社，2004.

[5] 郑成思. 知识产权论 [M]. 北京：社会科学文献出版社，2007.

[6] 刘春田. 知识产权法教程 [M]. 北京：中国人民大学出版社，1995.

[7] 刘春田. 知识产权法 [M]. 3版. 北京：中国人民大学出版社，2007.

[8] 吴汉东. 知识产权法（修订版）[M]. 北京：中国政法大学出版社，2002.

[9] 吴汉东. 知识产权法 [M]. 4版. 北京：中国政法大学出版社，2007.

[10] 吴汉东，等. 知识产权基本问题研究（分论）[M]. 北京：中国人民大学出版社，2009.

[11] 李明德. 美国知识产权法 [M]. 北京：法律出版社，2003.

[12] 李明德. 知识产权文丛（第14卷）[M]. 北京：知识产权出版社，2008.

[13] 李明德. 知识产权法 [M]. 北京：社会科学文献出版社，2007.

[14] [美] P. D. 罗森堡. 专利法基础 [M]. 郑成思，译. 北京：对外贸易出版社，1982.

[15] 李颖怡. 知识产权法 [M]. 广州：中山大学出版社，2002.

[16] 李瑞. 知识产权法 [M]. 广州：华南理工大学出版社，2006.

[17] 文希凯，陈仲华. 专利法 [M]. 北京：中国科学技术出版社，1993.

[18] 金长荣. 知识产权案例精选 [M]. 北京：知识产权出版社，2007.

[19] 杨巧. 知识产权法 [M]. 北京：法律出版社，2007.

[20] 曹新明. 知识产权法学 [M]. 北京：中国人民大学出版社，2008.

[21] 张玉敏，张今，张平. 知识产权法 [M]. 北京：中国人民大学出版社，2009.

[22] 黄晖. 商标法 [M]. 北京：法律出版社，2004.

[23] 陶鑫良. 知识产权教程 [M]. 北京：上海大学出版社，2006.

[24] 杨巧. 知识产权法 [M]. 北京：法律出版社，2007.

[25] 孔祥俊. 商业秘密保护法原理 [M]. 北京：中国法制出版社，1999.

[26] 陶鑫良，张乃根. 上海知识产权干部读本 [M]. 北京：知识产权出版社，2004.

[27] 沈达明. 知识产权法 [M]. 北京：对外经济贸易大学出版社，1998.

[28] 郭寿康. 知识产权法 [M]. 北京：中共中央党校出版社，2002.

政策文件

[1]《中共中央关于制定国民经济和社会发展第十四个五年规划和二〇三五年远景目标的建议》.

[2] 2020年12月30日习近平总书记在中央政治局第二十五次集体学习时的重要讲话.

[3]《国家知识产权战略纲要》.

[4]《深入实施国家知识产权战略行动计划（2014—2020年）》.

[5]《中共中央 国务院关于深化体制机制改革加快实施创新驱动发展战略的若干意见》.

[6]《国家创新驱动发展战略纲要》.

[7]《"十三五"国家科技创新规划》.

[8]《关于深化人才发展体制机制改革的意见》.

[9]《关于支持和鼓励事业单位专业技术人员创新创业的指导意见》.

[10]《关于全面组织实施中小企业知识产权战略推进工程的指导意见》.

[11]《关于推动创新创业高质量发展、打造"双创"升级版的意见》.

[12]《中共中央 国务院关于完善产权保护制度依法保护产权的意见》.

[13]《国务院关于新形势下加快知识产权强国建设的若干意见》.

[14]《中共中央办公厅 国务院办公厅关于强化知识产权保护的意见》.